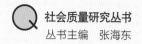 **社会质量研究丛书**

丛书主编 张海东

〔韩〕李在烈（이재열）等 / 著

芦 恒 / 译

韩国社会质量

从理论到适用

한국사회의질

이론에서 적용까지

 社会科学文献出版社

SOCIAL SCIENCES ACADEMIC PRESS (CHINA)

한국사회의질: 이론에서 적용까지

ⓒ 이재열 2015

中文版序言

中国已然重新崛起。改革开放40多年来，中国社会发生了巨变，经济快速增长。作为后发力的发展中国家，迅猛的经济发展使其社会底层群体也成了发展的受益者。当潮水涨起时，不只是大船，滩涂上的小船也会水涨船高。借此涨潮效应，物质财富的供给迅速增加，中国大部分人口摆脱了绝对贫困与饥饿，这具有里程碑意义。

然而，发展同时带来了悖论。放眼"二战"以后，在20世纪50年代获得高速发展的部分欧洲国家早已经历过这种矛盾。而在70年代取得高速发展的韩国，社会也面临这种境遇，我们称之为"丰裕的苦难"，或"民主化悖论"。因为当今韩国社会比过去任何时代都要富裕，但韩国人感受到的是比过去任何一个时代都要不幸，社会中自杀率居高不下、幸福感持续下降。过去GDP增长作为国家发展目标，被简单地等同于经济发展指标，但是现在我们要反思：到底"什么样的发展"是可取的？

带着问题与思考，韩国社会科学家们开始着手研究"社会质量"，同时与面临共同问题、来自欧洲和亚洲国家的社会科学家们合作。通过十多年的国际合作研究，我们得出了结论。人们的生活面临种种社会问题与危机，如果没有建立起有效的应对机制，没有针对整个市民社会都具有影响力的综合处理能力，人们就无法感到幸福，甚至无法取得更高的经济发展成就。

有趣的是，通过与欧洲的比较研究，我们发现存在与欧洲不同的亚洲特性。在欧洲国家被认为是理所当然的、不被关注的某些因素，在亚洲国家仍然被视为重要问题对待；反之亦然。在亚洲国家仍然被视为问题并且具有代表性意义的因素是政治透明性和民主主义。虽然本身存在争论，但是在亚洲，议会民主制依然作为市民政治上赋权的一种重要手段。整体而言，民主主义的效率和适用性在亚洲饱受争议，政治透明性的发展也相对滞后；相反，以"关系""缘故"为代表，个人与社会群体之间建立起来的坚韧纽带，对于欧洲人来说也是陌生的。如果不考虑以上这些制度和文化上的差异，把欧洲学者提出来的分析框架直接套用于亚洲社会研究，这样的做法是不可取的。

对此，很多中国的研究者也表示赞同。因为经济上取得高速发展的当今中国社会所面临的问题也可以通过"社会质量"分析框架进行研究，而且这将有助于寻求社会政策方面的解决方案。中国政府把"和谐社会"作为国家建设目标，追求包容性增长，努力打造法制透明社会，可以说这与"社会质量"的学术研究方向一致。我们进行"社会质量"研究，旨在在符合亚洲特色、符合社会发展脉络的基础上进一步深化。在此，十分感谢上海大学张海东教授及其同事、团队在此方面做出的贡献。同时我也希望日后此书对解决亚洲学者间合作研究时遇到的问题有所帮助。

李在烈

本书由韩国首尔大学社会发展
研究所企划编撰

韩国首尔大学社会发展研究所简介

首尔大学社会发展研究所成立于 1965 年，是一所拥有 54 年历史的研究机构。研究所自成立以来直面韩国社会面临的时代课题，坚持不懈地从社会学角度进行研究，对这些时代课题做出回应。从 20 世纪 60 年代开始，研究所对最重要的政策课题——人口学相关问题进行研究，率先开展系统的社会调查。之后，研究领域不断扩大，诸如针对 70 年代快速工业化浪潮的工业社会和劳工研究，伴随 80 年代韩国民主化产生的政治社会变迁研究，90 年代开展了关于信息通信与国外移民工人、家庭、女性等韩国社会多元化边缘群体的研究；进入 21 世纪之后，开展针对老龄化和贫富两极化等韩国社会长期变化趋势的研究。2007 年以来，研究所通过对世界各国的社会模式进行比较，在经济危机、劳动力市场治理、风险社会等多个领域展开研究，以探索韩国社会的发展之道。

网址：http://www.isdpr.org。

目　　录

第一章　社会质量理论与方法

丘惠兰

（首尔大学社会发展研究所研究教授）

1. 导言

何为好社会、美好生活等问题，无论在哪个社会都会成为人们持续关注的问题。在工业化和现代化繁盛时期，经济发展与物质财富被视为构成"良好"（good）的因素。长期以来，GDP 数值较高的社会或是社会的发展，都成为判断"好社会"的标准，这一点很明显地体现了上述内容。后工业社会与后现代社会的来临，打破了之前社会政策上所谓的对好社会与美好生活的认知。从物质财富是否能够带来更好的社会和生活的问题出发，人们认识到"多多"并非"益善"。依据业已改变的"良好"的构成要素，研究者将关注点从数量（quantity）转向质量（quality）、从物质方面转向非物质方面（Noll，2004：153）。认知转换之后，生活质量的相关研究大幅增加。

人们对于生活质量的关注，成为可以替代 GDP 衡量社会发展的重要尺度，并成为新社会发展的指标。[①] 在国际上具体使用的有联合国的"人类发展指数"、经合组织（OECD）国家的"你的美好生活指数"（your better life index）、联合国的社会指标体系等。一些国家认为，比起多个社会部门的发展

---

① Bandura 在 2008 年开发了 178 项有关全世界的所有国家成就的综合性指标（Bandura，2008）。

程度和变化动向，目前更需要综合性指标，并且正积极开发新的社会指标。具有代表性的是 20 世纪 90 年代之后的英国、澳大利亚、加拿大、日本等开发的生活质量或健康指标（이희길·심수진·박주언·배현혜，2013）。而韩国在统计局的主导下于 2014 年 6 月开发了"国民生活质量指标"。①

生活质量与社会指标研究的拓展体现出经济和物质要素之外，社会、心理、规范日益成为构成生活质量与社会发展的要素。另外，生活质量并非单一层面的概念，而是由各种要素的叠加交融来决定的多层次概念。其在政策方面做出的贡献在于，社会质量已成为公共政策主要目标，体现在以经济增长为中心的经济政策方面的财富再分配，以及社会包容取向的社会政策同时成为社会政策重要性再评估的基础。

社会质量的概念即便如此方兴未艾，尚有学者对已有研究能否达成最终目标持怀疑态度。与新概念相比，社会发展和社会问题等事宜更需要用详细的指标来分析，这样才能清楚地了解目前的社会经济状况，比起改善经济状况，更需要制定一些有效的政策，来改变我们的行动和社会。但是，C. Cobb 认为生活质量的研究与新的指标政策在改变市民行动方面并未做出实质贡献。

生活质量的相关成果运用受限的原因有如下几点。首先，现行生活质量研究的重点在于什么构成了生活质量与社会的发展。对构建生活质量的非物质性要素的探索成为研究的重要对象，即使与生活质量存在微弱联系的要素，也被认为是现有生活质量组成要素中的一部分。研究者们通过这种方式试图去勾勒生活质量的整体轮廓。因此，对于各要素之间存在何种关系、相互之间如何作用，从而影响生活质量的改善，以及社会发展的理论性探究等诸多问题，学界的研究进度缓慢。② 生活质量诸多构成要素之间的关系，以及这些生活质量与因果关系处于不明确的状态下，对于不同的生活质量概念和定义，有着不一样的理解和多种生活质量指标，进而不能明确在政策过程中运用什

---

① 韩国国内从 2009 年开始正式开展对生活质量指标开发的研究。2014 年 6 月，研究选取了收入、消费、资产，雇佣、工资，社会福利，居住 4 个方面物质部分的领域，以及健康，教育，文化、业余，家庭、共同体，市民参与，安全，环境，主观性质上的健康 8 个方面非物质部分的领域，最终选定了 81 个指标。

② C. Cobb 批判生活质量的方式没有完全摆脱功利主义理论的构架。如果为了最大化满足欲望，会将篮子里填充物质性的东西，但是生活质量研究扩大范围，把健康、环境、社会关系等非物质性的东西也包含在内。

么样的方法，并将得到什么样的结果（Cobb，2000）。这导致生活质量构成要素之间并不是独立影响生活质量，而是在一部分生活质量得以提高的同时，可能会降低其他部分的生活质量，而且提高的那部分生活质量无法抵消已被降低的其他部分的生活质量。

目前的生活质量研究并未对个人与社会的变化做出巨大贡献。原因在于，在讨论美好生活与好社会的过程中，忽视了一般市民社会协商过程的重要性。迄今为止的生活质量研究是在"了解现状→政策介入→政策效果测定"的政策过程中彻底将个人视为政策介入的对象。之后人们才发现，对生活质量的讨论与指标体系的开发，仍然是以政策制定集团为中心。但是，对于美好生活、好社会的讨论需要在制定社会发展的远景计划与政策目标的政治过程中形成。生活质量的研究却忽视了这一点，因此，在变化过程中的推动力尚未得到足够的保障。[1]

对于这种问题意识，我们需要了解特定社会脉络中社会整体变化的过程，需要从理论、方法论等综合方面进行分析进而解决问题。此外，不依靠公共制度与行政机构，而以市民直接的参与为基础，提出需要合理参照生活质量与社会发展的模型。社会质量（social quality）的研究就是以此种思维为基础的研究，再通过严格审查后，在参与民主主义的框架下提出个人的生活和社会发展综合性的模型并加以试用（van der Maesen and Walker，2005：8；Gasper et al.，2008：23）。

那么，社会质量的研究是以何种方式解决现有的生活质量研究问题的呢？为了得到答案，首先需要明确围绕生活质量研究的理论和方法论问题。

2. 生活质量研究的问题

生活质量研究是一个学术背景多样且与政策并行的研究。所以，生活质量概念与探究方法的范围非常广泛。Berger-Schmitt 与 H. Noll 将其整理为生活质量（quality of life）的探究与社会质量（quality of societies）的研究（Ber-

---

[1]　在韩国，关于国家应该以经济增长为首要目标还是以生活质量或是幸福为首要目标的争论一直存在，人们从这个争论可以看出生活质量话语还是未能处于社会发展的核心地位。

ger-Schmitt and Noll，2000）。生活质量的探究是以个人特性为中心，从个人生活的条件或者主观性的健康等方面进行研究。而社会质量的研究侧重于诸如平等、公正、自由、连带感的社会特性。J. Delhey 与其同事依据个人生活条件来分析客观和主观的生活质量，并且分为个人客观生活的条件、个人主观的健康、客观的社会条件、主观的社会质量 4 个层面（Delhey et al.，2001）。另外，Ingird Robeyns 与 R. J. van der Veen 在理论方面认为，生活质量大致分为以资源为中心的获取方法（resource approach）、主观健康中心的获取方法（subjective well-being approach）和能力中心的获取方法（capability approach）（Robeyns and van der Veen，2007）。

鉴于此，不同于一种具体化研究，生活质量研究是一种在"生活质量"这一松散整体概念下性质各异的研究方法。于是，在生活质量研究圈子里存在不同的理论、方法论的问题，并且可以大致分为三个部分（Noll，2004：158 – 161）。关于生活质量研究的第一个问题是，与生活质量概念相关，即生活质量被视为个人欲望的满足还是个人自由选择自身生活的问题。前者是以个人生活质量的"状况"为重点，后者是以追求生活质量的个人"行为"能力为重点。无论是斯堪的那维亚半岛（Scandinavia）的健康研究，还是主观性的健康研究，大部分生活质量研究或直接或间接地关注个人的状况。与此相反，Amartya Sen 认为赋权理论更加强调行为。

关注个人生活质量状况的研究认为，美好生活是个人做喜欢之事，欲求满足的生活被称为美好生活，而民众的欲望得到最大化满足的社会被称为好社会。因此，个人可以满足欲望的程度或效用（utility）成为个人之间比较生活质量的重点。人们不仅明了何为自身的欲望、需求和对事物的理解，还以独立自主的方式满足这些需求。但问题是，因每个人的喜好、欲望、需求、理解纷繁多样，故而个人取得的成就不能进行直接比较。因此，从现实的角度来看，个人为了满足欲望可以用可调控的资源和社会提供的集体财产（collective goods）规模来比较，或是可以在自身生活质量的提高及个人欲望和需求是否得到充分满足的条件下，进行主观判断，或是通过满意度来测定欲望是否得到满足。

与之相反，强调人类行为的研究指出，美好生活由个人可以得到自己认为有价值的东西组成。美好生活、好社会是民众可以自由地选择自己想要的生活，并且具备可以随心所欲追求自己想要具备的社会能力（capabilities）。

他们个人想要的或是需要的资源种类与规模大小，会因个人的差异而不同。即使拥有相同的资源，资源的效用和价值也会不同。但是，若把生活质量还原为个人的效用，是无法考虑到这种差异的。所以，生活质量研究的本身并不是以个人效用为主，其重点在于个人可以实质上自由追求自身认为有价值的资源。也就是说，个人不仅可以掌控所拥有资源的多寡，还可以为了提高生活质量，将理解判断的重点在个人特点、制度以及社会赋权等方面进行转换（Robeyns，2005；Robeyns and van der Veen，2007）。由此可见，生活质量不仅是经济增长物质丰裕，其自身还具有拓展个人能力之义。

关于生活质量研究的第二个问题是，测定生活质量的时候，重点是要根据自己所处的客观的条件与环境，还是根据个人所认为的自身生活如何的主观判断。根据前者的情况，测定目标是个人所拥有的或是可以掌控的资源、收入、财产、知识、健康、社会关系等（Erikson，1974）；后者是生活满意度，或者是在生活中产生积极情绪或消极情绪等，是依据个人在认知和情绪上的评价来测定的（Diener，2000）。

认为客观条件重要的研究认为生活质量指标中不包含主观性指标，也不认为主观性指标能在政策过程中得以体现。运用明确的概念测定客观性指标的定义，可以在国家、地区、群体之间进行比较，其优点在于在政策执行过程中也可以被广泛使用。相反，在个人主观认知和评价方面，即使有了相同的条件，但是各人会根据对于自身生活所期望的水准来进行判断，因此存在较大的差异，有时还会根据自己的客观情况来设定所期望的水准（Erikson，1993）。根据以上理由，主观性指标无法比较每个人的生活质量，所以不能称为值得信赖的指标。

相反，强调主观性指标重要性的研究认为，客观性指标与生活质量和社会发展之间的关系并非总是显而易见的（Noll，2004：158）。即便客观性指标发展势头喜人，也不会影响人们对主观性指标的满意度，反而会降低研究证据的真实性（Easterlin，1973；Diener and Suh，1977；Veenhoven，2002）。因此，R. Veenhoven认为，与那些相互之间存在诸多不明确关系的客观性指标相比，研究者更倾向于采用体现生活主观性的满意度和幸福度指标，因为其更能全面展现生活质量。

关于生活质量研究的第三个问题是，如何认识个人所期望水准的生活质量与社会水准的质量之间的关系。该研究的重点在于个人生活质量研究是依据个人的经济状况、受教育程度、健康状况、社会关系等因素，还是依据个人所拥有的特性和生活条件来测定生活质量。个体层面的社会质量可以根据个人生活质量的总和来进行评价。相反，社会层面的生活质量是从整体主义方法论的角度来进行研究，认为社会层面的生活质量是多数个人生活质量的总和，因此是无法还原的，从而还要考虑在社会层面上构建生活质量的其他要素（Farrell et al.，2008）。从个人的生活状况来看，不会发生社会层面上存在的不平等现象和社会性排斥。

近年来，社会发展研究与生活质量研究不再被认为是相互排斥的关系，而是被视为相互间存在完善、弥补的关系。此类研究将效用和个人行为的要素相结合，将客观原因和主观原因相结合，将个人生活层面与社会层面的要素相结合。具有代表性的例子是，从欧盟推进的欧洲社会指标体系中可以发现，欧洲的社会指标体系是将生活质量、社会凝聚、可持续性等多个福利概念进行拓展的概念化的生活质量，分为：①客观生活条件的改善；②主观健康状况的改善；③消除不平等；④社会加强合作；⑤开发人力资本；⑥自然资本的保护与改善。其与6个欧盟政策目标相对应，增加了相关部门的指标。

2009年发表的斯蒂格利茨委员会①的报告（Stiglitz et al.，2009）中就出现旨在测定社会发展水平的建议性事项。此报告认为生活质量在客观性条件与个人赋权等方面一样重要。所以，环境条件等因素需要明确测定，以凸显健康、教育、个人活动等方面的个人赋权。此外在测量生活质量时，不但要关注收入与消费等物质财富分配方面，也要关注与财富分配相关的社会因素，斯蒂格利茨还建议需要考虑客观的条件与主观的认知。

然而，从各个不同角度进行的机械结合仍然无法将各类关注有机整合起来。问题在于用什么方式将这些关注点整合在一起，如何在理论上条理清晰，形成在经验上可以验证的分析框架。

---

① 经济成就与社会发展测定委员会（Commission on the Measurement of Economic Performance and Social Progress），又称斯蒂格利茨委员会，是在2008年根据法国总统尼古拉·萨科齐的建议成立的。这个委员会认为作为社会发展指标的GDP存在一定的问题，并提出以能够代替GDP的方案指标作为目的。2009年的最终报告发表后，这个报告成为测定社会发展与生活质量的经验研究的指南。

3. 社会质量的研究方法论

1) "社会性"成为研究的出发点[①]

为了理解社会质量的研究方法，我们还需要正确了解"社会性"（the so-cial）的概念。生活质量研究认为个人不是共同体内的个人，而是原子化的充满独立性的个体。生活质量研究因而常被诟病为极端的个人主义（Beck et al.，2001b：308；Gasper et al.，2008：18）。其批评者认为，对于个体的认识，有必要从存在论的框架中以个体和社会关系在理论上进行重构。社会性因此成为其核心概念。

社会质量研究认为，社会性将"社会上存在的个人自我实现"与"以个人之间的互动交往结果为基础形成的集体性与社会认同"之间的相互依赖性作为基础来进行定义（Beck et al.，2001b：310）。通过这样的社会性定义，我们可以确认社会质量研究的三个前提。其一，个人是社会性存在，是可以与他人进行互动交往并达到自我实现的社会性行动者。生活质量的研究是把个人与社会分开，并将其规定为拥有欲望的"个体行动者"（individual a-gent）。若以个人的欲求与喜好不会受他人的欲求与喜好影响为前提的话，所谓个人的社会关系被视为满足自身欲求的工具性行为。相反，社会质量研究认为个人在社会关系中会对其他人的欲求与价值有着敏感反应，通过与他人沟通，可以形成自己的喜好与认同，并且实现自我的存在。

其二，在社会质量研究中，个体自我的实现，不是在物质、精神的欲求上得到满足，而是在本质上被认为希望得到社会的认可以及做出一些体现公共性的行为（Beck et al.，2001a：13）。在生活质量的研究中，个人的自我实现被认为是在狭义上体现效用。所谓的自我实现意味着在个人所处的环境中、

[①] 可以恰当表现"the social"意义的翻译并不是很好找。"the social"偶尔也被译为"社会"本身的意思。这里翻译成"社会性"，其原因在于"社会"更为静态，不包括个人行动者之间的关系，相反"社会性"反映了个人行动者之间关系的形成过程。

在一定条件下是否可以取得自己所希望的成就。该过程牵涉多种利害关系，且相互之间存在冲突。此时，个人在实现比自身更为重要的目标时，会追求共同利益。与之相反，社会质量研究中的自我实现是指形成共同体认同感的集体性过程，个体可以自由追求目标，并认为有意义的是，在一定程度上得到他人或社会的认可并实现目标，即自我实现行为的核心不仅在于满足欲求，还在于为了满足欲求的妥协与博弈过程。

其三，社会性是个人之间复杂的互动交往与集体性过程的有机结果，而非限制个人的行为，也不被视为结构（structure）与外在资源（Gasper et al.，2008：23）。社会性的本身不是现实存在的，而是被理解的，是通过社会上存在的相互之间集体性质的互动交往形成的有组织秩序的一种自我组织化过程（Beck et al.，2001a：13；Beck et al.，2001b：310）。所以在社会性概念之内的个人是行动者，同时也具有条件性，社会性不是把行动者与行为作为社会环境或结构化的客观条件，而是依据社会生活的主体间性来决定的（Beck et al.，2001a：12）。

通过对社会性的再发现，社会质量研究可以避免生活质量研究本身所有的错误。

> 社会性的主题是生产与再生产的领域、结构、实践和社会惯习之中所积累的人们之间的关系。这样的分析方法超越了个体主义和集权主义的不足之处。原因在于，整合社会并非群体组织和个体组成，而是社会关系使然（Gasper et al.，2008：23）。

社会质量研究是将纵轴、横轴相互交织的社会质量空间中的社会性加以具体化的研究（见表1-1）。由系统、体系整合与社会整合组成两个极端的横轴形成一个空间，在其内部，个人和群体、共同的多种利害关系、欲求、互动关系、矛盾等，都已广为社会认可和接受。相互之间的意义沟通显得格外重要。通过相互之间的意义沟通，能够理解行动者间不同的利害关系和欲求，并在尊重差异的基础上找到各自的平衡之处。政治参与与社会认可是个人拥有的多样性或异质性在体系中合并的过程。纵轴显示的是个人发展与社会发展。纵轴根据特定的个人经验和价值、偏好等进行分析，这是一个在对社会规范和价值的自我反思中转换成普遍价值的过程，也是一个通过达成共识形成集体规范的过程。社会性是在两个轴之间的紧张关系中形成的，两个轴之间的紧张关系是社会的基本动力。

表 1 - 1　构成社会性实现空间的两轴释义

分类	横轴	纵轴
主题	经验脉络中的行动者	价值、规范、原则、权利、习惯等
空间的特点	相互作用	无法实现的可能性
变化的要点	政治参与和社会认可	规范的集体化和价值敏感性
分析的核心	利害关系、欲求、权利、纠纷等相互之间的沟通	从区域的、个别的价值到持续的、普遍的价值转换
行为倾向	多样性的整合（妥协）	规范上功利地接纳（共议）

资料来源：Beck et al. , 2001b：326。

社会质量是由资源层面的条件性要素、人类行为层面的构成性要素，以及道德/理念层面的规范性要素等构建而成的（见表 1 - 2）。社会质量构成要素是以人类行为为中心的。人类行为的核心要素包括法制化的个人的安全保障，共同体成员相互间的尊重和社会认可，集体、共同体、体系的开放性乃至社会上的敏感性和个人身体上、精神上的赋权等。以此为基础，个人是由"具有社会性行为指向的个人"构成的。

表 1 - 2　社会质量结构

条件性要素（资源的角度）	构成性要素（人类行为的角度）	规范性要素（道德/理念的角度）
社会经济保障	个人的安全	社会正义（平衡性）
社会凝聚	社会认同	连带感
社会包容	社会的反馈	平等价值
社会赋权	个人的能力	人的尊严

资料来源：Gasper et al. , 2008：21。

社会行为实现的机会产生于社会质量的条件性要素。社会质量的条件性要素分为客观性条件与主观性条件。客观性条件是由个人外在的条件，个人在日常生活中所需的物质性、非物质性资源的可及性（社会经济保障），社会系统底层结构的可及性（社会包容），集体共议后的价值与规范（社会凝聚），旨在促进社会性相互作用的个体和社会环境（社会赋权）① 构成的。社会行为实现的主观性条件是个人内在的条件，即互动的个人如何在认知上、动机上、情绪上理解并解释客观性条件和行动者。社会质量形成于客观性、主观性条件的群体认同性，并以此为基础形成个人的自我实现过程，即体现了社会性的实现或发展的程度。

社会质量的规范性要素可被称为判断社会质量是否达到适当水平的规范性依据。社会质量是在特定时空中社会质量的构成性要素和条件性要素相互结合的产物，规范性要素即是对这种具体化的社会质量的适当性进行评价的依据。在社会质量研究中，四个领域的客观性条件要素各自依据在于社会正义、连带感、平等价值、人类尊严等规范性标准。

如上所述，社会质量在条件性要素、构成性要素、规范性要素三个层面得以体现。因此与方法论的具体方法相比，更为清楚的是社会质量体现出一种存在论意义上的结构。让人不易理解的是，社会质量并不只是单一经验性的研究工具，而是一种复合性的多层次结构。鉴于此，我们有必要开发出一些与社会质量的存在论模型相配合的方法论工具。

2）方法论的三维度

如果现存的生活质量研究是根据指标测定与评价生活质量概念的话，在社会质量研究中，构建社会质量的资源、人类行为、道德/理念三个方面分别对应的是指标、侧面描写、准则为轴的方法论框架（见图 1 - 1）。

指标是测定社会质量客观性条件的工具，在社会经济保障、社会凝聚、社会包容和社会赋权四个领域可以测定客观状态。侧面描写是测定主观性条件的工具，测定个人如何理解客观性条件与社会质量构成要素。但是对于这样的客观性条件、主观性条件的评价，在本质上会遇到"谁的质量，什么样的质量"的规范性问题。准则被视为体现这种规范性层面的工具。

（1）指标

指标是一种将目前状态计量化的工具，可以按照时间先后顺序排列，可

---

① 社会质量中的社会赋权是知识与熟练等作为基础的个人潜力和实现程度或是参与政治体制的程度，这意味着扩大了个人选择的范围（Walker，2011：9）。

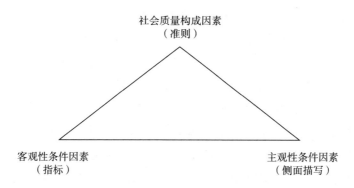

图 1 – 1　社会质量方法论的三维度

资料来源：Keizer and Hamilton，2002：37。

以在不同的社会之间或政策目标之间进行比较，以较好地理解目前状态。社会质量研究中的指标是重要的方法论工具。

　　社会质量研究的指标是测定社会性实现的客观性条件工具。社会质量的客观性条件分为社会经济保障、社会凝聚、社会包容和社会赋权四个方面。社会经济保障指标测定个人持续拥有资源的多寡；社会凝聚指标测量的是社会关系在何种程度上立基于认同感、价值和规范；社会包容指标测定个人接触制度和社会关系的程度；社会赋权指标测定由社会关系支持的个人能力和行动能力的水平。社会质量指标是以上四个方面通过集体认同感的形成与自我实现之间的相互作用形成的社会性，指标是为了了解社会性在某种程度上是否得以增强的工具。

　　社会质量研究与社会质量的建构要素之间有着密切的连贯性作为前提，并通过阶段性的分析方法选定指标（Keizer and Hamilton，2002：11 – 15）。以下为选定指标的过程。首先，定义社会经济保障、社会凝聚、社会包容和社会赋权四个方面客观性条件的构成要素，并且指出各个构成要素所关注的主题是什么。如果对于构成要素的定义和关注的主题非常明确的话，可以选择符合各个构成要素关注的阐述主题的领域，再将每个领域中可以展示日常生活真实过程的几个领域分为二级领域，最后根据二级领域选定合适的指标。通过这样的过程，社会质量研究可以将四个方面的客观性条件分为 18 个领域和 50 个二级领域，共计 95 个社会质量指标（van der Maesen and Walker，2005）。

　　但是社会质量研究选定的 95 个指标并非完整、普遍的指标体系，只是研究的开端而已（Keizer and Hamilton，2002：13）。因为社会质量指标体现于具体的日常生活和社会情境之中，是须从经验层面上展现于时空之中的社会性。所以，将第一轮选定的指标体系用于实证研究，根据结果，再理论化并修正指标，将修正过的指标用于实证研究，根据结果再次理论化、反复理论化与鉴定，这样的过程需要持续性的修正。

生活质量研究将生活领域分为家庭、工作、健康、居住、环境等方面，认为这样区分的领域和选定指标的伦理，以及指标之间的关系，没有充分的根据，并且在决定是否增加指标的方式上，生活质量指标体系也存在问题。因为在此种情况下构建生活领域要素可以无限扩展，不仅各个领域与生活的关系之间会产生冲突，各个领域的指标之间也会相互冲突（Wallace and Abbott，2007）。

不同于生活质量的研究，社会质量研究的指标不包括主观的认知指标。原因在于指标的作用被限定于体现客观性条件的工具上。所以被选定的指标中没有关于主观性满意度的指标或主观性认知的指标。举个例子，社会赋权指标在知识基础、劳动力市场、制度的开放性和保障程度、公共空间的存在、私人关系等组织或制度以及社会关系方面，为增强个体能力提供客观性条件。相反，个人如何理解自己的社会赋权不包括在主观性指标之中，与满意度和幸福感类似的指标无法显示社会质量的主观性条件，所以要开发新的工具。

（2）侧面描写

侧面描写是显示社会质量主观性条件的工具。侧面描写是作为行动者的个人对自己能否在社会上实现自我潜能的认知，即对自身的行动指向和赋权的主观性理解（van der Maesen and Keizer，2002：30）。个体行动者以生活世界的经验或个人生命史为基础形成自我概念。在此过程中，侧面描写测量的是参与、社会认可、规范的集体化以及价值敏感性等个体行动层面的规范要素是如何起作用的（Beck et al.，2001b：359）。从此意义上看，相较于生活质量研究中主观幸福感对客观社会条件进行主观上的测量，侧面描写在本质上是一种更为深化的指标工具。

所谓社会质量研究的侧面描写，是在组织研究中经常使用的侧面描写分析方式（Beck et al.，2001b：359）。组织研究中的侧面描写分析立基于互动理论的心理学。其分析的内容包括：组织所具有的特征与个人的欲求或特点在何种程度上相符，进而分析个人与组织或个人与情境之间的契合度，对于组织行动或职业满意度等客观结果变量产生何种影响。例如，O'Reilly 及其同事挖掘组织的核心文化规范和价值，这些概念测量的是组织成员个人的自我概念或认同感的重要程度，这就构成了组织文化的侧面描写。他们使用这些概念来测量个人与组织间的符合度后，认为个人－组织间的符合度与组织行动、职业满意度、职业流动等相关（Caldwell and O'Reilly，1990；O'Reilly et al.，1991）。社会质量研究运用这样的步骤和指标工具，聚焦于社会与个体关系及认同，这是一种典型的侧面描写。此外，这种侧面描写与客观性条件因素相结合，可测量社会性得以实现的可能性。

社会质量在形成侧面描写时，可以使用的工具为深度访谈或自我描述性话语形成工具。自我描述性话语形成工具是一种半结构化的问卷，受访者若能以开放的方式完成自我描述的话，依据这种自我描述的步骤形成结构化的编码并进行分类，以此来分析自我和生活的认知结构（Dittmann-Kohil and Westerhof，1997）。社会质量研究通过这种方法将个体的自我认知性、情绪性思考，以及个体生活的意义进行概念化，并与凭借个人经验、目标、行为产生的知识分类系统相结合，最终获得一种关于复杂社会性关系结构的知识（Beck et al.，2001b：359）。

（3）准则

社会质量研究中的"准则"是判断社会质量是否适当的工具。如前所述，在以共同体和系统、个体与社会发展为轴的空间中，社会质量产生于两轴的张力之中。此时我们必须关注的是何为适当的社会质量。个人、集体完全被系统整合之时，也可能牺牲个人的利益和价值，长期的共同体层面的矛盾、利害关系的冲突会导致社会关系割裂，而这样的社会显然不是好社会。另外，个人所拥有的独特的利害关系或价值观不能在社会上得到充分的认可，或为了社会的认可个人不能自主地选择自身的追求和价值，这样的社会在质量方面不能被认为是好社会。需要在两轴形成的社会质量空间中找到合适的焦点进行共议，达成共识，并以此为标准进行合理的判断。这就是社会质量研究中所谓的作为方法论工具的准则。

适当的社会质量准则并不是达成维持社会成员的最小化生活质量条件，也不是通过提高不同生活领域的总分值来改善社会质量。社会质量研究中的社会质量合理水平应该立基于扎根于历史和社会文化的社会关系。所以社会质量研究认为不存在普遍适用于所有社会的单一标准，应采取相对主义或多元主义的立场（Beck et al. , 2001b：345）。正因如此，需要什么样的要素，要素之间的优先关系如何排列等，比起判断客观性准则本身，社会质量研究更加聚焦于决定过程的民主性。以此来看，社会质量研究并不单纯是对生活质量的概念化、构建要素的决定、测评、评价内容的研究方法，而是更偏向于包含政治过程性质的实质性研究方法。

把社会质量研究准则列为方法论工具一轴的主要理由是，在社会发展概念化与测定的过程中可以形成这种社会话题，最终会引导社会变化的过程。为此网络型治理势在必行，这种治理并非来自外在的治理，而是一种使公民能够参与决策的开放性治理模式，并与各类组织相结合。以此为基础，尤为重要的是配之以一种对社会发展进行监督和评价的体系（Beck et al. , 2001b：19 – 21）。

社会质量研究的准则与两个问题相关：一个问题是应该用什么来判断社会质量的适当水平，另一个问题是适当程度由谁来决定。社会质量适当水平的判断对象分为两个方面：一方面是在手段、介入过程及其结果等实质层面体现社会质量水平的互动沟通方式和信息的形式、公开性与获得等；另一方面是沟通方式以及信息的形态、透明性和获得性等程序方面的内容。决定社会质量的主体分为民众和专家。社会质量研究的内容涉及社会质量水平的决定问题或政策问题，因而强调民众自下而上的参与。于是，作为实质上的政策对象的集体的民主性参与，对决定社会质量水平起到决定性作用。但是，社会质量研究只依靠民众决定的话，会在特定的利益方面出现一边倒的危险。所以，需要一种专家的角色通过相关资料和研究成果来做出客观的解释，该角色是不可替代的（Beck et al. , 2001b：358）。换言之，应结合专家的客观鉴定与民众判断的方式来决定社会质量的适当水平，该过程应集开放性、公正性和透明性于一体。

社会质量研究体现的是一种以以下四个实践性问题为基础的基本框架。（Beck et al. , 2001b：23）。

- 社会性成果与公民的利益和需要在何种程度上一致，即民众是否获得其所愿之物？
- 产生社会性成果的过程与民众的经历和利益在何种程度上达到一致，即这一结果是否由民众所期待的方式所致。

●解决问题的手段是不是一种负责任的方式，即资源是不是负责任地被使用？

●所有信息以及特事特办之事，是否与民众进行公开的沟通，即过程是否公开透明？

综上所述，通过与社会质量结构相对应的三种方法论工具，社会质量研究从总体上来分析个人生活和社会质量。这些被活用的工具以及各层面相互连接形成总体性。因此，我们可以把握的是，社会质量的制度环境特征在于，构成社会质量的行动者的行为指向形成及其主客观条件，以及行为过程中的原则、规范、规则、程序之间进行有机的结合（Walker，2009）。

与以指标为中心的生活质量研究不同的是，社会质量研究活用侧面描写或准则等质性方法论工具。原因在于，个人的生活和社会发展使得个人行为的微观过程的重要性不容小觑。社会质量研究认为案例研究是最适合将各类方法论进行分析和整合的方法（Beck et al.，2001a：17－18）。在这方面，荷兰海牙拉克区可持续发展的城市发展计划是衡量社会质量研究实践方面适用性的首个案例研究，而拉克区作为第一个案例研究的对象，有着非常重要的意义（van der Maesen，2009，2010）。该研究将城市视为一个总体性的空间，考虑构成社会质量的三个要素（构成性要素、条件性要素、规范性要素）与可持续发展的三个层面（经济、环境、社会方面的可持续发展）并制定城市发展规划，成为一种实践取向的项目课题。另外，通过这个规划方案也在实验性地探索一种学者、民众、政府、社区之间相互协助的新形式，成为一种新的社会治理模式。拉克区的案例研究是验证社会质量分析框架是否具有科学性、政策性的标准框架的研究。但是这个计划正在进行中，将社会质量研究框架运用于地区社会的具体步骤与过程、方法目前还在开发之中。另外，现在还没有到确认研究结果的时候。因此，判断是否成功尚需时日。

4. 与生活质量研究的比较

根据以上所述内容，社会质量研究与生活质量研究存在相异的概念框架与方法论。这样的差异是社会质量研究与生活质量研究的研究方向与理论性、方法论假设和整体性的差异造成的。因此，我们有必要在研究方法的方法论差异的基础上，结合以此为基础的几个假定和前提来进行分析。

首先，从关于个人的生活质量和社会质量之间的关系的假定来看，如前所述，生活质量研究是以目前存在的各种研究成果为基础，使得其在生活领域方面可以展现多层面的性质。与此相似的是，社会质量研究也是对生活和社会从多层面和整体的角度来进行分析。生活质量研究和社会质量研究各自有其整合研究成果的方式，因而存在差异。如果说生活质量研究是将构成生活质量的多种因素机械地进行整合的话，社会质量研究则是立基于理论，试图将多种因素进行有机整合。通过这点，可以比较社会的差异。因此，在生活质量研究中将不同生活质量的构成要素排列起来，在将其用综合的方式进行指标化之后比较结果。在研究方法论上技术性问题也显得十分重要，即能否添加或去除一个指标，一个指标是否必须填入加权数，为了便于比较，怎样才能将多个指标进行整合性或综合指数化的操作（Alkire，2008；OECD，2008）。相反，社会质量研究不能只靠对生活领域的综合来把握整体，应该了解构建生活质量整体的机制。为此，生活质量要素之间有什么样的关系，并且往什么样的方向采取行动，其动力是什么，其规范基础是什么等需要在理论性方面进行更多的研究与关注。所以比起具体技术性方法，更需要对方法论的研究。

其次，社会质量研究在关于个体以及个体行为的前提方面，与生活质量研究存在差异。生活质量研究中的个人以满足自我的欲求为目标；相反，社会质量研究中个人是以在社会过程中通过自我实现获得共同体的认同为目标。在此方面与以个人效用为中心的生活质量研究相比，社会质量研究是一种更关注行为的研究。然而，生活质量研究中的个体行为指向的是对于一种满足欲求的资源的获得和管理能力，或者是将资源转换成生活质量的能力。如果生活质量研究具有工具性的话，社会质量研究中的行为指向的是在社会关系中理解其他行动者的欲求，并借此达成共识的沟通能力（Beck et al.，2001b；346）。个人整合于社会的机制在生活质量研究中是指财物服务的获得和分配。若从能力提升的角度来看，社会质量研究中社会整合机制聚焦于本质上能进行互动沟通的机制。

再次，社会质量研究有微观和宏观层次之分，在此方面也不同于生活质量研究。生活质量研究中测量和分析的基本单位是个体，以个体为中心来理解个体之间的关系，以及个体与社会的关系，然后对其进行概念化。生活质量研究将制度系统、规范、社会关系等个体所面对的社会情境与个体分割开来，其立基于一种二分法，将社会情境视为客观性条件（宏观条件），将个体对于客观性条件的作用或满意度视为主观性要素（微观条件）。因此，生活质量水平是根据系统或根据制度水平的变化以及变化之后的结果和主观满意度的函数关系决定的；与之相反的是，社会质量研究中的社会是通过个人之间的社会关系形成，再通过实现社会性来被发现的。所以，社会质量水平是由日常生活中行动者之间相互作用的形态和函数关系决定的（Beck et al.，2001b：345－346）。因为社会过程的微观基础在社会质量研究中也是重要的测量对象。此类微观研究的特性并非单纯分析在多大程度上个体满足于社会条件，也不是一种将个体有多幸福进行指数化的测量方式。社会质量的微观过程是揭示个体将价值和规范内在化的过程。

最后，生活质量研究与社会质量研究由于政策介入的性质不同分别表现为不同的立场。生活质量研究认为个体是国家政策的直接受益人，为了使个人可以追求生活质量，需要国家提供各种福利，将个人的物质、人力、社会资本形态聚集在一起，并对社会系统进行整合和保障，这被视为政策介入的核心所在（Wallace and Abbott，2007）。与之相反的是，社会质量研究中的个体被视作能动的行动者，个体能够积极参与国家的政策过程，并能够改变个体所在的共同体和群体的社会关系以及互动的实质水平。因此，社会质量研究不仅强调国家政策性的介入，也强调共同体社会性介入的重要性与必要性。社会性介入旨在增进意义沟通的谈话、关系、实践等，借此达到重要的目的，即将依据社会关系的质量、共同的价值和规范而产生的相互之间的共识、奉献以及信任，都予以恢复（Beck et al.，2001a：12）。在此脉络下，国家福利的增加并非社会质量的充分条件。进一步而言，与之并行的是，需要一种不是作为结果而是作为过程的参与民主主义来提高社会质量。通过参与民主主义实现社会共议与妥协，使得共同体的能力逐渐提高，这是提高社会质量的重要保障（Walker，2011：16）。

5. 今后的研究议题

综上所述，社会质量的研究成果系统地与理论基础勾连之后，提出了包括所有阶段的政策过程的综合分析框架。另外，与每个人的生活质量和共同体的发展有着密切的关系，两者间的和谐发展不是以工具理性主义为基础的战略性行为，而是以个体与共同体结合中的合理性沟通为基础的沟通行为，并同时确保了合法性与认同性。

首先，尽管社会质量研究在问题意识和分析方法方面具有适当性，但是其分析框架的本土适用性问题还有待解决。特别是除了指标之外，在如何合理运用侧面描写与准则等方法上仍需制定具体的方案。此类研究尚处在起步阶段。如果将侧面描写或准则等通过经验研究来使用的话，与构成性指标进行比较就会非常困难。所以，为了使经验上的测量变得更加方便，需要找到一种比具体的测量工具、详细程序以及技巧与方法更加清晰易懂的方法。为此，我们需要对经验性测量意义沟通行为的多种研究成果积极进行活用和反思。例如，其中一种做法是以哈贝马斯的沟通交往理论为基础，将政策制定过程中经验性测量民众参与程度的研究成果作为重要参照（Chang and Jacobson，2010；Jacobson，2004）。[①]

另外，社会质量研究提出的三种方法论工具与社会质量结构在逻辑上相结合的方案，更需要精细化，即通过指标显示的社会质量的客观性条件与标准化的侧面描写存在什么样的关系，该关系与特定社会质量的水平存在何种关联，需要逻辑性依据。

其次，社会质量研究方法的可行性与效用需要通过经验研究加以证明。到目前为止，社会质量研究以社会质量概念和方法论为框架的理论研究为主。今后需要通过多角度进行验证的方法建构扎实的理论。最近以欧洲和亚洲为中心，使用社会质量研究方法的经验研究非常多（Gordon et al.，2005；Yee and Chang，2011）。但是，这些研究都被限定为以指标为中心。与前面看到的一样，社会质量研究的指标被限定为构成社会质量客观性条件的工具，所以只用指标很难反映社会质量的水平。因此，研究者运用社会质量研究方法论的三种工具进行了经验研究，根据此结果，需要持续改善社会质量的概念与

---

① 杰克布森（T. Jacobson）和他的同事以哈贝马斯的交往行动理论为基础使市民参与"达成协议的谈话过程"概念化，分析政府的政策制定过程与政策执行过程中通过案例研究，民众的参与是否可以为相关政策提供合法性或对政策产生何种影响。另外，需要以体现关于政府合法性的公民满意度和意见的诸多条件的评价为中心，设置一些调查问卷选项来测量民众的参与度。

分析框架。这种循环结构顺利引入社会质量研究中的话，社会质量研究可以在理论和方法论层面测量社会的发展，可以为社会发展指明方向。

最后，社会质量研究要想扎根于韩国，尚需考虑诸多问题。最近学者们利用社会质量概念在韩国进行了许多研究，但是目前只停留在测量韩国社会质量的客观性条件要素的水平上。在此过程中，社会质量研究沿袭了所批判的生活质量研究所存在的缺陷。比如，社会经济保障、社会凝聚、社会包容、社会赋权在组成测定社会质量四个条件性要素的指标之外，是否可以将主观满意度等指标包含其中。学者们将各领域的指标数值加以标准化再用更高的数值体现社会质量水平，这不能被认为是使用了社会质量研究的方法论。今后社会质量研究需要拓展关于社会性微观过程的研究，旨在更有意义地分析韩国的社会质量水平。此外，也必须形成一种社会质量的话语体系。若要判断韩国的社会质量水平，需要追问何为其核心价值的深层次问题。

第二章　社会风险视野中
社会经济保障

南恩瑛

（首尔大学亚洲研究所研究员）

1. 社会经济保障与社会风险

　　社会经济保障是指生活机会和风险的分配直接相关。该概念被视为确保
"社会质量"的基础条件，关乎在社会水平层次上是否确保物质环境资源等人
类生活基础性资源得到保障，包括反贫困的安全，居住生活的安全，预防犯
罪的安全，以及对面临疾病和灾害、失业的人群给予保障等方面。具体的领
域包括收入和消费、居住和环境、劳动、教育、照料与健康等。若此类基础
性要求和条件未能得到满足，人们就会产生不安全感，在主观上感到风险，
也会在客观上处于风险之中（정진성　외，2010）。

　　本章试图以社会风险概念为中心对社会经济保障进行梳理。首先，对社
会风险的定义进行梳理，论述社会风险的种类和范畴。此外，在新、旧社会
风险的背景下叙述西方的脉络，然后分析社会风险如何在韩国社会中生根发
芽、蔓延四方。笔者将大致从三个领域考察韩国社会的社会风险。首先是劳
动市场层面的社会风险，其次是新社会风险与家庭（以单身与家庭共存为中
心），最后是通过家庭经济状况的变化与生活事件来考察日常生活的风险。

1)　何谓社会风险

在传统社会里，多数社会成员畏惧的社会风险无外乎战争、天灾人祸等导致的个体福利获得的风险。在工业社会中，尽管个人可以获得分配财富的机会，但少数社会成员或在某种情况下多数社会成员享受不到财富的分配。不同于传统社会，多数个体一方面具有自律性，跳脱于共同体规范之外，但另一方面陷入生活危机的概率也随之增加。吊诡的是，个人的生活愈发脆弱，也愈发依赖于制度。原因不在于个体自身，而在于现代社会的结构性特点。诸如大量失业、职业病、环境污染、交通事故、老年贫困等以往没有的现象逐渐成为社会风险（김영란，2005）。社会风险是指威胁到此时此刻的生活条件，至少使现在的生活水平急速降低的情况。个体的生活从属于特定的条件，这类条件的缺乏直接影响个体自食其力的安定生活，作为生活基础的劳动力再生产本身也无法继续。

一方面，工业社会后期出现的持续性的经济社会变迁，导致人们在有生之年直面诸如结构的不安全、劳动力市场的灵活化、国际化的脉动等各类新型的宏观上的社会风险（Esping-Andersen，1999；Taylor-Gooby，2004）。尽管韩国社会在增长至上主义的话语和社会氛围中开始探索如何保障人们生活的福利和稳定，但是国家脆弱的风险管理体系使得各类风险层出不穷（임현진　외，2002）。社会风险的出现使得人们在1997年金融危机之后开始呼吁国家来维持人们的生计，有义务构筑社会安全网。之后政府虽然通过实行国民基础生活保障制度等福利政策探索建立社会安全网，但收效甚微，对于新型社会风险的谈论仍处于初期阶段（김영란，2006）。不同于西方社会，当今韩国社会中传统社会风险与新型社会风险相互交织在一起。经济危机以后韩国社会的两极化和贫困问题日益严重。政府在1997年金融危机以后逐渐克服经济危机，1999年以后发布的贫困率虽然有所降低，但是绝对贫困率从2002年以来出现回升之势。更为严峻的是，相对贫困现象正以排山倒海之势蔓延于全社会。相对贫困的深化意味着分配结构的弱化。女性户主的相对贫困率比男性户主高出3倍。在此背景下，掀起了以非正规职业劳动者数量的增加为代表的劳动力市场灵活化热潮（남천섭·허선，2005；류정순，2005）。工作条件的恶化和劳动收入分配率在金融危机之后跌到最低水平，工作时间

长度在经合组织国家中位居第一（OECD Factbooks，2011）。

如今的韩国由于家庭结构变化、女性劳动市场参与率上升以及社会照顾缺乏、劳动力市场的灵活化等原因，出现了诸如雇佣不安全性上升、绝对/相对贫困增加、工作贫困阶层扩大、社会两极化等多样的风险因素。21世纪头10年以来，韩国社会的风险结构中最为突出的是经济危机后经济生计风险和社会解体风险急剧增加（김영란，2006）。特别是金融危机之后，在经历过收入和资产缩减的人们之中，越来越多的人正在经历失业、无力兑付、信用不良等经济性失败，同时也面对健康恶化、自杀冲动、家庭解体等非传统风险。中产阶层内部也有很多人自认为正在脱离中产阶层，越有类似想法的人越会经历个人解体和家庭解体等日常生活的否定性变化（남은영，2009）。韩国因此不同于传统风险中外生出新型风险的西方社会，它是双重风险同时伴生，多重风险和潜在可能性相互交织于一种重叠层次的社会风险结构之中。

鉴于此，应在一种新型社会风险的脉络中去理解社会风险，当今的西方社会经历了后工业社会以及全球化带来的社会经济变化和福利国家的政策性需求变化，相对于传统社会风险，新社会风险已经登上历史舞台。但是，韩国社会的安全网在金融危机之后出现劳动力市场的灵活化和非正规职业劳动者数量的增加，家庭结构变化等新旧社会风险重叠出现的双重社会风险，给个人和社会群体带来的影响更为剧烈和深远。

因此，在此背景下我们来具体分析韩国社会风险的特点和效果。本章关注的社会风险是指劳动力市场和家庭领域出现的风险。关于新型社会风险的现有研究主要关注劳动力市场领域及其相关的失业和雇佣风险，以及个人-家庭两立的风险。因此我们将金融危机之后韩国日益恶化的经济状况，以及家庭的生活事件包含在内的日常风险作为我们的研究对象。这不仅属于西方新社会风险的范畴，也属于能够诊断韩国社会变迁的现实性的韩国社会风险。

2）理论背景

（1）社会风险的分类

社会风险的定义因不同理论解释而有所不同。艾斯平·安德森（G. Esping-Andersen）认为生产方式和产业结构变化相伴生的后工业社会的到来导致"二战"后福利国家的作用及其基础功能弱化和消解，被视为福利国家危机。

安德森将社会风险分为"阶层风险"（class risk）、"生命周期风险"（life-course risks）、"代际风险"（intergenerational risk）。这些风险类别通过家庭内部化，通过市场分配化，或可被福利国家所吸收消解。

首先，阶层风险是指社会风险的可能性在社会阶层之间不均衡地分配。非熟练劳动者处于低收入和失业的弱势境遇，具有较高的陷入贫困的风险。其次，社会风险也会随着生命周期的变化形成不均等的分配。朗特里（Seebohm Rowntree）较早将贫困置于儿童期（特别是在大家庭中）和老年期（因为收入减少）来集中分析。在个体幼小时家庭为了满足成员的需求，收入会减少。随着时间的推移（子女独立之时），收入随之增加，但到了老年期收入又会急剧下降。家庭在传统意义上成为能够将生命周期风险分散化的核心空间。此外，市场也对风险进行管理，即人寿保险、民间年金储蓄等方式也以市场的形式对生命周期风险进行管理。在传统意义上，福利国家也在儿童期（通过家庭津贴）和老年期（通过养老金）对个体的生命周期风险进行预防和保护。一般而言，由于"二战"后福利国家假定男性为家庭的主要生计来源，社会性保护也主要集中于职业雇佣安全方面。但是，后工业社会的到来使得家庭的不安全性和失业率、雇佣不安全性上升，生命周期风险也随之扩散到成年期和中年期。"三分之二社会""新底层阶级"等概念也暗示着陷入生活机会困境的可能性日益增加。

代际风险是指部分群体在社会体系中经历的风险（族群差异、人种差别等）。自身不但经历阶层风险，还面临不平等在代际传递的困境。继承与市场之间存在相互强化的关系，即研究结果逐步反映一个清晰的事实：社会出身依然在很大程度上决定着职业和教育的成就（Erikson and Goldthorpe，1992；Shavit and Blossfeld，1993）。20世纪70年代，阿特金森（A. B. Atkinson）在朗特里曾经调查过的地方——英国约克地区进行再调查，数据显示，贫困家庭的儿童比非贫困家庭的儿童陷入贫困的概率高出2.6倍（Atkinson，1983）。代际继承的消极利益直接产生社会资本的不平等。此类不平等会在家庭内部再生产中得以深化。与此不同的是代际风险主要以机会平等政策的形态出现。因此北欧地区的福利国家采用广范围、全覆盖的做法实现机会平等。这种全覆盖的原则在于万人万处零风险。因此，代际继承的消极利益不是单纯的人力资本降低，而是在失去生活机会时起决定作用的全部资源（Esping-Andersen，1999）。

与之相反的是，泰勒·古比（P. Taylor-Gooby）提出"新社会风险"的概念。这一概念是指后工业社会巨大的变迁中的经济社会变迁使得人们在生命过程中直面的风险。古比指出了新社会风险的四条形成路径（Taylor-Gooby，2004）。其一，女性的受教育水平以及女性在劳动力市场中的参与率提高，但是从事经济活动的男性人口有所减少。[1] 同时有众多女性流向有收入的工作领域，新社会风险出现于努力摆脱工作和家庭对立困境的低熟练女性之中。此外，女性雇佣增加使得女性不再以无收入形式从事传统的家庭内照顾，逐渐无法满足家庭内照顾的需求。其二，老年人口的增加使得老年人照顾的负担激增，如果女性从劳动力市场撤回家庭的话，男性自身从事经济活动的负担则会加重，发生贫困的可能性增大。其三，生产技术的变迁尽管会使低熟练生产职位所占的比重降低，但同时，低收入比较优势的国家间竞争极化的劳动力市场的变化，会增加受教育水平低的劳动者被社会排斥的风险。受教育水平越低，失业率和长期贫困的风险越高。[2] 其四，一些国家中出现消费者错误地选择商业化的公共保险和医疗保险、商业保险的规制不足等新的社会风险（Taylor-Gooby，2004）。

此处所提及的"风险"被区分为"普遍型风险"、"生命周期风险"和"范畴型风险"。"普遍型风险"原则上是指与年龄、性别、社会职位等不相关的所有人共有的风险。例如，被局限于劳动力市场活动或者遭受事故等不幸的风险。普遍型风险尽管在理论上由社会所有成员来承受，但并非所有人都面临同一程度的风险。"生命周期风险"在原则上是所有人共同承受的风险，但实际上是个体在特定年龄或特定生命周期阶段所经历的风险。例如，患有老年痴呆等疾病的老年群体面临的生命周期风险概率较大。"范畴型风险"也称阶层风险或群体风险。例如，矿工等特定社会群体会面临特别的风险，并非所有人都会面临与其相关的职业病风险。

风险在效果层面上可被分为"事件效果"（incident effect）、"生命周期效

---

① 欧盟的男性经济活动参与率从 1970 年的 89% 下降到 2001 年的 78%，与之相反的是，女性的参与率从 45% 上升到 61%（Taylor-Gooby，2004）。

② 教育和雇佣高度相关的受教育水平低的劳动者深受社会排斥风险的影响。只接受义务教育的劳动者的失业率高出大学毕业生 2.5 倍，经历技术水平提高的劳动者虽然有较高的职业上升可能性，但是技术水平低下的劳动者有较高的可能性面临工作不稳定或失业（Taylor-Gooby，2004）。

果"（lifetime effect）、"代际效果"（intergenerational effect）。"事件效果"意指直接与事件相关的效果，短时间内会消失。临时性失业和短期失业只具有普通的事件效果。"生命周期效果"与个人生活中持续已久的风险相关，长期失业或残疾具有生命周期效果。"代际效果"是指下一代继承不幸的事件所带来的效果。残疾使得个体依赖于福利惠泽，丧失生计抚养者的能力，影响对子女的投资或者子女进入劳动力市场的机会。值得注意的是，各类风险同时导致多种效果。有一种风险在初期具有事件效果，但随着时间的推移，具有生命周期效果和代际效果。因此，依据不同的风险效果可将风险重新进行分类。这种新的分类意味着某种风险管理体现出国家如何通过政策介入（Neubourg and Weigand，2000）。

另外，社会风险管理的观点认为社会政策被定义为针对个人或家庭风险进行援助的公共性介入（Neubourg and Weigand，2000）。此类观点强调社会政策并不能满足日常生活中一定时期的主要需求，不能满足个人生命历程中特定时期所面临风险时产生的需求。社会政策不关注如何使个人在经济结构中获得成就，反而关注诸如事前预防偶发事件发生，逆境时、处于不幸或受到冲击时如何进行应对等问题。

如前所述，从对社会成员一生中所面临的风险的范围和特点进行分析的角度，我们对社会风险进行分类十分有意义。新社会风险的概念不仅指过去福利国家的政策性介入形成的社会风险，而且指在后工业社会中经济社会变迁带来的新的社会风险，对政策的必要性和前提条件进行重新认识，这一共识尤为重要。在效果层面，风险被分为事件效果、生命周期效果、代际效果。

（2）新社会风险的兴起

第二次世界大战之后到20世纪70年代，欧洲的福利国家以制造业部门为基础维持相对稳定的经济增长，大多数社会成员获得高水平的家庭福利和高收入工作。针对获得子女照顾福利的核心家庭和弱势老人群体，政府通过大范围的凯恩斯主义政策对国民经济进行管理。同时在低失业率、稳定的收入、工人阶层和中产阶层联合政治体制的背景下，政府补充和提供工业社会中市场或家庭无法提供的领域和服务。政府采取适当的政策以应对失业或收入终止（退休、失业、疾病、残疾）、生命周期中的收入与需求不一致（例如子女津贴）等风险。传统意义上，福利国家的医疗和教育政策口碑俱佳，社会性照顾通过大部分家庭制度对家庭进行有限的介入（Taylor-Gooby，2004）。

然而，20 世纪 80 年代以后社会结构的变迁导致社会风险凸显。如果工业社会中丧失劳动能力、疾病、灾害、老龄化、失业等风险被称为传统风险的话，新社会风险则意味着劳动力市场的弱势和雇佣可能性下降，以及工作之外的家庭照顾福利受到一定程度的限制等问题。但是问题在于透过传统的社会风险还是可以看到福利政策向社会成员提供一定程度的社会保障的可能性，但是新社会风险不能通过福利政策提供社会安全网（김영란，2006）。

新社会风险因涉及在劳动力市场中维持特定位置的问题，势必使包括社会性照顾福利在内的工作减少。这种劳动力市场的特点与家庭结构和劳动力市场的变化密切相关。这种新社会风险大致可分为两类：一类是劳动力市场中生产性人口的减少趋势以及工作灵活化带来的风险；另一类是传统家庭结构崩坏导致的多样的社会风险。

西方劳动力市场的结构变化始于 20 世纪 70 年代中后期，"福利国家黄金期"的消逝导致工人阶层的雇佣不安全性、低收入和职业预期非清晰化等风险出现。经济全球化以及新技术革新使得人们的雇佣变得不安全和灵活化，逐渐成为新兴贫困阶层面临的核心问题。诸如劳动力市场进入、稳定充分的收入性雇佣、社会保障维持、在流动性市场中获得培训机会等问题纷至沓来。

随着经济的发展，特别是 20 世纪 80 年代以后劳动力市场结构的变化使得福利国家黄金期所没有的失业率持续攀升、长期失业者的数量增加、打零工等非正规职业的增加等问题开始抬头。经济全球化加速了贸易自由化，资本流动性、全球竞争极化，使得没有就业增长的经济增长以及不稳定雇佣更加普遍。因此催生出一种新型贫困，使得预防贫困和依赖的凯恩斯福利国家的第一道防线，即雇佣保障和低收入的全日制职业体系全面崩溃。

此外，以劳动力市场的灵活化、工业结构和人力资源结构调整、企业组织的精简为代表的新自由主义结构调整，使得劳工阶层不安全雇佣风险暴露无遗。工人阶层内部因而分化反应各异。客观的结构变迁有利于有竞争能力的工人，但反过来，对于非熟练工人和弱势群体来说凶多吉少。弱势群体在充斥着熟练工和非熟练工收入两极分化、非熟练工劳动力市场竞争加剧、就业不稳定性提高等风险的劳动力市场中变得更加脆弱（송호근，2002）。特别是雇佣和劳动力市场的不稳定性与经济全球化相伴而生。进入 20 世纪 80 年代以后，工业结构的变化导致生产高度发展，青睐具有专业熟练技术和知识的劳动力。其他非专业工种主要依赖低收入岗位。此类趋势助长了诸如临时

工、非自发性零工、永久性自雇职业等"非典型、非确定化职业"的蔓延之势，实际上，从事这些职业的劳动者将会面临高失业、低技术、恶劣的劳动条件以及弱势的工会等风险（Room，1990）。例如，美国尽管有着较低的失业率，但是工资低于贫困线的工作岗位日益增加（Esping-Andersen，1999）。欧洲的雇佣战略中存在的职业两极化风险实际上体现在新技术投资倾向于高专业性职业群体，但技能职业从事者未能获得职业技术以及个人发展的各类培训机会（Esping-Andersen，2002）。因此20世纪80年代以后，可以将劳动力市场结构的变化概括为长期失业增加、零工等非正规职业劳动者增加、贫富分化加剧等。美国在1979~1999年从事全日制工作的4人家庭的贫困线以下的收入获得比例增加50%，英国、德国、法国也存在贫困阶层人数增加且社会两极分化加剧的趋势（미시라，2002）。

　　同时，家庭结构也随之变化。现代社会中的亲族制度和社区的重要性式微，家庭制度的弱化以及多样化的生活方式的日常化趋势加剧。离婚和再婚等核心家庭以外的单亲家庭、独身家庭等家庭类型也日益多元化，女性的劳动力市场参与率随之上升。在大部分传统家庭，男性是生计维持者和家长户主，女性在经济上依赖于男性。女性在传统家长制家庭形态下主要从事照顾子女和老人的家务劳动，在经济活动方面有所局限。因此女性在经济上只能依赖丈夫，在社会工作上的机会尽管也有，但仍然起的是边缘群体的作用。因此传统福利国家为预防社会风险而实施的各类政策也是以传统家庭形态为前提，即男性养家糊口，女性承担家务劳动。

　　然而，过去稳定的核心家庭模式由于高离婚率和低出生率无法保持稳定性。婚姻生活日益变得不稳定，以离婚和家庭解体为代表的单亲家庭的增加会使儿童贫困的概率增大。此外，如果儿童保育问题不能从社会层面上得以解决，女性参与劳动力市场的机会会大为受限。处在劳动力市场不利位置的女性被排斥在社会保险提供的风险分担原则的惠泽之外。一方面，老年人口的增加以及平均寿命的延长将以前只有在个人和家庭内部层面出现的"照顾"问题演变为新的社会风险，即女性的劳动力市场参与以及家庭结构的变化使得日常生活中的照顾问题成为家庭层面解决不了的社会风险（김영란，2006）。个人与家庭的对立成为新社会风险的主要层面。以上提及的新社会风险与传统社会风险的比较见表2-1。

表 2 - 1　传统社会风险与新社会风险的比较

时代	传统社会风险	新社会风险
	工业社会	后工业社会
社会基础	制造业为中心的安全雇佣 核心家庭为基础的男性抚养者模式	知识信息为中心的间断性雇佣 双职工家庭，单亲家庭增加
形态	由破产、失业、疾病、老龄化、残疾等 导致收入中断或丧失	儿童照顾和养老问题 社会弱势群体的家庭保护功能弱化 非连续、非稳定的雇佣 非典型职业经历
风险承担者	男性产业工人	女性劳动者，低技能/不熟练劳动人口 青年失业者、儿童、老人、单亲父母
对策	社会福利政策	不健全的社会福利政策

2. 韩国社会的社会风险概况

1) 劳动力市场的社会风险

　　社会风险分为传统社会风险与新社会风险。对工业社会中在以稳定的核心家庭为基础的男性抚养者模式下出现的诸如失业、疾病、老龄化、残疾等社会风险形态，西方国家运用福利国家政策进行治理。后工业社会来临后不稳定且短期的雇佣形态增加，多样的家庭形态导致儿童、老人等社会弱势群体的家庭保护功能弱化。特别是女性劳动者、低技能/不熟练劳动人口、青年失业者面临的社会风险日益严峻，社会福利缺乏健全的机制予以应对。

　　1997 年金融危机之后，韩国的传统社会风险与新社会风险纷至沓来。本节将从劳动力市场的社会风险、家庭和个人 - 家庭对立、家庭的经济状况和社会条件等方面，以日常生活风险为中心，对韩国社会的社会风险进行系统考察。

(1) 失业与长期失业

　　韩国金融危机之后，企业倒闭以及结构性调整导致大规模的失业。2000年 2 月失业者人数为 122 万，2006 年减少到 83 万，失业率为 3.5%。2011 年

韩国的失业率为 3.1%，未及经合组织国家 8.2% 的平均值，与其他国家相比，失业问题的解决尚未达到刻不容缓的程度。但是，其他国家的大部分求职者被纳入失业者统计之中，韩国由于社会安全网不健全以及经济结构差异，大量求职者未被纳入失业统计之中，因而失业率低于其他国家，很难得出失业问题严重的结论（금재호，2007）。图 2-1 是 2011 年至今 12 个月以上的长期失业的国际比较结果：从经合组织 11 个国家的长期失业比较结果来看，西班牙位居榜首（9.10%），以下依次为爱尔兰（6.74%）、葡萄牙（5.97%）、希腊（5.73%）、意大利（4.13%）、法国（3.75%）、德国（3.40%）等。韩国长期失业者的比例（0.01%）虽然略低于其他国家，但正式失业指标的结果显示，2012 年 1 月至今非在学、非就业的无业者达到 201.5 万人（통계청，2012）。

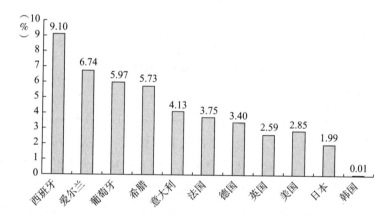

图 2-1　经合组织国家之间的长期失业比较

资料来源：OECD Factbook，2011。

特别是无业的年青一代（20~30 岁）中成为"尼特族"的人数逐渐增加。"尼特族"意为不工作、不上学也不接受职业培训，15~64 岁的经济活动人口中不求职、不做家务、不育儿、不做就业准备、不上学的人。这些人在失业率统计中属于边缘被排斥（"休息"）的一类。尼特族最先出现于 20 世纪 90 年代经济不景气的英国，后快速扩散到日本，在 21 世纪头几年成为社会问题，最近尼特族的规模在韩国不断扩大、数量不断增加。尼特族不是完全失去就业的想法，但还是不同于找不到工作的失业者或依靠打零工生活的飞特族。

尼特族增加的趋势：2003年其规模为91万人，2004年达到103万人，之后持续增长，到2009年为148万人，2012年2月激增至200万人，在短短8年之间增加了1倍多（见图2-2）。韩国社会的尼特族也有激增之势。没有收入来源的尼特族丧失了消费能力，其规模越大，越会降低经济的潜在增长率，对经济产生消极影响的同时也会衍生出若干社会问题。

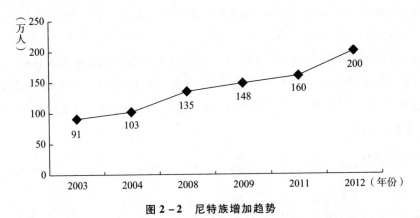

图2-2 尼特族增加趋势

资料来源：韩国统计厅各年度『고용동향조사』。

不同年龄层中的无业者（休息）中60岁及以上的最多，其次是50~59岁、20~29岁（见图2-3）。由于高龄化而"休息"的人口一般属于正常现象，特别是"婴儿潮"一代退休后"休息"的人数激增。但是，2012年20~29岁一代（625万人）中"休息"的群体规模达到33.7万人，占5.4%，这意味着20~29岁人群中每100人就有5人是尼特族。30~39岁的尼特族也在2011年相对增加了12.7%。最近就业日益困难，放弃求职的年轻人中高学历群体激增（헤럴드경제，2013）。尽管目前休息的人群以"婴儿潮"一代为主，但最近调查显示20~29岁一代的青年群体人数日益增加。这一年龄层的尼特族增加不仅会降低经济的潜在增长率和国内生产总值，还有很大可能演变为以丧失工作欲望为代表的社会问题。

下面笔者将对"社会质量调查"① 进行分析，考察12个月以上长期未就业者的特点和未就业时间（见表2-2）。失业时间为12个月以上的被访者占

———————

① 此次调查范围广泛，包括社会质量（social quality）所包含的社会经济保障、社会包容、社会凝聚、社会赋权等维度的问题。此次调查对象为韩国19岁以上的成年男女，时间为2009年9月11~21日，发放结构化问卷1006份。

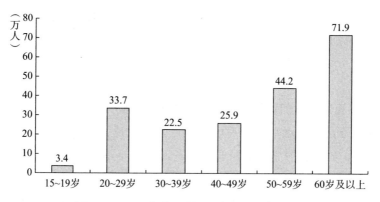

图 2 - 3 不同年龄层的 "休息" 人口的比例

资料来源：韩国统计厅 2012 年『고용동향조사』。

27.9%。相较于短期失业，失业时间为 12 个月以上的长期失业者比例位居榜首。一方面，长期未就业者年龄比例以 60 岁及以上的人最多，20～29 岁群体次之，高龄退休人员和无法进入劳动力市场的年轻群体的未就业率最高。从性别角度看，女性的未就业率比男性高 1.6 倍。此外，家庭收入和受教育水平越低，长期未就业者出现的概率越大，即经济地位和未就业是此消彼长的关系，经济地位低的未就业群体长期不从事经济活动，经历经济不稳定的风险就越显著。另一方面，月收入仅为 300 万～400 万韩元①的群体在长期未就

表 2 - 2 未就业时间与长期未就业者

单位：%

未就业时间		12 个月以上长期未就业者			
1 个月	6.5	男性	15.2	初中毕业及以下	48.8
2～3 个月	4.2	女性	40.2	高中毕业	18.9
4～5 个月	4.0	20～29 岁	36.3	大学在学	25.5
7～9 个月	2.1	30～39 岁	18.8	家庭收入不足 200 万韩元	44.4
12 个月以上	27.9	40～49 岁	14.7	家庭收入不足 300 万韩元	23.4
无	39.1	50～59 岁	21.3	家庭收入不足 400 万韩元	29.8
		60 岁及以上	51.6	家庭收入不足 500 万韩元	21.5

资料来源：社会质量调查（首尔大学社会发展研究所，2009）。

---

① 按照校对文本时（2016 年 11 月 10 日）的汇率 1 韩元 = 0.0059 元人民币计算，相当于人民币 17700～23600 元。——译者注

业群体中分布也较广，他们在劳动力市场中处于弱势地位。整体而言，未就业高发于受教育水平和收入水平低下的阶层以及 20～29 岁和 60 岁及以上群体中。由此可见，社会经济地位越低，青年和高龄层的未就业风险越居高不下。

（2）不稳定的雇佣：失业可能性与非正规职业

韩国社会经过金融危机之后经历了巨大的变迁，不仅经历失业的群体超过了 7%，工薪阶层中非正规职业劳动者的比例也超过了 50%。职业不稳定问题在此过程中与之相伴而生（남재량·류근관·최효미，2005）。2011 年至今，尽管有着低于 3.1% 的失业率，但职业不稳定或"没有稳定岗位的就业率增长"等新问题持续成为广受争议的社会议题。现有研究尽管对不安全雇佣未进行明确定义，却有关于雇佣稳定性以及雇佣保障性的研究。例如，David A. Jaeger 和 Ahn Huff Stevens 基于有 1 年以下工作经历的人的比例的研究以及无工作经历的人的比例的研究，开发出测量美国劳动力市场不稳定性的方法（Jaeger and Stevens，1999），David Neumark 等的"职场维持率"（job retention rate）研究（Neumark et al.，1999），以及 Annette Bernhardt 等的"2 年内离职率"研究（Bernhardt et al.，1999）等。

在韩国的相关研究中，金友荣将职业稳定性定义为"持续维持自身职场地位的可能性"（김우영，2003）。他强调职业稳定性下降意味着自身所处的职场离职率日益上升。全炳酉将在岗时间缩减定义为职业不稳定性，即职业不稳定性是指满足就业者意图和需求的工作被中断的状态（전병유，2000）。金济镐将失业可能性增加和再就业可能性下降定义为职业不稳定性增加（금재호·조준모，2005），即失业可能性增加会导致职业不稳定。

图 2-4 给出了不同国家的失业率和 6 个月内的失业可能性。6 个月内的失业可能性这一指标上韩国的比例为 12.1%，位居 6 国之首，其次是西班牙、瑞典、丹麦、意大利、英国。但是将失业率进行国别比较的时候会带来诸多启示。尽管韩国的失业率相对低于其他国家，但是认为将来有失业可能性的比例最高。相较于其他国家，韩国的就业不稳定性较高，隐含之意为非正规职业（临时职业）的比例日益增加。其他国家的失业率尽管高于韩国，但他们比韩国做得好的是与就业时的初始工作相比，更为关注职业稳定性。

与此同时，全球化、产业结构以及就业结构的变迁等因素使得劳动力市场的不稳定性随之上升。1997 年韩国金融危机几乎席卷所有的职业岗位，失

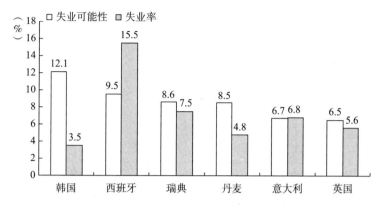

图 2 - 4　失业率和失业可能性的国别比较（2009 年）

资料来源：欧洲生活质量调查（首尔大学社会发展研究所，2009）。

业风险随之剧增。图 2 - 5 给出了美国、瑞典、日本、韩国四国失业人群未能持续经济活动的原因占比情况。失业原因多样，诸如结婚、家庭抚养、合同期满、解雇、罢工、残疾、提前退休（自愿或非自愿）、正式退休等。失业原因分为职场原因和个人原因两大类。韩国的失业原因中比例最高的是结婚，为 30.5%。结婚与家庭抚养两者的比例为 40.7%，对于婚姻和家庭的义务和责任成为不能持续进行经济活动的主要原因，此类原因以女性群体为主。通过国际比较可以看出，与西方国家相比，韩国式个人 - 家庭对立的情况使得婚后就业变得更加困难。如图所示，自愿提前退休和正式退休相加的比例达到 34.4%，男性自愿提前退休和正式退休的比例高于女性。

金融危机之后韩国社会的非正规职业增加的典型表现为劳动力市场灵活化趋势的加深。韩国"社会质量调查"的数据显示，对于"6 个月以内失业可能性的认识"一项，越是在规模为 5 ~ 19 人的小公司，从事非正规职业，收入越低，为女性家庭户主在该问题上的得分越高（见图 2 - 6）。这些数据将韩国的雇佣形态和不稳定性特点暴露无遗。此外，职业不稳定不仅指低收入人群，月收入为 300 万 ~ 400 万韩元的群体也同样处于职业不稳定状态。不稳定雇佣导致中间收入群体感受到社会风险的可能性增加。一方面，职业不稳定性不会因受教育水平的差异而不同，高学历群体在工作不稳定状态下不能自由找工作和自由流动，常常会产生担心工作是否持续的不安定感。因此，正如对于职业不稳定性这一类新社会风险的认识，在很大程度上会受到工作地位（正规职业/非正规职业）、性别（男性/女性）等因素的影响。

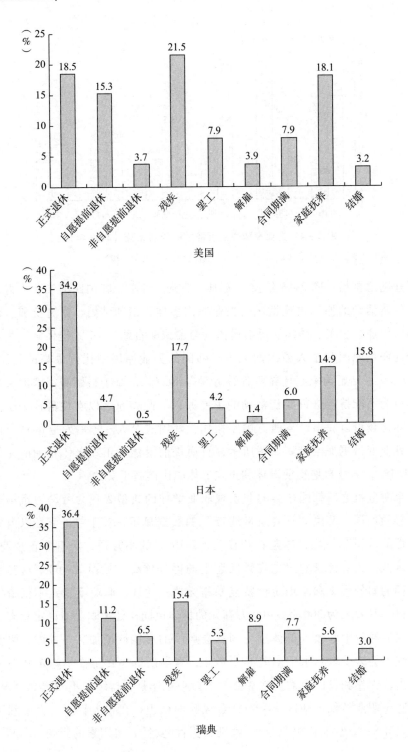

美国

日本

瑞典

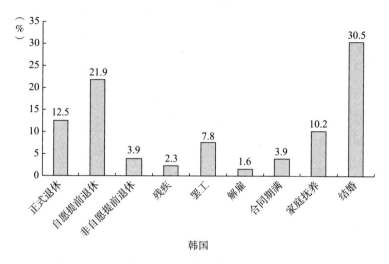

韩国

图 2 - 5　失业原因的国别比较：美国、瑞典、日本、韩国

资料来源：欧洲生活质量调查（首尔大学社会发展研究所，2009）。

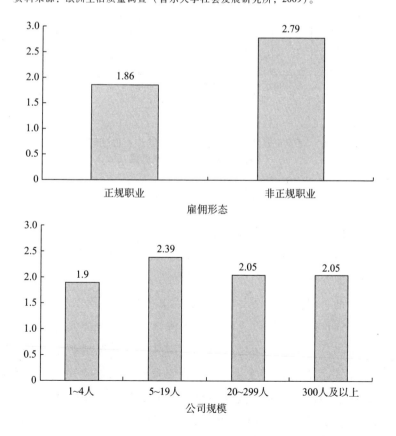

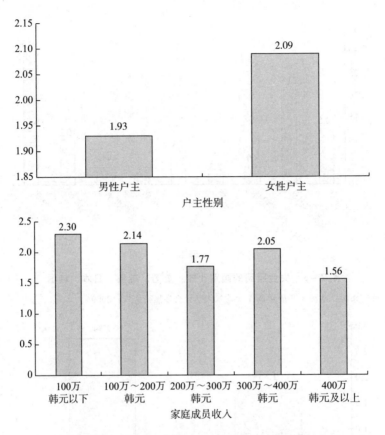

**图 2 - 6 对于 6 个月以内失业可能性的认识：雇佣形态、公司
规模、户主性别、家庭成员收入**

说明：最小值：0；最大值：5。
资料来源：社会质量调查（首尔大学社会发展研究所，2009）。

    表 2 - 3 对影响失业可能性的因素进行了考察，并进行回归分析。相关数
据显示，年龄越小、家庭成员收入越低的人失业可能性越大（模型 1）。此
外，当我们再加上雇佣形态和公司规模的独立变量的时候，尽管正规职业的
失业可能性降低，但公司规模也起不到有意义的作用（模型 2）。关于家庭收
入水平的主观评价以及家庭收支等家庭经济状况变量被加入之后，人们认为
家庭收入水平越高，失业的可能性越小，家庭收支状况越恶化，失业的可能
性越大（模型 3）。加入阶层变量之后，由专业技术人员、管理者构成的中产
阶层与工人阶层相比，失业可能性较小。从事事务型职业的新中产阶层或者
由自雇营业者构成的老中产阶层的失业可能性与阶层工人相差无几（模型

4）。老新中产阶层群体都和工人阶层一样认识到失业可能性不断增加。因此，除部分专业技术人员和高级管理者外的大部分事务型职业从业者、生产性职业从业者、自雇营业者都有 6 个月之内可能会失业的危机感。

表 2 - 3　失业可能性的回归分析

	模型 1	模型 2	模型 3	模型 4	模型 5
性别（女性）	0.119 (0.054)	0.043 (0.019)	0.062 (0.028)	0.086 (0.039)	0.077 (0.035)
年龄	-0.010 (-0.108)*	-0.006 (-0.067)	-0.006 (-0.067)	-0.007 (-0.077)	-0.007 (-0.074)
受教育水平	-0.007 (-0.011)	0.021 (0.032)	0.036 (0.056)	0.034 (0.052)	0.025 (0.039)
家庭成员收入	-0.001 (-0.158)***	-0.001 (-0.132)**	-0.812 (-0.284)***	0.000 (-0.041)	0.000 (-0.035)
雇佣形态（正规职业）		-0.841 (-0.294)***		-0.848 (-0.296)***	-0.850 (-0.297)***
公司规模（20 人以上）		0.057 (0.023)	0.065 (0.026)	0.073 (0.029)	0.091 (0.037)
家庭收入水平（主观评价）			-0.212 (-0.159)***	-0.202 (-0.150)**	-0.248 (-0.185)***
家庭经济状况（家庭收支下降）			0.106 (0.084)*	0.113 (0.089)*	0.114 (0.090)*
中上阶层				-0.754 (-0.086)*	-0.795 (-0.091)*
新中产阶层				-0.048 (-0.015)	-0.054 (-0.017)
老中产阶层				-0.056 (-0.015)	-0.074 (-0.020)
增长期经济状况					0.089 (0.081)
常数	1.704***	2.403***	2.475***	2.406***	2.354***
R^2	0.034	0.116	0.145	0.152	0.157

注：以工人阶层为基准。

*** $p < 0.001$, ** $p < 0.01$, * $p < 0.05$。

　　与以上官方统计的失业率相反，人们对失业可能性的实际认识程度较高，可以看出问题出自韩国劳动力市场。金融危机之后从事非正规职业者的数量

激增，特别是其中大部分为从事临时职业的劳动者。2011 年至今，非正规职业占全体有收入职业的比例为 34.2%，其中，临时职业为 19.2%，钟点工占 9.5%（한국노동연구원，2011）。由于存在很多实际上处于失业状态的群体，所以不能忽视官方统计数据低于现实的情况。

从经合组织 17 个成员国的临时雇佣率来看（见图 2-7），大部分国家存在女性临时雇佣率高于男性的情况。特别是韩国的女性临时雇佣率达到 26.2%，最高的为西班牙，波兰位居第二。之后为葡萄牙和日本，前几个国家的比例略高一些，相对而言，奥地利、英国、美国的临时雇佣率低于 10%。特别是韩国和日本已成为男女临时雇佣两极分化最为严重的国家，韩国女性的临时雇佣率为 26.2%，男性则为 17.7%。

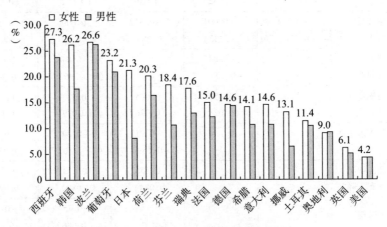

图 2-7　经合组织国家的临时雇佣率

资料来源：OECD Factbook，2011。

韩国的正式调查将非正规职业从业者分为临时工、钟点工、非典型劳动者。临时工是指不能签订固定的劳动合同确定劳动时间的劳动者，或者是劳动合同反复更改才能工作的劳动者，以及非自愿性的不能预期从事持续工作的劳动者。钟点工是指按小时结算、平时一周工作不满 36 个小时的劳动者，不同于在同一劳动场所内所规定的劳动时间中从事同一种类工作的正规职业劳动者。此外，被称为非典型劳动者的派遣工[①]、劳务工[②]、特殊形态劳动

---

① 派遣工是指派遣公司雇用劳动者以后让劳动者在第三用人方劳动场所内为其工作的工作形态。

② 劳务工是指劳动者受劳务公司雇用，却在与该公司签订合同的其他公司工作（清扫劳务、警务劳务等）。

者①、家内劳动者都被定义为短期劳动者②。

韩国的收入性劳动者中正规职业劳动者的比例在 2002 年为 72.6%，2011
年降至 65.8%。非正规职业劳动者的比例从 2002 年的 27.4% 持续上升到
2011 年的 34.2%，即 3 个劳动者中就有 1 个是非正规职业者（见图 2-8）。
此外，非正规职业者中，约 58% 的人是临时工、钟点工。

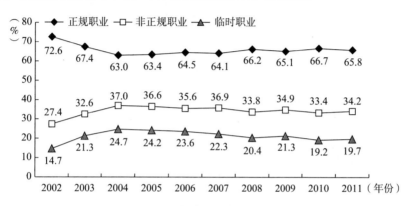

图 2-8　2002~2011 年韩国不同雇佣形态的规模走势

资料来源：KLI 非正规职业劳动统计，2011。

不同学历的非正规职业劳动者比例自 2002 年以后呈现持续上升的趋势。
2011 年，高中以下文凭的群体中非正规职业劳动者比例最高，达到 58.3%；
其次是高中毕业群体，为 37.9%，职业学院群体为 25.7%，大学毕业及以上
群体为 21.9%（见图 2-9）。也就是说，高中以下文凭群体中每 10 人就有 6
人从事非正规职业，大学毕业群体中每 5 人就有 1 人从事非正规职业。非正
规职业劳动者数量在最近 10 年持续增长，特别是在低学历群体中增幅最大。

非正规职业劳动者较多分布在 1~4 人和 10~29 人规模的企业，分别占
25.8% 和 24.7%，即全体非正规职业劳动者中约有一半的人在以上规模的企
业工作。其次是 5~9 人和 30~99 人规模的企业，分别占 19.5% 和 18.5%
（见图 2-10）。因此，全部非正规职业劳动者中约 70% 的劳动者在 30 人以下
规模的企业里工作，约 90% 的非正规职业劳动者分布在 100 人以下的企业。
可见，企业规模越小，非正规职业劳动者越多，其工作地位越低下。

---

①　特殊形态劳动者是指通过个人的募集、贩卖、配货、运输等寻找客户，并提供合适的商品或
　　服务。保险设计师、学习指导师、快递服务配件师等都属于这一群体。
②　短期劳动者是指没有签订劳动合同，来任务时工作数天或数周的劳动者。

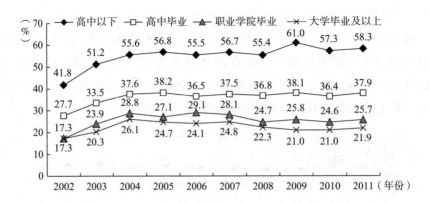

图 2 - 9 2002 ~ 2011 年不同学历非正规职业劳动者比例趋势

说明：表中数值代表不同学历群体占工薪劳动者的比重。

资料来源：통계청，2002 - 2011。

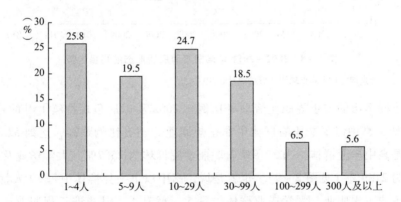

图 2 - 10 不同规模公司中非正规职业劳动者比例

说明：此为在工资收入工作者中的比重。

资料来源：통계청，2002 - 2011。

与此同时，韩国的非正规职业在过去 10 年内大幅增加，尽管各学历阶层的非正规职业劳动者比例都在增加，但低学历群体比例的增加最多，体现为非正规职业劳动者中有近 90% 的人在 100 人以下的企业工作。

此外，不同年龄的非正规职业劳动者比例呈 U 形分布。原因在于青年进入劳动力市场，非正规职业劳动者的比例较高，成功进入劳动力市场后非正规职业劳动者比例日益降低，男性因从 50 岁左右开始退休，非正规职业劳动者比例随之上升，女性在因生育退出劳动力市场、重新进入劳动力市场的过程中，易从事非正规职业。男性非正规职业劳动者比例低谷出现在 35 ~ 39

岁，50～54 岁比例开始明显上升。女性非正规职业劳动者比例低谷出现得比男性早，主要集中在 25～29 岁，30 岁以后的非正规职业劳动者比例开始飙升。60 岁及以上仍在工作的劳动者中，一半以上男性从事的是非正规职业，60 岁及以上的劳动者从事的职业中有 60% 以上的职业被推测为非正规职业（성재민·정성민，2011）（见图 2-11）。

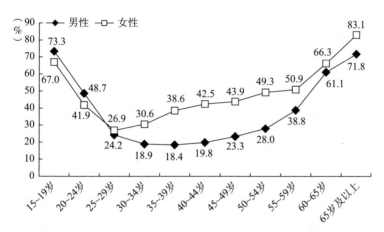

图 2-11　不同年龄、性别的劳动者中非正规职业劳动者的比例

资料来源：통계청，2002-2011。

2) 新社会风险与家庭：个人-家庭对立

　　最近，女性进入社会的机会减少以及工作和家庭平衡的问题成为重要的社会问题。韩国女性参与经济活动的比例在过去几十年持续上升，特别是 20 世纪 80 年代中后期以后，已婚女性的经济活动参与率与未婚女性相比持续稳步上升。韩国统计厅"2011 年双职工家庭与经济家庭关系断绝的女性的统计调查"结果显示，双职工家庭为 507 万个，占全体家庭的 43.6%，成为普遍的家庭形态（통계청，2011）。①

　　近来随着女性学历的提高，终身就业的认识不断加深，生育率急剧下降。同时尽管工作形式灵活化导致非正规职业增加，大量男女劳动者投身其中，

① 户主年龄为 40 多岁的家庭中双职工比例为 52.1%，户主年龄为 50 多岁的家庭中这一比例也近一半（49.7%）。其余的 60 岁及以上（28.9%）、15～29 岁（39.2%）的比例皆低于前者。

男性抚养家庭的作用变得越来越小（신경아，2007）。已婚女性就业人数的增加带来的个人－家庭之间的矛盾不得不被视为一种新社会风险。

2014年至今，女性的经济活动参与率为52.2%，相对低于男性的74.7%（통계청，2014）。从女性生命周期的不同阶段来看，女性在20岁后半期的经济活动参与率最高，达到69.8%，30岁初年龄层的比例为54.6%，30岁后半期以后重新就业的女性人口增加，总体趋势呈M形。这种现象导致的结果正如统计厅在2008年和2009年调查估计的就业女性要抚养6岁以下的子女拉低了工作雇佣率一样，女性在20岁后半期之后积极参与劳动力市场，但30岁初因生育和抚养子女辞掉工作，之后又重新参与经济活动（양소남·신창식，2011）。与过去相比，当代很多韩国女性参加工作，但由于全社会仍然存在家务事和育儿仍是女性当仁不让之责的思维方式，大多数职场女性仍然因家庭和事业如何平衡的问题面临诸多困境（통계청，2010）。

工作和家庭冲突源自两个领域的压力：其一是职场妨碍家庭正常功能的发挥（work to family conflict），其二是家庭内事务妨碍职场功能的正常发挥（family to work conflict）。工作与家庭的冲突可从时间、紧张、行动等方面进行阐释。首先，在限定时间内，工作或家庭在某一领域的作用时间长，在其他领域的作用时间相应就会减少，会妨碍在该领域作用的发挥，造成冲突；其次，在某领域的作用冲突之中造成的紧张或压力等对于其他领域产生影响，冲突随即产生。最后，在某领域的作用下出现的某种效果性的行动如果与其他领域中所要求的行动互不相符的话，两个领域的冲突也会发生（Greenhaus and Beutell，1985）。

以收入性工作为对象的研究表明，在家庭中从事家务的时间越长，家庭和工作产生的紧张关系就越多（Barnett and Rivers，1996；Williams，2000）。已有学者将诸如长时间工作、频繁加班、家庭亲和性制度不足、打破制度规定的职场氛围等职业环境问题视为诱发工作和家庭冲突的重要因素（Marks et al.，2001；Voydanoff，2005；장수정·송다영·김은지，2009）。此外，韩国的研究显示，工作和家庭的冲突还与一些因素相关，如年龄、健康状态、是否有6岁以下子女、全力承担家务、工作时间、法定工作时间制度、家庭亲和性制度等（송다영·장수정·김은지，2010）。调查特别指出，双职工家庭中女性在工作与家庭上的冲突大于男性（见图2-12）。

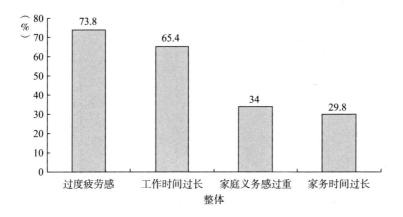

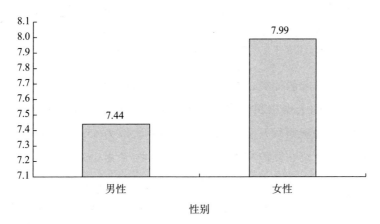

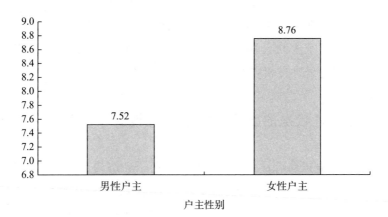

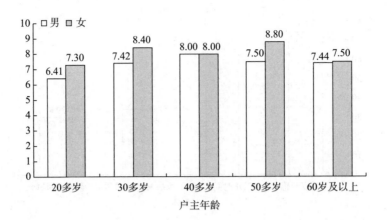

图 2-12 个人-家庭冲突：整体、性别、户主性别、户主年龄

说明：最小值：0，最大值：10。

资料来源：社会质量调查（首尔大学社会发展研究所，2009）。

对于个人与家庭的冲突，在"下班后疲劳感增加不能做家务"一项的应答者中有73.8%的人做出积极回答，可以看出职场和家务很难兼顾。此外，在"工作时间过长无暇顾及家务"项的应答者比例为65.4%，可以看出长时间工作不能充分从事照顾等家务。与此相反，在"由于对家庭有义务感很难集中精力工作"项上应答者比例为34%，可见很多人日益对家庭产生负担感。女性比男性更多地感到个人和家庭之间的矛盾冲突，女性户主更加深刻地意识到这种矛盾冲突。由于女性户主比男性户主更加感受到过重的时间压迫感或义务负担，更难在个人和家庭之间做出抉择。此外，30多岁的女性和50多岁的女性最易陷入个人与家庭对立的矛盾困境之中；相反，男性随着年龄的增加，工作和家庭的冲突相应增加，40岁之后冲突逐渐式微。

3) 家庭经济状况的变化与生活事件视野下的日常生活风险

1997年金融危机前后，大多数人不仅经历了经济活动萎缩、收入资产减少等经济性危机，也在心理行为方面有负面的反应，如健康恶化、家庭解体、犯罪受害等（남은영，2009）。关注金融危机以后人们不安全感消费者保护院在1999年的调查显示，金融危机后表现最为明显的是，大多数人因物价上涨产生不安感（77.6%），其次为收入减少（41.7%）、失业后的不安感

（37.5%）。此外，税务负担（17.2%）和利息负担（16.1%）等经济性负担也随之产生。

针对金融危机前后个人和家庭面对的多种社会问题调查（서울대학교사회발전연구소）也反映出实际上资产和收入减少等经济状况恶化的实例最多，个人和家庭解体等问题接踵而来。48%的被调查者经历了收入减少，资产减少者占比为36%。被调查者中19.2%的人有失业经历，拒付/信用不良者占比为11.6%，30%以上的被调查者不仅经历了收入或资产减少，还经历了失业、拒付/信用不良等经济危机风险。不仅是经济危机，在日常生活中人们还发生了健康恶化（16.4%）、抑郁症/自杀冲动（9.1%）等消极的变化。一方面，金融危机之后，诸如失业、家庭解体、信用不良、健康恶化、抑郁症、自杀冲动等两种以上的消极体验，在资产缩减群体和收入降低群体身上交替重复出现。特别是资产缩减群体中90%的人同时经历了两类以上消极性生活事件，53.3%的人同时经历了三种以上的消极性生活事件。收入降低群体中有66.2%的人经历了两类以上消极性生活事件，39.9%的人经历了三种以上消极性生活事件。另一方面，资产缩减群体中有56.9%的人存在收入降低情况，37.1%的人认为职业的稳定性日益下降（남은영，2009）。

接下来，我们通过"社会质量调查"考察一下金融危机后的10年间家庭日常生活风险如何变化。家庭经济状况不仅是指能否解决生计问题的生活和储蓄，还有多样的表现形式。但家庭的和睦以及基本需求的满足是最核心的内容。"社会质量调查"针对过去1年家庭的经济状况，在"有能力储蓄""维持生计""动用存款又借款"三个维度上设计问题。

在以上问题的应答者中，只有20.5%的家庭有能力储蓄，剩下的79.5%的家庭勉强维持生计，或者出现家庭赤字。金融危机之后的10年间有储蓄能力的家庭屈指可数，大部分家庭过着捉襟见肘的生活。其中有约60%的家庭既无能力储蓄，也没有出现赤字，仅仅是维持生计，这类家庭比例最高，剩下的10.4%家庭完全花光积蓄，约7%的家庭靠借款度日。在职业方面，较多的专业技术和管理人员经历了经济状况的恶化，此外依次是无业人员、服务人员、农民、推销员等。办公室人员和生产岗位人员比其他职业的人更多地存在家庭赤字的情况。高学历者在过去主要从事有着高收入保障的专业技术和管理岗位，现在成为感到经济不稳定人数最多的群体。由此可见，新社会风险确实具有不同于以往职业和社会经济地位的特点。家庭收入越低，经济状况越恶化，与工薪阶层相比，退休人员和失业者在经济上更为艰难，即收入和工作状况成为预测经济状况的重要因素（见图 2 - 13）。

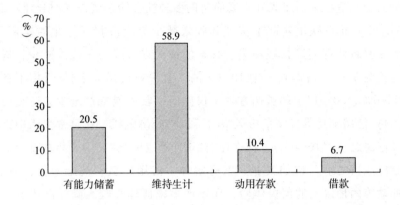

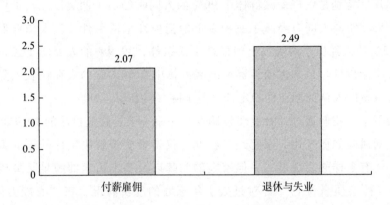

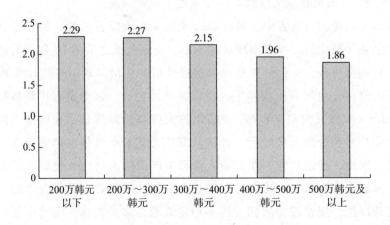

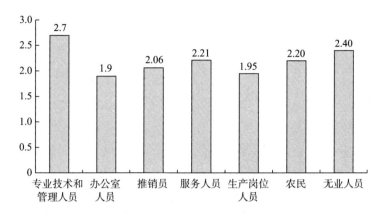

图 2 - 13　家庭经济状况与经济性风险程度

说明：最小值：0；最大值：10。

资料来源：社会质量调查（首尔大学社会发展研究所，2009）。

　　下面我们看一看家庭在过去 1 年中在日常生活中经历的不稳定性和风险。这些风险包括：家庭解体（离婚、分居等）、医疗费负担加重、投资损失、失业/破产等。其中比例最高的是医疗费负担加重，约 19% 的被调查者认为医疗费负担加重，以下依次为投资损失、失业/破产、职业不稳定、家庭解体等。同时经历投资损失和失业/破产的被调查者占 18.4%，这部分人中经历了医疗费负担加重和职场风险的比例也最高（见图 2 - 14）。

　　若从职业类型看日常生活风险，则专业技术和管理人员的比例最高，远远高于农民，这类群体面临较高的社会风险。另外，从公司规模来看，在 5～19 人和 300 人及以上的企业中工作的群体面临风险的比例最高。因此，以往认为能够保障稳定生活的大企业员工如今也在职业和家庭领域面临巨大的风险，特别是日常生活中的风险具有与过去完全不同的特征。这样的结论可在全体职业群体中广泛扩散的生活风险的现象中被印证。

　　将影响家庭生活事件的因素进行回归分析之后的结果（见表 2 - 4）显示，性别、年龄、受教育水平、家庭全部收入所起的作用不明显，即使受教育水平或家庭全部收入提高，日常生活风险也照样发生，并已对家庭收入水平的主观评价以及家庭经济状况产生影响。较之于客观的实际家庭收入，家庭收入的主观评价越高的家庭，越容易经历负面生活事件，继而与家庭收支恶化相比，支出往往会在生活的各个方面产生影响。因此，与实际家庭收入相比，日常生活风险与家庭的财政经营以及收入的主观评价紧密联系在一起。

在其他方面，家庭在经常面临一些负面生活事件的时候，尽管收入有所增加，也会造成家庭财产的损失以及过度支出造成的收支恶化问题，但与此相比，支出越多，关于收入水平的主观评价越低。

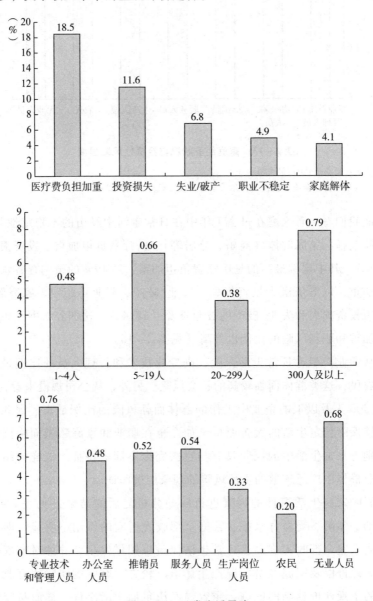

图 2 - 14　日常生活风险

说明：最小值：0；最大值：10。

资料来源：社会质量调查（首尔大学社会发展研究所，2009）。

表 2 - 4　通过家庭生活事件考察的生活风险

	模型 1	模型 2	模型 3
性别（女性）	- 0.026 (- 0.015)	0.017 (0.009)	0.045 (0.025)
年龄	- 0.001 (- 0.015)	0.000 (0.003)	- 0.001 (- 0.017)
受教育水平	0.031 (0.068)	0.038 (0.083)	0.005 (0.079)
家庭全部收入	0.000 (- 0.060)	0.005 (0.006)	0.005 (0.016)
实际家庭收入 （主观评价）		- 0.106 (- 0.079)**	- 0.108 (- 0.099)**
家庭经济状况 （家计收支平衡）		0.165 (0.032)***	0.162 (0.163)***
是否从事收入性工作		0.064 (0.033)	0.044 (0.023)
中上阶层			0.083 (0.013)
新中产阶层			- 0.052 (- 0.022)
老中产阶层			- 0.183 (- 0.068)
常数	0.315	0.077	0.071
R^2	0.006	0.044	0.048

注：以工人阶层为基准。

$^*p < 0.05$，$^{**}p < 0.01$，$^{***}p < 0.001$。

3. 结论

社会经济保障与维持人们基础生活的物质、环境资源是否在社会层面得到充分保障的问题息息相关。保障具体包括消除贫困的安全、居住安全、反疾病、预防灾害，以及反失业的安全等。本章以与社会经济保障相对应的社会风险概念为中心，对社会经济保障的内涵以及现实状况进行了分析。

韩国社会由于家庭结构变化、女性劳动力市场参与率上升、社会性儿童照顾体系缺失、劳动力市场灵活化等，产生了诸如雇佣不稳定性上升、绝对和相对贫困增加、工作贫困阶层扩大、社会两极分化等多种风险因素。进入21世纪之后，韩国社会风险结构中最为突出的问题是金融危机后经济性生计风险和社会解体风险急速增加。与其他欧洲国家相比，最近韩国的失业可能性持续增加、非正规职业增加，特别是以临时工为主的雇佣形态成为习以为常的招工潜规则。一方面，结婚和家庭抚养在失业理由中占40.7%，正式退休和自愿性提前退休也是主要原因，分别占12.5%和21.9%。这些原因暗示着韩国社会的个体－家庭对立矛盾关系日渐加深。另一方面，与正式失业统计不同的是，最近10年15~64岁从事经济活动的人口中，完全不从事诸如求职、家务劳动、育儿、就业准备、就学等活动的群体比例逐渐增加。特别是无业人员中年青一代（20~30岁）成为尼特族的比例增加成为新的社会问题。劳动雇佣环境恶化一方面导致放弃求职的青年失业人员增加，另一方面也加快了无所事事的青年无业者（尼特族）的增加速度。如长期未就业这样的社会风险的高发人群为低收入、低学历、青年或老年和女性群体。此外，通过分析对于"6个月以内失业可能性的认识"来考察不稳定工作雇佣的实际状况的时候，越是非正规职业劳动者，雇佣不稳定性越高，5~19人规模的企业、女性户主、低收入阶层的雇佣不稳定性相对较高。

与此同时，女性经济活动参与率上升，同样加深了个体与家庭之间的矛盾冲突，成为新的社会风险。对个人与家庭对立程度的主观认识是指一个领域（工作或家庭）的责任很难满足其他领域的需求时，人们对于这一矛盾程度的主观评价。被调查者中有40%以上的男女劳动者会由于"过度的疲劳感"或者"工作时间过长"等很难兼顾家务。女性比男性更多地体会到工作与家庭的矛盾，特别是30多岁和50多岁的女性，女性户主感受到冲突的比例更高，即工作和家庭冲突主要集中在女性身上，已成为一种社会风险。

家庭的经济性生计风险和财务状况逐渐成为重要的社会风险。被调查者中约80%的家庭因无盈余而勉强维持家庭收支平衡，或者是面临家庭赤字的局面。一方面，诸如专业技术和管理人员等过去较为稳定的高收入群体也同样遭遇家庭财务问题，再加上家庭解体和日常生活中最常出现的医疗费负担加重，以及投资损失、失业/破产、职业不稳定等，都是人们最常遇到的风险。与受教育水平或实际家庭收入相比，与日常生活风险更为相关的是家庭收支平衡程度以及关于家庭收入的主观评价。

正如我们分析的一样，工作和收入成为从经济方面划分社会风险最重要的维度。过去作为社会风险的失业（未就业）风险常在低学历、低收入、青年或老年群体中出现。但是诸如个人与家庭的对立冲突、家庭解体和日常生活风险、经济性生计风险和生活水平变化等新社会风险，与社会经济地位并不保持一致的关系。成为新社会风险承担者的女性或专业技术和管理人员等高学历者，以及退休人员和失业人员面临风险的比例较高。由此可见，韩国社会风险以非常复杂的方式出现，即实现向上社会流动最重要的通道受教育水平已经不能保证社会的稳定性，反而是雇佣形态（正规职业/非正规职业）成为重要的维度。

与此同时，过去在男性抚养者保护下的女性、青年和老年群体成为新社会风险的承担者。最近社会变迁导致的短期和不稳定的雇佣在全社会扩散为非典型的职业形态。因此，值得注意的是，过去从事稳定职业的专业技术和管理人员等高学历者不再有潇洒的生活，而是在日常生活中面临家庭财务问题，逐渐成为相对弱势的群体。此外，最近青年尼特族的急速增加并非单纯的经济和失业问题，而是丧失工作欲望的社会心理方面的病理问题，呈现新社会风险。

综上所述，韩国社会的社会经济保障已在金融危机后消失殆尽，之后仍不断持续深化。过去生活稳定的社会阶层也在劳动力市场或家庭财务上面临社会风险。从工作地位的角度看，非正规职业劳动者、不同代际的青年和老年群体逐渐成为承受新社会风险的核心群体，成为相应社会政策提上议事日程的重要原因。

第三章　社会凝聚：旨在提高现实和水平的战略

丁海湜

（韩国保健社会研究院副研究员）

安祥薰

（首尔大学社会福祉学系教授）

1. 导言

最近韩国社会热衷于讨论"社会整合"的话题。韩国民主化经济高速增长时期优先实现工业化被掩盖的社会矛盾开始喷涌而出。面对多样的社会冲突频发的状况，韩国却一直缺少系统治理的过程或理论工具。鉴于此，社会整合成为这一时代的课题，旨在运用一种危机意识应对阻碍社会经济发展的慢性化、制度化的社会冲突。

工业化时期，韩国社会存在经济增长一边倒的政策倾向。我们都对经济增长是解决各类社会问题特别是贫困问题的一剂良药深信不疑。然而，2003年以后经济增长眨眼间跌入谷底，人们寄希望于经济增长带动工作机会增加解决贫困问题的期待随之烟消云散。不仅如此，社会两极化和不平等也随之加深。21 世纪前半期，韩国在经合组织 24 国中以贫困率、收入不平等、工作贫困率为基础的收入水平排在第 18 位；以失业率、非正规职业比例、性别工

资差距、罢工率为基础的工作雇佣水平排在第 19 位（노대명，2009：192）。依靠经济增长解决社会问题的期望很难实现，同时也很难成为解决问题的方向。

人们关注的社会整合问题，并非韩国独有的现象。全世界都在关注社会整合问题，各国学界正积极着手制定跨国测量社会整合水平的社会指标。其根本原因在于，新自由主义的经济社会政策横行于全世界，直接导致贫困增加、社会两极分化。社会性和政治性矛盾如影随形般出现，人们在失去对公家制度信任的情况下，纷纷将目光转向社会整合（Jenson，1998）。博吉·斯密特（Berger-Schmitt，2002：404－405）认为人们从政治性角度关注社会整合的原因有三，与我们的状况类似。其一，社会整合被视为政治稳定和政治保障的条件。不平等和断裂的社会使得政治陷入崩溃，政治体制停滞的可能性增大。其二，社会整合也将经济性财富和经济增长视为根本。其三，低下的社会整合水平使得公共支出增加。劳动力市场中的社会排斥蔓延，私人社会网络中社会的纽带断裂、连带感下降，自发的公共参与程度下降，为此，公共支出增加以应对以上这些风险。因此，社会整合水平的提高以及出台社会整合政策的必要性成为当代社会经济为全世界所认同的共识。

韩国持续关注社会整合，并于 2009 年末成立了以总统直属咨询委员会为形式的社会整合委员会，① 开展关于社会整合概念和指数开发的研究。然而，尽管社会整合研究呈上升趋势，却出现了如何界定社会整合的问题。韩国学者李泰震等（이태진，2008）通过研究了社会质量分析社会政策现状，卢大明等（노대명，2009）研究了社会整合指数，卢大明、姜申旭等（차미숙，2011）提出地域社会整合指数，以上诸位学者仍然是借用西方社会整合的定义来分析韩国本土的社会整合指标。

鉴于此，本章试图首先对以往的社会整合概念和指标进行梳理。因为社会质量理论事先假定社会凝聚的概念易与我们通用的社会整合概念联系在一起。接下来，我们将分析社会质量理论中的社会整合怎样被理解，然后对社会凝聚（social cohesion）进行分析，并揭示韩国与其他国家相比处于何种社

---

① 社会整合委员会认为，具有多种特征的社会成员具有对于共同体的认同感，拥有对未来的共同展望，具有维持公共关系的国民的团结能力。这样的社会出发点在于个人和社会拥有关于社会秩序的共识，包容被社会排斥的弱势群体（社会整合委员会官方网站）。

会凝聚水平。最后围绕韩国的研究结果提出旨在提高社会凝聚水平的创新性战略。

2. 社会整合与社会凝聚

1) 社会整合的概念与测量指标

韩国国内尽管对认识到社会整合的必要性达成共识，但是不同的研究者对其有不同方式的定义。欧洲议会（Council of Europe）对社会整合的定义为："一种保障所有公民长期安居乐业的社会能力，长期安居乐业是指可以公平地获得可用的资源，尊重多元性，体现在对人类尊严的尊重、个人和集体层面的自律性、富有责任感的参与性，等等。"（Council of Europe，2005：23）奠定韩国社会整合委员会基础的卢大明等的研究中将社会整合定义为："使多元社会成员在对共同体有归属感的基础上产生的对未来的一种共同展望，以及维持一种积极的关系。"（노대명，2009：66）此外，在其他研究中，卢大明等学者将社会凝聚定义为，"能体现一个社会中人们在多大程度上团结在一起的概念"（노대명·강신욱·전지현，2010：37）。

由于社会整合概念比较抽象，研究者的角度不同，对其定义的把握也就相应地变得困难起来。然而，我们可以通过某类测量指标类推出此类概念具体的特征。首先，欧洲议会提出构成社会整合的 4 个核心要素，即公平分配权力、尊严、自律、参与。继而提出测量这些要素的 20 个核心指标，例如，收入不平等程度，长期失业率，预期寿命，无家可归者的比例，针对女性、人种、宗教等方面的少数群体、老人等的保障水平，过度负债，辍学率，投票参与率，残疾人雇佣比例，对于公共机构的信任度，自杀率，犯罪死亡率等（Council of Europe，2005：110 - 111）。卢大明等学者使用诸如贫困率、五分位收入分配率、失业率、临时职业比例、家庭贷款延滞率、教育费支出比重、家庭医疗费过度负担比例、家庭居住费过度负担比例等指标，提出测量社会整合的核心指数。

不同于以上两项研究只关注社会整合的条件，卢大明将社会整合的状态

和条件做了区分（노대명·강신욱·전지현，2010）。从表3-1可以看出，一方面，从主观意识层面将社会整合指标分为信任度、守法意识、归属感等规范性价值；另一方面，从客观行为层面将社会整合指标分为捐赠、志愿者、投票率等有利于共同体发展的参与指标。

表3-1　卢大明、姜申旭研究的社会整合状态指标

区分	主观意识	客观行为
个体 VS 个体	对他人的信任度 公民的守法意识	志愿者比例 个人捐款总额
个体 VS 集体	对集体（公民社会团体）的信任度 对集体的归属感	志愿者与捐赠 公民团体参与率
个体 VS 公共机关	对公共机关的信任度 对国家共同体的归属感	请愿、居民条例 大选和总选投票率

资料来源：노대명·강신욱·전지현，2010：120。

除了以上关于社会整合的代表性研究之外，其他研究者也继续在社会整合指标构成上进行探索。张龙锡等区分了两个概念："社会整合"旨在推动国家为发展开展的行动和做出的努力，而"整合社会"是指国家经济和社会发展体现出最好的状态、目标、方向以及理想模式。因此，"整合社会"的状态是"保护个人的政治经济性自由（个体性保护），能够承认社会多元性，包容、信任、参与等价值都能被激活（共同体建设），并对国际社会有所贡献"（장용석，2010：14）。其中，与共同体建设相关的指标采用的是世界经济论坛的性别两极分化指数（Global Gender Gap）、残疾人相关法律数量、世界价值观调查（WVS）等关于他人的宽容度以及外国人比例。

车美淑等（차미숙，2011）提出的"地域社会整合"概念将政策目标设定为"地区内部矛盾，冲突和极化最小化"以及"地域内社会资本强化"两个方面，将测量领域划分为社会稳定性、地域社会平衡性、地域社会信任与参与性、地域社会的制度力量，这种划分最为接近和类似于"社会质量"概念。我们可以使用多种指标计算出地域社会整合指数，这些指标如下。（1）稳定性指标。通过自杀率、独居老人比例、起诉案件数来计算。（2）平衡性指标。体现为失业率、低于最低居住水平家庭比例以及外国人居住比例。（3）信任和参与性指标。体现在投票率和志愿者注册比例方面。（4）制度力

量指标。体现在万人人均社会福利设施数量以及日常预算中福利预算的比重。

经合组织定期发布的《一眼看社会》报告书中分析的三种社会政策目标都对社会凝聚水平有所提及（OECD，2005，2007，2009a）。① 经合组织报告书中的社会凝聚分为肯定性和否定性两个层面。肯定性层面包括对共同体生活的参与和对他人的态度；否定性层面反映了社会凝聚不足导致的结果，即自杀、风险行动、犯罪等越轨形式（OECD，2009a：15）。2001 年以后尽管发布了 6 次报告，但其中包含的指标并未有太大变化，如生活满意水平、犯罪被害者数量、工作满意水平、来自学校的排挤和放弃、危险行动的水平、社会孤独感程度、团体参与率、未成年人生育、药物中毒及死亡人数、投票率、信任、工业灾害、收监人数等。

下面我们将聚焦于以上指标研究中体现出的作为社会整合条件的经济和社会性不平等与排斥。作为社会整合的结果，信任、参与、共有的规范和价值等团结层面被作为社会整合的要素。这样的分析在 Berger-Schmitt 关于欧盟社会整合测量提案中得以确定（Berger-Schmitt，2000）。他提出两个层面的社会目标及其测量内容，具体如表 3 - 2 所示。"减少两极分化与社会排斥"层面具体包括地域两极分化、公平的机会与不平等、社会排斥等内容。测量的指标为议会中男女议席比例、男女失业率、男女收入两极分化、男女管理职位比例、外国劳动者比例、长期失业率等。"强化社会资本"层面具体包括社会关系的利用可能性、社会政治活动的参与率、社会关系的质量等内容。其测量指标为社会支持的可能性、信任水平、对欧盟的认同感、职场或教友关系的实质性等。

表 3 - 2　欧盟作为社会目标的社会整合与测量内容

目标	测量内容
减少两极分化与社会排斥	地域两极分化、公平的机会与不平等（性别、代际、社会阶层、残疾、公民团体）、社会排斥
强化社会资本	社会关系的利用可能性、社会政治活动的参与率、社会关系的质量、整体社会制度的质量、欧洲的特殊情况等

资料来源：Berger-Schmitt，2000：21 - 22。

---

① 三种社会政策的目标为自立、平等、健康状况，以及社会凝聚。对于社会凝聚（social cohesion），不同学者译法各异。例如金永美（2010）将经合组织提及的"社会整合"等同于社会凝聚。

除此之外，斯蒂格利茨委员会（白宫经济顾问委员会）从测量生活质量的下位领域入手来分析社会链接（Stiglitz, Sen, and Fitoussi, 2009）。下位领域包括社会信任、社会性孤立、非正式支持、职场参与、宗教参与、社会资本链接等内容。经合组织正在实施精准测量社会发展的指标开发项目，旨在推动改善生活质量的政策制定。其研究结果中社会链接（social connection）由社会支持关系网、社会接触频度以及志愿服务时间构成（OECD, 2011）。

2）　社会凝聚

回顾先前的研究，大家同时使用社会整合、社会凝聚以及社会链接等多种术语，用来指向同一个社会现象。本研究试图将社会整合分为两大类别。其一，作为条件的社会整合，即在否定性层面关注削弱整合的原因，主要体现在不平等和社会排斥方面；其二，作为状态的社会整合，这是在积极的层面上衍生出的社会现象，主要关注作为社会资本的团结能力和集结能力。社会质量理论在类似的层面上将社会整合分为"社会凝聚"（social cohesion）和"社会包容"（social inclusion）。社会质量理论中的社会凝聚被定义为一种共有的认同感，在共同享有价值和规范的状态下维持一种社会关系。此时必须将社会凝聚和社会包容结合起来进行理解。社会质量理论中的社会凝聚关注社会关系的结构或建构，与此相反，社会包容意味着获得或者整合这些社会关系的水平（Walker and Wigfield, 2004：9）。

如图 3 - 1 所示，社会凝聚与社会整合的概念相关，意为各个行动者之间存在的秩序井然或冲突的关系。与之相反，与社会包容相关的是行动者与系

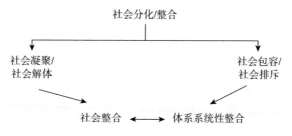

图 3 - 1　社会凝聚与社会包容的理论位置

资料来源：Beck et al., 2001：338。

统，或者是微观系统之间的关系。

通过梳理当前韩国国内关于社会整合的讨论可发现，社会整合同时反映出社会质量理论中提及的社会凝聚和社会包容的内容。韩国的部分研究不仅研究社会整合条件的极化和排斥，也关注社会整合的经济性能力〔例如，노대명·강신욱·전지현（2000）一书中的贫困率〕，这是从"绝对剥夺"的角度对社会整合进行研究。

然而，笔者试图从社会质量四维度中的社会凝聚入手进行研究。所谓"社会质量"是指在提高公民的福祉和个人潜力的条件下，公民参与共同体的社会经济生活的程度（Beck et al.，1997：3）。贝克及其同事认为构成社会质量的四个因素分别为社会经济保障、社会凝聚、社会包容、社会赋权。社会质量理论假定健康社会是指每个个体都能在其一生中充分享有各类资源（社会经济保障）；在每人共有认同感、价值和规范的条件下维持社会关系（社会凝聚）；将构成日常生活的各类制度和社会关系加以整合（社会包容）；还包括能力提高和社会关系增强的能力（社会赋权）（van der Maesen and Walker，2005：45）。

社会质量理论认为社会是作为社会性存在的个人的自我实现与集体认同感形成之间相互作用的现实化产物（van der Maesen and Walker，2005：10）。此处相互作用的社会性存在、集体认同感是社会的核心领域，依据此类理由不把社会凝聚作为社会秩序水平标准的做法显得没有意义。

欧洲学者关于社会质量研究的第一本书认为社会凝聚涉及社会关系的形成、维持和破坏等宏观过程，以及支撑这些关系的微观结构（Beck et al.，1997：323）。此类观点认为社会关系水平及其微观结构的水平成为社会凝聚测量的指标。

社会关系水平与社会资本密切相关。因此，社会关系水平也关注社会资本的两个层面——信任和社会关系，并以此来进行测量。此外，社会资本还包括微观结构中的文化规范，以及法律、政治、社会保护等立法体系，市民圈，文化多元性，宽容，共存等内容。因此，增强社会凝聚的过程必须确保地域发展政策，公私领域得到同等保障，确保经济和财政的公平性，以共同承担不平等的经济负担。因此，欧洲学者主张可以通过公共安全、代际连带、社会地位凝聚、经济性凝聚、利他主义等来对微观结构进行测量（Beck et al.，2001：356）。

综合各家研究，研究者们大致从信任、整合性规范与价值、社会关系网、认同感四个领域来区分和测量社会凝聚。根据第三章提到的定义和水平，我们试图将韩国社会的社会凝聚与其他国家进行比较。但是在国别比较的层面考察社会凝聚的时候会产生几个问题（Berman and Phillips，2004：3-4）。

第一，能否用平均值来测量凝聚，或用特定水平人们的比例来进行测量的问题。该问题尽管将社会凝聚的指标在内容上看作宏观水平的指标，实质上社会凝聚是通过多种社会调查资料确定的特性体现出来的。例如，关于"在富人家里出生"这种成功重要因素的问题，我们是分析人们回答"绝对重要"的比例，还是分析全体应答者的平均值。

第二，最优化（optimization）与最大化（maximization）之间的选择问题。社会成员并非有一样的价值和意见，当我们分析建立在信任、互惠、宽容基础上的行动者的多元性中，自发形成群体行为的时候，这种行为具有自我调节性（고형면，2009），最优化更为可取。从其他方面来看，当我们考虑各个社会具有多样的历史社会经验的时候，这个问题就会如影随形地出现。例如，在整合性规范与价值的范畴中，在问及"为了改善贫困者生活而愿意多纳税的意向"并进行分析时，必须充分考虑一个社会的社会福利支出达到何种程度的问题。

第三，社会凝聚的诸多指标中不存在实质上进行比较的资料。表3-3罗列了欧洲学者们的社会质量理论中社会凝聚的诸多指标，其中第27个指标是欧盟裁判所移送案件的比例，第36个指标是愿意参加所住社区共同体活动的意志程度，第37个指标是男女对于家务事分配的认识，第42个指标是对于作为自豪感以及象征的整体欧盟的认同感，第44个指标是对家庭与亲族的归属感。以上这些指标都能较好地反映出欧洲的特点，不存在有比较可能的资料，进而运用客观化的指标进行比较较为困难。

表3-3　社会凝聚的构成与指标

微观领域	具体领域	指标编号与指标
信任	一般性信任	25. 一般性信任程度
	特殊信任	26. 对于政府、国会议员、政党、军队、事业部门、舆论、工会、宗教团体、公民团体等的信任 27. 欧盟裁判所移送案件的比例 28. 家庭、朋友、余暇、政治、父母、子女的重要程度

微观领域	具体领域	指标编号与指标
整合性规范与价值	利他性	29. 每周平均志愿服务时间 30. 献血率
	包容性	31. 关于移民、多元主义、多元文化主义的态度 32. 对他人生活方式的宽容度
	社会契约	33. 贫困归因：个人因素与结构性因素 34. 是否同意增加纳税金额以改善贫困者的生活条件 35. 是否同意增加纳税金额以改善老人的生活条件 36. 愿意参加所住社区共同体活动的意志程度 37. 男女对于家务事分配的认识
社会关系网	社会关系网	38. 自发的社会参与（政治团体、慈善团体、志愿服务、体育） 39. 家庭、邻居、朋友所给予的支持 40. 与好朋友、同事之间的联络频度
认同感	对于国籍的认同	41. 国家自豪感 42. 对于作为自豪感以及象征的整体欧盟的认同感
	对于不同工作岗位的归属感	43. 对不同职业岗位的归属感
	关系	44. 对家庭与亲族的归属感

注：指标编号为全部 95 个指标中被提及的一系列指标。

资料来源：Berman and Phillips, 2004；van der Maesen and Walker, 2005：54。

　　鉴于此，笔者试图确定可以测量社会凝聚的指标，以此为中心进行比较，以确定韩国的社会整合水平在国家比较层面上处于何种位置。

3. 社会凝聚的信任领域比较

　　我们首先从信任水平开始分析。"信任"这一概念可以分为"一般性信任"和"特殊信任"两类。前者是对于全体社会成员的一般的信任，后者是对于主要社会制度以及人际关系的信任。因此，一般性信任被认为是"社会性信任"，特殊信任被视为"制度性信任"（이재혁, 2006），以反映个体间的信任中一般性他者的范围的问题。多数研究提及韩国社会是一个低信任度的社会，原因在于值得信任的他者存在于以血缘等为中心的群体之中（Fukuyama, 1995）。

首先，在一般性信任上（见图 3 - 2），韩国人对于"大部分人是可以信任的"的回答比例只有 28.26%。在一般性信任方面产生饶有兴趣结果的国家有丹麦、挪威、瑞典、芬兰等斯堪的纳维亚国家。可以看出，福利体制具有社会民主主义特征的福利国家具有高度的信任水平。其次依次为新西兰、澳大利亚、加拿大、英国、美国等盎格鲁 - 撒克逊国家。欧洲大陆国家尽管存在一些差别，但其信任水平紧随其后。最后是南欧的体制转型国家。通过这些结果可以确定，信任水平与福利国家的形态、经济增长、经济安全之间存在一定的联系。

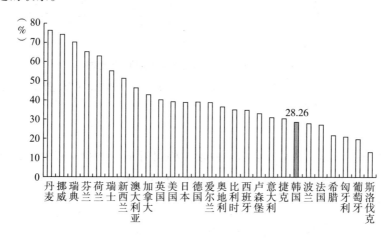

图 3 - 2　一般性信任水平

资料来源：欧洲国家的数据源于 2008 年欧洲价值观调查（European Value Study，EVS），其他国家的数据源于 2005 年世界价值观调查。

下面我们来分析一下作为一种特殊信任的对于主要社会制度和人际关系的信任水平（见图 3 - 3）。在此我们将运用政府、议会、政党、军队、司法体系、媒体、工会、警察 8 个制度领域的信任平均值。韩国的平均值为 2.63 分，介于"在某种程度上信任"和"不怎么信任"之间，但又接近于后者。有意思的是，在国别比较中，尽管韩国的一般性信任水平偏低，其特殊信任中的制度信任却处于中间程度。研究者只围绕立法、司法、行政三个领域来分析"对于政府的信任"的时候，其平均值达到 2.71 分，意味着政府领域的信任水平偏低。

特殊信任的其他层面通过公私领域在生活中的重要程度来分析（见图 3 - 4）。按分析对象国家中公私领域在生活中的重要程度平均水平划分的结果依次为

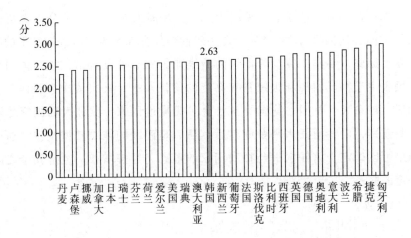

图 3 - 3 关于 8 个制度领域的信任的平均值

说明：此为人们关于政府、议会、政党、军队、司法体系、媒体、工会、警察的信任水平的平均值。选项内容为：1 = 相当信任，2 = 在某种程度上信任，3 = 不怎么信任；4 = 完全不信任。

家庭、朋友、工作、余暇、宗教、政治。韩国对于工作和家庭的信任高于平均水平。但是数据显示，朋友和余暇也很重要。政治和宗教的重要性也高于平均水平。

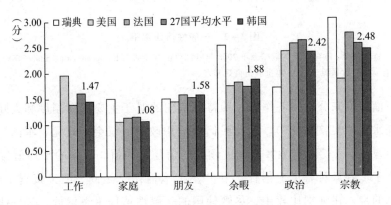

图 3 - 4 公私领域在生活中的重要程度

说明：本图中的国家与图 3 - 3 中的国家一致。问卷选项为：1 = 非常重要，2 = 大体上重要，3 = 基本不重要，4 = 完全不重要。

下面我们来看一下在信任水平的国别比较中韩国处于怎样的位置。首先，韩国的一般性信任水平低于平均水平。询问对于他人信任水平的世界价值观调查（WVS）的5次调查数据显示，韩国的信任水平逐渐降低。[①]

其次，在制度领域的信任方面，韩国的信任水平达到平均水平。最后是对于私人领域的信任，特别是对于家庭的信任及其重要程度，韩国的信任水平高于其他国家。

那么，韩国的社会资本在提高信任水平方面做出了哪些努力呢？李在烈（이재열，1998）关于韩国社会资本的研究表明，韩国出现了私人领域高信任、社会制度领域低信任的问题，显现使得社会性合作和合议成为可能的制度性基础逐渐崩溃的迹象。朴炳震（박병진，2007）认为作为制度性基础之一的雇佣、职场中的晋升和纳税会促使一般性信任和社会性信任随着公正性的提高而提高。无人乘车价值观和共存共荣价值观得分高的国家中，对他人的信任程度也很高（박통희，2010）。其结果是产生国家制度怎样形成，又起到何种作用的问题。此类观点强调国家制度的重要性相对高于公民社会，与朴重民、金王植（박종민·김왕식，2006）的研究如出一辙。

以上主要是从社会学角度、从宏观制度层面来把握信任的形成问题，依据福利国家的物质基础怎样形成才能说明信任水平。如前所述，作为社会整合的条件因素是福利国家的物质基础，也是说明信任水平的重要因素。

4. 社会凝聚的其他领域比较

1) 整合的规范与价值

整合的规范与价值的微观领域由利他性、包容性、社会契约的具体领域构成。其中，利他性的测量指标为志愿服务水平和献血率[②]。原则上最能体现志愿服务的是"每周平均志愿服务时间"。原因在于这一时间同时将志愿服务

---

① 关于"大部分人是可以信任的"问题的应答率，1982年为38%，1990年为34.2%，1996年为30.3%，2001年为27.3%，2005年为30.2%（WVS，2009b）。

② 献血率是一种测量利他主义的客观性指标。Healy（2002）主张将献血一类的行为作为利他主义指标的做法是合适的。世界卫生组织（WHO）的国际血液安全数据（global database on blood safety）提供每1000个献血者的信息，不提供个别国家的信息。

的参与率和参与强度考虑在内。利用经合组织国家的时间使用情况调查资料，以分为单位测量日均志愿服务时间。资料中韩国人1天从事"1分钟"的志愿服务，达到经合组织国家平均"4分钟"水平的25%。一方面，这些资料体现出经合组织国家中从事志愿服务者的比例和有捐赠行为者的比例（OECD，2009c）。① 对于是否存在一个人从事志愿服务的问题的应答率，韩国21.3%的被访者有从事志愿服务的经历。经合组织国家的平均水平为23.8%（见图3-5）。以两种资料为分析基础，韩国的志愿服务水平尽管接近其他国家，但还是偏低。

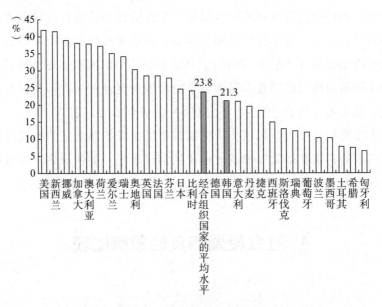

图3-5　有志愿服务经历者的比例

资料来源：OECD Factbook 2009，"Economic，Environmental and Social Statistics"。

另一方面，在与志愿服务经历不同的捐赠行为方面，韩国被访者的比例达到30.9%，未达到经合组织国家的平均水平（46.6%）（见图3-6）。益格鲁-撒克逊国家从事志愿服务和有捐赠行为者的比例达到较高水平。我们有必要分析一下志愿服务或捐赠行为等社会参与的条件。其一，社会参与可以被视为正式支持不发达导致非正式连带的结果（Koster and Bruggeman，2008）。其二，各国的税制支持的条件和内容。其背后隐含着与正式支持体系

① 以上数据为27个国家中除去卢森堡，外加墨西哥和土耳其的数据。

存在一定程度的否定性关系，即与正式支持体系相比，一些非正式的政策支持得以出台，以促进民间支持力量灵活发展，特别是有捐赠行为者的比例持续升高。其三，受到高收入水平的影响，志愿服务等类似的行为会受到个人所拥有的资源水平的影响（van Oorschot and Arts，2005）。

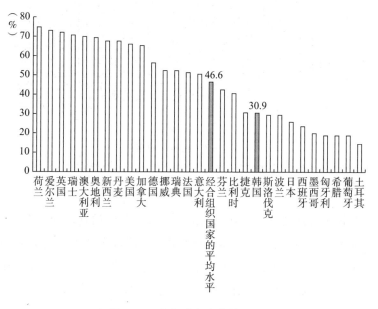

图 3 – 6　有捐赠行为者的比例

说明：此为对于"最近 1 个月向组织捐过钱吗"这一问题的应答率。

资料来源：OECD Factbook 2009，"Economic，Environmental and Social Statistics"。

此外是关于包容性的问题，其测量的内容主要与移民、多元主义、多文化主义的态度以及对他人生活方式的宽容度有关。两个国际性调查（WVS、EVS）中都涉及一个问题："多样的族群与我共住一地，你不愿意与什么样的群体做邻居？"笔者试图利用这个问题中不愿提及两个群体（移民、外国劳动者）的应答率来测量包容程度。韩国在国别比较中包容程度最低，对于移民和外国劳动者，只有 61.28% 的被访者想与之做邻居，愿意与其他族群做邻居的比例只有 63.48%（见图 3 – 7）。外国的调查问卷答案分为"提及"和"不愿提及"。而韩国的问卷答案则设计为"愿意与其共同生活"和"不愿意与其共同生活"。对于同样的问题，2001 年的数据分别为 53.1% 和 65.33%，可以看出韩国对于移民和外国劳动者的包容程度有所提高。

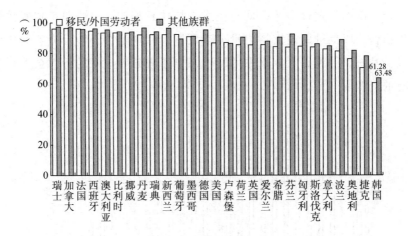

图 3 - 7　包容的程度

说明：此为被访者对于"愿意和移民、外国劳动者，其他族群做邻居"的应答比例。
资料来源：EVS, 2010；WVS, 2009a。

第三个领域是社会契约及其相关部分。社会契约的具体指标有："贫困归因：个人因素与结构性因素""是否同意增加纳税金额以改善贫困者的生活条件""是否同意增加纳税金额以改善老人的生活条件""愿意参加所住社区共同体活动的意志程度""男女对于家务事分配的认识"等。必须看到，大部分指标与现实还是存在一定差距的，原因在于要将可用的测量材料与国家的历史社会特征联系在一起考虑，认识到国家间的社会文化差异界限并做简单的比较分析。

首先，我们来看看贫困的归因问题。利用国际社会调查项目 2009 年关于社会不平等的数据进行分析，具体问题为："下面哪些内容是取得人生中进一步发展的重要因素？"关于此问题，回答"生于富裕家庭更为重要"的韩国被访者的得分为 2.62 分，在所比较的经合组织国家中位居第一。① 韩国在"认真工作是重要因素"选项上为 1.71 分，是继新西兰、葡萄牙之后的第三低分的国家（见图 3 - 8）。这一方面表明韩国人仍然觉得贫穷的原因不是社会问题而是个人问题，另一方面也体现出社会不平等再生产机制发挥了一定的作用。

———————————

① 国际社会调查项目 2009 年选取 33 个国家为调查对象，其中经合组织国家有 19 个。33 个国家的被访者中认为生于富裕家庭重要的平均值高于韩国的是中国（2.17 分）。

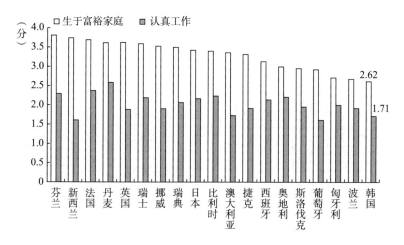

图 3 - 8 人生的成功因素

说明：使用的是国际社会调查项目（International Social Survey Programme，ISSP）2009 年的模型（Social Inequality Ⅳ）给出的不同国家的平均值。选项为：1 = 绝对重要，2 = 非常重要，3 = 大体重要，4 = 不那么重要，5 = 完全不重要。

其次，我们来看看"是否同意增加纳税金额以改善贫困者的生活条件"和"是否同意增加纳税金额以改善老人的生活条件"这两个指标。我们的数据源于 ISSP 在 2006 年对政府作用的调查，问题涉及"政府应在下面哪些领域提高预算支出"。因支出增加必然涉及纳税金额增加，故而对此问题的回答必然涉及人们是否愿意增加纳税金额。

韩国的养老金支出值为 2.03 分，失业金给付水平为 2.51 分（见图 3 - 9）。在所比较的 21 个国家中分别排第 7 位和第 5 位，人们对于必须增加政府支出的呼声也较高。但是，与前面的论述一样，对于支出的认识必须考虑现实情况。政府支出较多的领域没有再去追加过多的政府投入，政府支出较少的领域有必要加大政府投入。失业的原因不同，对政府介入的必要性的认识也会随之相异。若将失业归因于社会责任，人们会回答必须提高政府支出；但是若将失业归因于个人的话，人们又很难同意政府增加资金投入。

如果必须考虑支出水平的话，就必须理解支出的机制。当以全体社会成员为对象的项目，以及选择个人为对象的项目存在的时候，被调查者在收支平衡社会中提高支出水平的回答概率则会较大。与回答提高政府支出相对的是，安祥薰（안상훈，2011）通过回答政府必须降低支出的应答者比例来考察抗税的水平。其研究表明，北欧的抗税水平最低，欧洲大陆次之。有意思

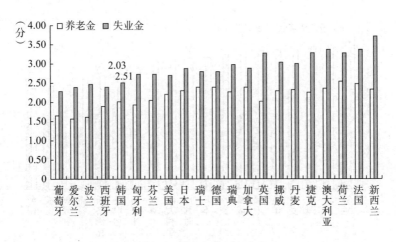

图3-9 对政府支出的认识

说明：（1）本图采用的是国际社会调查项目2006年的模型（Role of Government Ⅵ）。选项为：1＝大规模支出，2＝部分支出，3＝依据现有水平支出，4＝部分再支出，5＝大规模再支出。

（2）数据是以合值为基准整理而成。

的是，国民负担最低的英美国家的抗税水平反而最高。决定抗税水平的不是国民的负担，而是福利水平及其影响。尽管纳税较多，但配套福利跟上的话，抗税水平也会随之降低。

2）社会关系网

社会凝聚的第三个微观领域为社会关系网，其测量指标为：自发的社会参与，家庭、邻居、朋友所给予的支持，与好朋友、同事之间的联络频度。

首先考察一下集体活动的参与程度。运用两个国际调查（世界价值观调查、欧洲价值观调查）的数据来比较人们参与社会活动团体数量的平均水平。社会活动团体分为文化活动团体、政治政党团体、体育活动团体。韩国社会活动团体的平均参与水平为人均参与0.25个社会活动团体（见图3-10），有19.15%的人至少参与一个以上的社会团体（27个国家中排第20位）。韩国社会关系网中的集体活动参与程度在所比较国家中处于平均水平以下。

接下来我们考察一下私人支持的可能性。具体分析基于对"困难时会求助于亲戚或朋友"问题的应答比例。韩国为82.7%，低于经合组织国家的平均水平（91.4%）（见图3-11）。既有研究重点关注"缘"的重要性。但是，与"缘"无关的获得其他私人支持的可能性低于其他参与比较的国家。

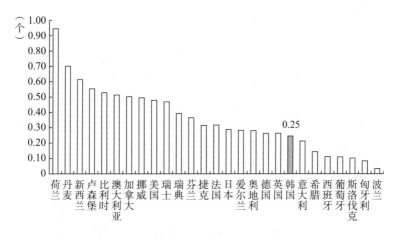

图 3－10　参与社会活动团体数量的平均水平

说明：此为不同国家被调查者人均参与社会活动团体数目的平均值。

资料来源：EVS，2010；WVS，2009a。

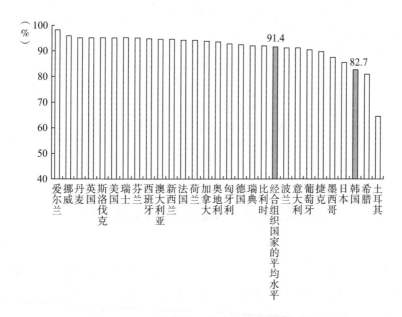

图 3－11　回答获得私人支持的应答者比例

说明：此为被调查者关于"困难时会求助于亲戚或朋友"这一问题的应答率。

资料来源：OECD Factbook 2009，"Economic，Environmental and Social Statistics"，p. 257。

3) 认同感

社会凝聚的第四个微观领域为认同感。具体测量指标为国家自豪感、对于作为自豪感以及象征的整体欧盟的认同感、对不同职业岗位的归属感、对家庭与亲族的归属感。下面我们具体分析其中的国家自豪感。大部分国家中人们回答的选项是"对作为一国公民的事实感到很自豪"。但是韩国的国家自豪感得分低于德国和日本（见图3-12）。

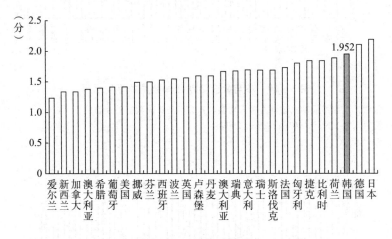

图 3-12　国家自豪感

说明：数值越接近1，越会感到自豪；数值越靠近4，越表现出完全不自豪。
资料来源：EVS, 2010；WVS, 2009a。

5. 增强社会凝聚的战略选择

当我们考察依据社会质量的理论性定义衍生出的社会凝聚水平的时候，韩国的社会凝聚水平与其他国家相比处于较低水平。最近韩国关注"社会整合"的理由支持了社会凝聚水平低这一观点。

从社会整合的观点来看，在社会包容水平低的状况下，很难提高社会凝聚水平。实际上，国别比较中经济不平等成为测量信任水平的强有力因素

（Uslaner，2002：236）。[1] 收入不平等程度高的社会中能预想产生贫富之间的政治矛盾，在这种社会中很难期待有较高的信任水平。然而，从社会凝聚被视为推动社会发展的基础动力的角度看，在社会凝聚水平低的社会中很难推动社会整体发展。

社会信任、互惠性规范。公共参与的社会网络之间的有机结合可产生循环发展的机制（Putnam，1993：180）。信任水平体现社会整合水平，对于信任水平高的社会，需要政府高效介入以达到减贫和降低不平等的效果。

社会整合的诸要素之间实际上是一种正和（positive sum）的关系。社会整合在发达国家中持续推动建立包容性社会，同时也提供抵抗外部全球化冲击的重要力量，成为推动发展中国家经济增长的重要力量（Ritzen and Woolcock，2000）。图3-13体现的是发展中国家的社会整合可以避开社会冲突，促进法制建设，促使作为重要补充的非正式制度通过政治改革转化为新型的正式制度。如此一来，以穷人为本的经济增长模式应运而生，再次提高社会自身的社会整合程度。

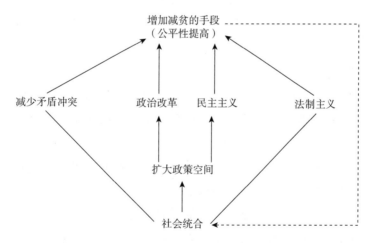

图 3 - 13　减贫式增长与社会整合概念的构成部分

资料来源：Ritzen and Woolcock，2000：11。

---

[1]　Uslaner 尽管强调经济不平等会给信任水平带来影响，但是低信任水平并不一定是经济不平等的产物。在国别比较中，信任水平与诸多因素有关，如受教育水平、贫困率、婴儿死亡率、预期寿命、生育率、族群多样性、超物质主义价值观、舆论导向、公共参与等（Uslaner，2002：238）。

　　韩国国内的社会整合研究将社会整合的条件和状况结合在一起进行分析，原因在于两者之间关系紧密。社会质量理论也假定系统体系和人类行为之间存在辩证统一的关系（Beck et al.，2001：319）。社会质量的四个微观层面尽管将制度发展与生活世界的发展相区分，但两者绝不是零和关系，而是正和关系。假定制度发展与生活世界的发展是相互促进的关系，社会整体发展也意味着社会质量得到提高。

　　那么，如何提高社会凝聚水平呢？韩国的诸多研究关注作为社会资本的信任水平，并取得了丰硕的学术成果。原因在于信任自身是靠社会资本发挥功能，也是促进一个社会的物质和人力资本增加以及推动社会发展的主要机制和原则。① 研究结果大致分为宏观和微观两个层面。首先，在微观层面，积极参与共同体和政治对于信任水平会产生重要影响。例如，韩国人的政治参与水平越高，越遵守规范，对于邻居、亲朋好友、政府的信任水平越高，地域社会内部的合作水平也随之提高（박희봉，2009：134 - 139）。与此类似的是，政治参与和减少收入不平等政策紧密相连，通过政治参与减少收入不平等现象，信任水平才会随之提高（Uslaner，2002：238 - 239）。其次，在宏观层面，确保社会公正尤为重要。在一些社会敏感领域保障公正性，对于精英犯罪进行严厉惩处，这些都是产生社会信任的重要因素（박병진，2007：96 - 97）。此外朴重民、金王植（박종민·김왕식，2006）的研究也强调国家司法机关公正的重要性，并关注公职腐败、政府政策的偏颇等影响信任水平的因素。

　　在先前的研究中，微观层面的对策的缺点是不容易实现政策的介入，宏观层面的对策提出了主体义务当为的议题。在此，我们关注作为重要补充的福利制度的构成形态。对于收入不平等和腐败的认识以及社会信任，三者是良性循环发展的关系。当收入不平等在低信任水平的社会蔓延时，旨在减少收入不平等现象的政策努力也会随之遇到重重障碍。普适性政策的实行必须配以公平无私的社会信任体系（Rothstein and Uslaner，2005）。

---

① 诸多研究在如何定义社会资本上存在差异。代表人物为普特南（Putnam，1993）和科尔曼（Coleman，1988）。朴会峰（박희봉，2009）认为在诸多研究中，个人、群体、组织的社会网络是其基本属性，社会资本的测量指标为共有的规范、共有的思考方式、赋予共同经验意义的信念、正式制度和规制、信任、参与等。

在考虑到韩国体现出较低信任水平的时候，其背后对于发展路径的悲观主义态度已渐占上风。然而，从其他方面来看，必须考虑到韩国的福利、福利制度处于较低水平的现实情况。怎样预测福利制度发展路径的问题，并非单纯地停留在福利制度层面，也会受到社会发展水平的影响。教育投资、健康保健水平的提高等政策已成为拉动经济增长以及降低不平等水平的重要政策（Rothstein and Uslaner，2005）。只有通过这些政策才能降低不平等、提高信任水平。实际上，Kumlin 和 Rothstein 强调普适性福利国家制度会促进社会信任水平的提高，筛选式（선별주의）的社会项目只会降低社会信任水平（Kumlin and Rothstein，2005）。

下面我们从物质和认识的层面分析社会经济保障和社会凝聚（信任水平）之间的关系。笔者团队（정해식·안상훈，2011）假定根据福利供给者的地位和福利纳税者地位的不同，会形成不同的对于韩国社会经济保障的个人主观性评价，对于社会经济保障的认识程度不同，对于社会信任水平的认识程度也随之不同。此时，福利供给者的地位与社会福利的获得程度相关，福利纳税者的地位则与社会福利的承担程度相关。韩国社会的福利水平提高意味着福利供给者和福利纳税者的数量同时增加。

从结果分析的话，首先来看看韩国福利的现状。受教育水平越高，福利供给者的地位越低，福利纳税者的地位越高。此外，年龄越大，福利供给者的地位越高，福利纳税者的地位越低。这就体现出韩国福利制度的筛选性特征，同时也反映出现金型福利中多为老人项目的事实。另外，对政府政策的评价越高，导致受教育水平越高，对于现阶段的社会经济保障的评价越低。

接下来我们分析一下福利地位与对社会经济保障的认识、对社会信任的认识之间的关系。首先，福利供给者地位越高，对社会经济保障的认识水平越高，对社会信任的认识水平也随之越高。每个人拥有的资源中通过国家福利供给的社会资源的体量越大，社会经济保障水平越高，人们认识到社会值得信任的可能性就会越大。其次，福利纳税者的地位不会对社会经济保障的认识产生有益的影响。再次，福利纳税者的地位越高，对社会信任的认识水平越高。原因在于个人财富水平或经济繁荣带来的安定感会对社会信任产生积极的影响。最后，对社会经济保障的认识水平越高，对社会信任的认识水平随之越高。因此，社会经济保障在以对社会信任的认识水平为代表的社会凝聚领域具有影响力。

笔者的核心结论是：对社会经济保障的认识水平会影响对社会信任的认识水平（정해식·안상훈，2011）。在社会质量微观领域之间的关系符合这一结论的时候，必须强调提高社会经济的安全性，以提高韩国社会对社会信任的认识水平。韩国社会的社会经济保障的核心内涵在于社会福祉永续长存。此外，考虑到福利制度发展的必然性之时，韩国的社会质量才会得到全面提升。分析结果显示，韩国社会的福利水平尽管尚未达到福利供给者和福利纳税者之间存在分配冲突的程度，但是今后福利承担规模扩大时这类分配冲突就会在很大程度上影响社会信任水平。

6. 结论

本章首先将韩国热议的社会质量概念的微观层面的社会凝聚要素进行分类，并以测量社会凝聚水平的指标为中心，将韩国与其他国家进行比较。最后通过考察先前的研究提出增强社会凝聚的对策方案。

社会整合大致可分为两大层面，肯定性层面主要包括社会资本的特征，否定性层面主要包括社会排斥和社会不平等。以此来看的话，韩国社会热议的社会整合在社会质量理论中体现为社会凝聚和社会包容两个层面。社会质量理论关注社会凝聚的微观层面，通过可比较的指标来分析韩国社会的社会整合水平。结果显示，韩国社会的社会凝聚水平不容乐观。特别是包容程度、人生成果因素、社会关系网、国家自豪感等社会凝聚微观部分明显低于其他国家。

韩国社会正陷入多种社会矛盾纠葛、信任水平低下的困境。为此，人们正从渐进的、制度性的公正性保障等方面努力提高社会凝聚力。另外，有必要重视社会经济保障、社会包容、社会赋权等提高社会凝聚力的三大条件。三类领域中前两个涉及社会制度层面的现代福利国家指向。国家福利提供的社会资源越多，社会经济保障程度就越高，社会值得信任的程度也会随之提高。可通过经济政策或雇佣政策的市场机制，实现保障社会经济资源的重要功能。

社会质量理论提供了一个分析社会发展的整体视角。提高社会凝聚力应建立在其微观领域相互发展的路径基础之上。我们社会要紧紧抓住促进经济增长宏伟目标的"尾巴"，制定社会整合的新目标、新方向。其关键在于重视提高社会整合的各类关键性条件。

第四章 社会包容与社会排斥

丁炳恩

（首尔大学社会发展研究所研究员）

1. 社会质量与社会包容/社会排斥

最近以欧洲为中心出现了一个名为"社会质量"的新概念，呈方兴未艾之势，被视为一种试图分析"发展"和"良性社会"以及鸟瞰整体社会特征的新方法（Yee and Chang, 2011; Walker, 2009; Wallace and Abott, 2007）。社会质量备受关注之时正是新自由主义大肆扩张的 20 世纪 80 年代。实行国家福利制度的西方国家患上了福利病，其庞大的福利费用支出造成财政危机，随之而来的是形成了低效的行政体系。里根经济学[①]和撒切尔主义被誉为最佳应对之道。福利预算开支被削减，结果导致强调市场竞争和高效的经济价值观占上风，加重了失业、贫困、两极化、社会排斥等社会风险。面对这种状况，1997 年以欧洲知识分子为主发布了《欧洲社会质量阿姆斯特丹宣言》，即《社会质量宣言》（Declaration for Social Quality）。

所谓社会质量，是指在个人能提高自身福利以及个人潜能的条件下，参与社会经济文化共同体生活的程度（Beck et al., 1997）。提高社会质量的方

[①] "里根经济学"是指 20 世纪 80 年代美国总统罗纳德·里根的经济政策。其强调减少政府开销的增长，降低所得税和资本利得税，减少政府对经济的调控与控制货币供应量，减少通货膨胀（资料来源：百度百科）。——译者注

面分为社会经济保障、赋权、凝聚、包容。（1）社会关系中相互作用的个人持续获得社会经济资源的程度，为更多人增加物质福利的程度（经济安全）；（2）个体的个人和社会力量在社会关系中被强化的程度，通过政治安排使得国民在实践上能够拥有利益维护渠道，通过直接参与决定自身命运的程度（赋权）；（3）以认同、价值、规范为基础的社会关系的共有程度，防止社会冲突和解体，降低暴力发生的可能性，增强认同感，提高社会调和与合作潜能的程度（凝聚）；（4）能够接近发生的被社会制度包括在内的机会平等的程度，异质文化间自然共存，以及相互调和作用和连带得以加强的程度（包容）（정진성 외，2010）。

在这类领域，包容是指微观的个体处于官僚体系、科技、相互作用的规制性等客观体制中，在什么程度上能接近这些制度，即社会成员能够获得社会地位和社会资源，并且多个群体间和谐共存的程度较高的话，可视为一种包容性的包容社会，反之则会产生一种严重相互排斥的排斥性（差别性）社会（정진성 외，2010）。因此，"包容"强调在制度和政策方面的资源或福祉（如保健医疗、教育、交通、福利服务）平等地分配给社会成员，然后让每个成员获得这些资源，"包容"就是基于以上这些判断和原则的概念。如果对特定个体或群体成员持敌视态度的话，会招致不利行动，会使不平等肆意蔓延随之出现社会排斥现象。社会排斥的具体过程和类型因不同的社会脉络而不同，特别是个体体悟到分化差别的状况是诸多社会结构性因素复杂作用的产物。

社会排斥问题在过去被视为只是部分个人或少数群体遇到的问题。20世纪80年代以后逐渐成为覆盖全社会各领域的社会问题。根源在于席卷全球的新自由主义风潮以及结构性经济下滑趋势导致人们获得养家糊口的稳定工作的机会逐渐减少。新自由主义和经济不景气使得国家缩减应对失业、疾病、退休的福利开支，弱化了社会保护力度，加深了社会排斥问题。特别是欧洲失业率攀升，长期失业蔓延，即使找到了工作，也会处于不稳定和恶劣工作状态之中。

因此，不仅产生了长期失业率攀升和贫困阶层规模扩大的现象，而且即使有了工作也始终不能脱离贫困阶层，新贫困阶层有抬头之势。在保障稳定的工作岗位、高工资，以及健全福利体系的基础之上，对生产和消费起重要作用的劳动者在结构调整和失业的大背景下逐渐处于边缘地位。社会排斥并非缘于少数个人具有的特点，也不局限于某一特定群体，而是转换为一种社

会结构变迁的结果，威胁到大多数人日常生活的风险（이정우，2009）。因此，我们必须关注社会排斥现象，给出明确的定义，要在一个包容程度高的条件和脉络中去重新审视社会排斥问题。

2. 社会排斥的概念和争议

1）社会排斥概念出现的背景

韦伯（M. Weber）最先将社会排斥视为一种社会封闭（social closure）的类型，意指一个群体利用并牺牲掉另一个群体的优越地位。此后，社会排斥在法国又重新被提及，是指得不到社会保险体系保护的群体，即未被国家福利制度等社会保护安全网所覆盖，在政策和行政上被排斥在外的群体，也被称为"被排斥群体"（Les Exclus）（심창학，2001）。1974年希拉克政府的社会部长官 Rene Lenoir 开始关注一些未能分享经济增长益处的群体，如心智障碍者、老人、受虐儿童、危机家庭、吸毒人员等。他认为大约10%的法国人口成为被排斥群体，他重点关注由被排斥导致的不适应社会的状况，而不仅仅关注被排斥的过程。

当时法国尽管处于经济增长时期，但仍然存在未能共享经济福祉的群体，于是社会上开始认识到不能单纯依靠经济增长来解决贫困问题。失业和贫困的社会结构尽管被视为经济政策和社会政策的产物，但是经济增长并不是减少社会排斥的唯一方案。家庭制度不稳定、单亲家庭增加、社会孤立、社会连带弱化等因素造成社会风险的生产和再生产。因此，与之相伴，产生了不能归属于传统贫困和失业的群体，以及被社会边缘化无法获得制度福祉的群体。但是，当时全社会并未完全关注处于社会边缘有着明确界限的群体。

20世纪80年代以后，情况开始有所改观。70年代以后的两次能源危机，导致世界经济不景气，带来了以赤字累计、过度福利政策的消极结果为代表的资本主义经济危机。特别是80年代全球化持续升温，以美国的里根经济学、英国的撒切尔主义为代表的新经济政策，即新自由主义市场中心思想和政策开始蔓延。强调竞争、效率、费用等的市场中心理论开始向社会全面渗透，接踵而来的是国有企业的民营化、公共服务萎缩、福利缩减、规制缓和，以及劳动力市场灵活化等消极现象。贫困和失业率攀升，新型贫困以及边缘化问题开始成为引起社会争议的话题，新型社会断裂开始出现，不仅仅是单纯的贫富差距，同时还出现了包括社会排斥在内的各类社会风险。

欧盟开始着眼于努力超越初期的经济整合来建构社会整合，集中关注成为优先解决整合绊脚石的贫困问题的社会排斥概念（강신욱 외，2005）。连任欧洲共同体执行委员会委员长的 Jacques Delors 认识到社会整合必须成为构筑欧洲单一市场的基础，并主张实行一种以消除社会排斥为核心内容的政策。当时欧洲委员会因为社会排斥成为经济增长的威胁，给维持社会保障制度带来消极影响，力图推行促进经济增长的积极的社会政策。

因此，欧盟在 1997 年签署《欧洲社会质量阿姆斯特丹宣言》，正式将社会排斥纳入议事日程。2000 年欧洲首脑论坛推出了《关于社会排斥的联合报告》。该报告提出了 4 大共同目标，即促进雇佣参与、资源管理和财务服务，社会排斥风险预防，弱势群体支持，相关机构动员，最后制定出 6 大优先政策。①此外，欧洲委员会决定在会员国内实行"减少贫困和社会排斥的国家实践计划"，设计出多种考虑到各国国情和固有社会保障制度的社会排斥应对政策。

在此背景下，法国长期失业者的社会排斥日益加深，为此应特别强调彰显社会成员结社和联结能力的社会整合政策的重要性。特别是 80 年代一些国家意识到现有社会保障的局限，制订了应对新风险的最低社会津贴以及城市居住状况改善 5 年计划。英国的情况是劳动党政府主政以后成立的社会排斥企划部关注劳动力市场中的排斥，并关注以决策制定者为中心导致的社会排斥现象，激活劳动力市场。但尽管如此，仍然存在收入不平等、相对贫困、边缘群体等现象。与之相反的是，瑞典的贫困现象只局限于青年或移民等特

① 6 大优先政策内容如下：(1) 加大对符合进入劳动力市场困难者的投资力度，促进积极的劳动力市场政策，同时强化社会保障与终身学习以及劳动力市场政策之间的联结；(2) 通过包括最低收入保障在内的社会保障制度改革，在让人们获得尊严的同时保障其获得足够的收入，向在职工作者提供高效的工作激励；(3) 向弱势群体提供良好的居住条件、优质的卫生保健、定期疗养服务、终身学习机会、文化活动机会等；(4) 通过学校、其他正规教育训练制度努力实行早期的综合预防，同时帮助低学历青少年克服从学校到求职过程中遇到的困难障碍；(5) 在反贫困和减少社会排斥的过程中，通过实行国家排选并支持贫困家庭儿童开展早期教育的政策，来防止贫困的代际传递；(6) 促进包括移民和少数族群的劳动力市场在内的社会整合。

定群体。人们较少关注社会排斥，甚至视之为不可回避的现象，而更为关注边缘化问题，同时也集中关注移民、社会补助领受者等以居住地的综合开发为代表的空间不平等问题。

2)　贫困与社会排斥

与当前一些学者只在经济学学科界限内研究贫困问题不同的是，社会排斥是在复杂的多维度中重新审视贫困并将其外延进行拓展的新概念。传统的贫困概念主要从经济资源不足的层面来进行定义。社会排斥则不然，这一概念不仅关注经济上的匮乏，还关注教育、文化、健康等多领域发展的基本权利被剥夺现象。缘何如此呢？因为贫困并非单纯的经济资源不足或者缘于物质缺乏的状况，还包括工作后发生的各种生活机会的被剥夺，甚至是社会孤立等问题对于个人生活机会产生的综合负面影响。

此外，社会排斥还与最近出现的各类重大社会问题密切相关，如新型贫困，即使工作还是摆脱不了贫困状态的工作贫困（working poor）、文化心理边缘化、社会关系网匮乏等复杂状况（신명호 외，2003；장지연·양수경，2007）。因此，现有的只在经济物质方面提供支持的救助项目未能完全解决贫困问题。进一步而言，现有的贫困救助没有触碰到社会排斥机制的根源，仍然使得贫困阶层世代传递，处在贫困边缘，被街道空间隔离于主流社会。若要贫困阶层彻底脱贫、彻底消除社会排斥，应在共同体的基础上从日常生活层面加强对社会参与的支持，最终使贫困阶层融合到主流社会。

Jos Berghman 一方面将贫困及其相关概念按照是静态结果还是动态过程分为两个维度；另一方面，将依据收入层面的单一原因或经济因素之外的多层面原因导致的收入不足又分成两个维度。表4-1给出了这四种分类（Berghman，1995）。

表4-1　贫困与社会排斥在概念上的差异

	静态结果	动态过程
收入层面	贫困	贫困化
多层面	剥夺	社会排斥

资料来源：Berghman，1995；강신욱 외，2005。

在此，实际上还有另外的声音指出很难区分贫困与贫困化、剥夺与社会排斥。但总体而言，社会排斥的概念不同于贫困，它最大的特点在于将政治、社会、文化等多方面的机会剥夺统摄于一体。

欧盟也将贫困与社会排斥进行了区分，并指出社会排斥是指"现代社会的正常交换、惯习、权利被排斥的结果，以及其背后复杂变化的因素。贫困尽管是社会排斥最明显的因素，但是社会排斥意味着人们未能被赋予在居住、教育、健康、服务等方面的基本权利。任由这些权利被忽视的话，将会招致社会基本结构的解体，出现双重结构社会的风险"（문진영, 2004）。由此可见，社会排斥是一种包括贫困在内的广泛的概念，同时贫困被视为社会排斥最为明显的因素。如此，将贫困概念拓展到社会排斥层面去理解的做法正是欧盟反思发展的重要特征（강신욱 외, 2005）。

正是基于这方面的努力，欧盟将社会排斥定义为一种与诸如失业、低水平熟练工作、低收入、居住条件恶劣、健康状况低下、高犯罪率、家庭解体等风险密切相关，个人经受的各类痛苦，或者地区层面出现的问题。导致社会排斥的原因并非在于个人，而应将社会排斥置于各类结构性条件和环境中去分析。因此，要将社会结构中产生的复杂的排斥领域在相互连贯、相互联系的过程中去把握。一方面，英国伦敦政治经济学院社会排斥研究中心的 Julian Le Grand 给出了以下社会排斥成立的条件：（1）地理上居住在特定的社会之中；（2）非自我人力因素导致自身无法参与正常的社会活动；（3）社会参与（Burchardt et al., 1999；문징영, 2004）。依据这些条件，如果个人是自己主动与社会断绝关系、喜好孤立的话，就不能将其定性为社会排斥。

若将社会排斥概念的特点综合起来的话，会发现有几点共同之处（강신욱, 2006；김안나 외, 2008）。其一，将社会排斥理解为一种"过程"，而非结果，并不是单纯的物质性剥夺或收入缺乏的分布或状态，而是关注导致物质利益受损状态的过程和根本原因。社会排斥不仅仅通过社会孤立或经济剥夺使个人体会到被社会性边缘化的过程，同时还涉及社会连带崩溃、社会两极化、社会关系碎片化等社会中产生的各类情况。

其二，社会排斥考虑到多层面的因素，超越了只关注物质性剥夺或收入匮乏的视野，而是在多层面分析排斥的产生问题。引发社会排斥的各类因素不仅是复杂多样的，而且各因素之间相互作用，体现出重复叠加的特点。消除社会排斥应充分解决贫困问题，满足生计的基本需求，社会排斥内容多样，

如财产或服务的缺乏以及社会保障制度、社会正义、代表性、公民权等方面的排斥。因此运用这些概念分析法国穆斯林社会排斥的研究直接详细地分析穆斯林如何在社会、文化、宗教、经济、话语、教育、空间、政治等层面受到排斥（이정욱，2010）。此外，具有代表性的残疾人群体受到的社会排斥既具有当下社会排斥的特点，同时也有作为残疾人才能体会到的特殊的社会排斥的隐蔽性和福利依赖性（addictive effect）（김동기·이웅，2012a）。残疾人自身有意愿，或者是国家、社会、家庭等有意将残疾人隐蔽于社会之中，不发挥社会作用，使其社会参与受限。儿童时期的教育性排斥也会相应地引发青年期的劳动力市场排斥和中年期的贫困。

其三，排斥也是社会现象，因此与其相对的"包容"也是具有社会性的概念。"包容"是在社会中存在排斥的背景下，在社会环境中形成一种积极的减少排斥、包容全社会的责任。某个特定群体在主流社会中被排斥，其前提在于被实施排斥的力量或者受到主流社会排斥的群体之间的关系。因此，排斥的消解之道并不只是个人努力或个人意识的转化，而必须以关注社会中各个群体之间的关系为前提。

3) 社会权利与社会排斥

一方面，我们从贫困相关角度来分析社会排斥；另一方面，还可以围绕公民权利和社会权利中基本权利的基础来展开。该角度下的社会排斥意味着某类对象进入社会或与其他对象的交流受阻，不仅体现在收入、居住、教育、邻里等具体方面，也体现在公民权利、法制平等、国家、社会等抽象的方面。A. Bhalla 和 F. Lapeyre 根据 T. M. Mashall 的公民权概念将社会排斥视为经济、政治、社会领域的权利剥夺，或者是机会受限（Bhalla and Lapeyre，1997）。这个角度是从个人的公民权、社会权方面，特别是从三个层面来分析社会排斥的。其一，保健、教育、长寿程度、卫生等层面；其二，雇佣不稳定等劳动力市场层面；其三，社会参与低下、特殊犯罪、青少年越轨行为、露宿者等社会纽带缓解层面。

此外，Simon Alvey 将维持基本生活水平的权利，以及参与社会经济活动的权利等社会权利被剥夺或未能实现的状态，视为社会排斥（Alvey，2000）。社会权利是享受之所以为人的基本生活，以及个人被社会接纳的权利，这些权利被限制，或者丧失这些权利的状态被视为社会排斥。John Pierson 将社会排斥定义为社会内部特定群体或个人在参与社会经济、政治活动过程中未能得到社会支持，或者是未能公平获得社会分配的状况（Pierson，2001）。此种定义关注社会参与的必要资源以及相关过程，不仅是指贫困和低收入的结果，同时还强调低学历、恶劣的生活环境等因素。Pierson 将与贫困问题相关的社会排斥构成要素概括为：（1）贫困与低收入；（2）进入劳动力市场受阻；（3）社会支持和关系网的不足或缺乏；（4）地域社会/高利贷社会的效果；（5）公共服务的排斥。

尽管人们对社会排斥的议论颇多，角度立场不同，其观点也各异，但是社会排斥背后的共同之处在于：都认为是一种人类最基本的权利被侵害的状况，体现为社会权利微弱和被剥夺、个人和社会结构的关系中当事人的参与机会被剥夺、资源不足、利益受损等。

韩国从社会排斥以及基本权利被侵害、剥夺的角度对贫困进行研究（신명호 외，2003），分析社会排斥的构成因素，并将其定义为因遭受到社会结构中多个领域内的权利剥夺、资源剥夺和利益受损，不能完全参与社会经济、政治活动，缺乏一种作为人最基本的权利的状况。该研究将社会排斥概念分为狭义和广义。狭义的社会排斥被视为个人与个人之间、群体与群体之间、个人与群体之间的"关系问题"（relational issue）。社会排斥的主体与对象的设定及其展开过程尽管受制于社会结构，但实际上关键在于弄清楚个人之间的关系中谁让谁受到排斥。广义的社会排斥则是指个人与社会结构或制度的关系中出现的社会连带的解体结果。社会排斥强调一种个人的社会参与以及个人进入社会（社会化）等双向关系脱离，或单方面关系被歪曲的状况。

此外，尹振镐认为社会排斥不同于贫困，其最主要的特征在于基本的权利被剥夺。社会保障权、经济福利权、作为人的尊严等一个社会中无法享有作为公民应该享有的权利的状况被概括为社会排斥（윤진호 외，2004）。姜申旭等也有类似定义，他将社会排斥理解为个人参与其所属社会正常性的社会经济、政治活动的权利被限制或剥夺的状况（강신욱，2006：17-18）。由于权利没有被视为公民统一享有的基本权利，如果社会参与所需资源被剥夺的话，参与内容不同，挖掘或扩大所需资源的方式也随之不同，呈现"八仙过海，各显神通"的局面。进一步而言，人们不知道这是大家都可以享有的基本权利，且社会有保护之义务。在此背景下，个人以及全社会在何谓社会、

社会对于个人的义务何在等问题上，尚未形成共识和深入理解。

与之相关的是，Hilary Silver 将个体视为拥有社会权利的存在，社会权利包括保障社会参与和基本生活水平。他将社会排斥分为三类范式，不同国家理解的意义不同（Silver，1994）。Silver 在共和主义基础上将法国视为"整合的范式"，认为个人和社会的关系断裂之时社会排斥随之产生。其解决之道在于，应用集体意识、社会归属感等将个人与社会联结起来，国家力求加强被社会排斥的群体的保护和整合，共同关注社会排斥群体，将其视为社会的一员。在建基于自由主义的"分化的范式"（以英国为代表）中，处于自由竞争社会环境中群体的界限阻碍个人自由参与的社会交换的时候，就会形成社会排斥。其解决之道在于保障市场环境中资源的自由流动，国家保护个人权利。建立在社会民主主义基础之上的"垄断范式"（以瑞典为代表）认为，社会权力的垄断导致的资源垄断及其不平等产生了社会排斥。因此，解决之道在于消除社会权力垄断、缓解资源不平等现象。

4) 作为社会排斥的差别

若从《欧洲社会质量阿姆斯特丹宣言》强调的 11 项内容①来分析的话，社会排斥是指对于所有人普遍平等赋予的基本权利受到侵害、歧视对待的状况。11 项内容中强调在作为主要内容的衣食住、足够的收入、社会保障、社会服务、教育培训、家计生存等方面都要平等对待，防止差别对待的现象。必须首先解决作为人最基本的生存方面的衣食住问题，然后提供其所需的经济社会资源。但是，资源提供的持续性和制度化的项目应对不同性别、年龄、人种的群体一视同仁。故而，歧视被视为社会排斥的核心内容，防止差别则会在很大程度上减少社会排斥，特别是若从机会和权利的角度来看待社会排

---

① （1）防止暴力和生态风险的安全；（2）相宜的衣食住行条件；（3）相宜的医疗和社会服务；（4）按照自身意愿生育，并有充足的时间照顾家庭养育子女；（5）使得所有劳动者获得维持社会生活的收入；（6）由于年龄、健康等原因未能工作者也获得足够的收入；（7）对于残疾人、高龄老人、少数族群、移民等提供立足于地域社会的机会；（8）维持公民之间的纽带感，维持危机状况中的生计，制定预防社会风险的社会保障制度；（9）提供终身教育和培训机会；（10）公平的税收制度；（11）消除国籍、性别、人种、宗教、政治信念、婚姻地位、性取向等差别和歧视（이재열，2015）。

斥，当务之急在于消除歧视。

一般而言，歧视源于人们对于特定群体的刻板印象和偏见产生的否定性和敌视的态度，差别是其重要的构成因素。"刻板印象"是指作为一种对于其他群体具有敌视情绪的"认知因素"，某个群体所属成员具有共同的特征或行为模式。"偏见"作为一种"评价因素"是对于某群体成员产生的否定性情感。"歧视"作为"行动因素"，是指不公正对待某群体成员或损害其利益的行为。

歧视是以敌视态度对待特定个人或群体成员，或者采取行动损害他人的利益，意味着不公平地对特定群体恣意妄为，使其被隔离和被排斥。如果是以憎恶、轻视、排斥等机制作用的直接性歧视的话，即使在表面上达到公平平等的水平，也会给群体带来不利后果，形成间接性歧视。通常我们认为最常见的歧视表现为性别、人种、少数族群、残疾人等方面的歧视，但实际上根据社会文化特征也可以表现为学历和外貌等方面的歧视。此外，随着社会的整体性发展和变迁，性别歧视不降反升，同时对年龄和非正规职业的歧视也成为新的歧视现象。

如此繁多的歧视导致多样的社会排斥，Paugam 关注直接在社会层面表现为社会排斥的贫困现象，将其分为整合性贫困、边缘性贫困、资格剥夺性贫困等类型。与社会排斥相比，"整合性贫困"与传统意义上的贫困更为直接相关，关注以永久性贫困为主的地区。"边缘性贫困"意味着不适应社会，也未赶上经济增长的潮流，不符合产业发展的要求和规范。"资格剥夺性贫困"是指贫困或被排斥人口数量集中，被排斥在就业范围之外，生存困难，依赖福利制度。因此，此类型贫困关注经济停滞带来的失业、事故导致的残疾等被排斥的过程。

3. 社会排斥的测量与指标开发

1） 国外的社会排斥指标

社会排斥的概念聚焦于在多层面领域之间的关系。在此角度上，社会排斥尽管比现有的贫困概念更进一步，但是比起收入、消费、财富等明确直观的贫困指标而言，个人在复杂的社会环境中出现的多层次资源匮乏问题，导致其在实证研究上缺乏精准的测量指标。特别是社会排斥的理论问题逐渐转移到经验的分析层面，实践中怎样测量的问题显得越来越重要。

在考察社会排斥测量的先行研究之后，有四类判断是否属于社会排斥的影响因素：（1）解决恰当反映概念属性的指标是什么的问题；（2）通过社会调查开发出社会排斥的测量指标；（3）在社会排斥的各个层面开发出指标，并利用现有的统计资料，对经历社会排斥的群体做整体把握后，分析各个层面的相关关系；（4）围绕各类指标测量是否属于社会排斥状态，分析其背后的影响因素（김교성·노혜진，2008：135－138）。虽然各个层面的测量和指标都有一定的局限，但实际情况是社会排斥的深刻性和测量的必要性日益凸显，学者们越来越重视开发指标，以此来把握实际状态、分析影响因素。

然而，欲对社会排斥概念进行测量，重要的是明确如何设定各个层面，是测量具体个案或话题，还是从整体上对各个层面进行全面测量？围绕这一问题，学界产生了一些争论。若从具体现象测量的话，要分析在社会层面被排斥群体的规模和特征，并以此制定应对之策。代表性研究为英国的社会排斥企划团（Social Exclusion Unit）从具体的排斥现象入手，针对少数族群、儿童青少年、未成年怀孕、再开发、无家可归者等现象开展的实证研究，并提出应对之策。

另外，从未能参与社会主要活动的现象入手，对于社会排斥开展整体性的宏观分析。尽管这一做法相较于针对社会排斥的个案和现象的分析，具有不具体化和非明确化的缺点，但其优点在于能以比较的视野从多层面勾勒出社会排斥的全貌。这种整体性视角认为个体不能亲自参与到社会主要活动之中的状态就已经是社会排斥状态。

T. Burchardt 等学者提及的必须参与的主要活动为消费活动、储蓄活动、生产活动、政治活动、社会活动（Burchardt et al.，1999）。表4－2中显示的指标为通过英国家庭调查资料测量出的社会排斥现象。在社会排斥指标中低收入家庭比例最高，占25%。与之相反的是，处于社会孤立状态的家庭比例略低，占10%（김안나，2007a）。

表 4 – 2　Burchardt 等开发的社会排斥指标

层面	排斥的形态	指标
消费活动	低收入	低于全部家庭成员平均收入的 50%
储蓄活动	财产匮乏	无住宅，无社会保险，储蓄低于平均水平
生产活动	缺乏	求职者、个体户、全职主妇、养老金获得者、学生之外的群体
政治活动	未参与	不参与重要选举，不参加政治组织
社会活动	孤立	缺乏社会支持

资料来源：Burchardt et al.，1999。

　　与此类似的是，使用整体性社会排斥概念测量英国社会排斥群体规模的研究（Bradshaw et al.，2000）提出社会排斥的四个领域，即足够的收入、劳动力市场、公共服务、社会性关系。如表 4 – 3 所示，研究者试图将社会排斥做具体化、多层次的整体性分析，从社会排斥最基本的收入/资源排斥入手，进而是日常生活中所亲近和接触到的社会关系的排斥，最后是是否参与政治活动。

表 4 – 3　Bradshaw 等开发的社会排斥指标

领域	具体领域	指标
足够的收入	收入不达标	中位收入的 60% 以下
	必需品不足	一般必需品中缺乏 2 ~ 3 个种类
	主观性贫困	问卷调查的应答结果
劳动力市场	失业	失业率
公共服务	服务性排斥	电力、下水道等公共服务排斥
		金融服务等排斥
社会性关系	非参与	不参与 2 ~ 3 个活动
	被排挤	在日常生活中不见家庭成员和朋友
	缺乏支持	在家务上未获得支持
	脱离 1	不参与所有的活动
	脱离 2	选举以外的活动都不参与
	受限 1	服刑中，不能参与社会活动
	受限 2	日落后不能散步

资料来源：Bradshaw et al.，2000。

里斯本欧盟会议和欧盟社会等促使欧盟社会保护委员会制定出有 18 个条目的社会排斥与贫困指标（Common Indicators of Social Exclusion and Poverty）。这些指标又分为Ⅰ类指标和Ⅱ类次指标。Ⅰ类指标由一定要包括在内的重要领域的少数代表性核心指标构成。Ⅱ类次指标为支持这些核心指标的补充性领域，包含在各个国家的国家行动计划之中。Ⅰ类指标由收入、地域团结、失业、教育、寿命、健康 6 个领域构成。Ⅱ类次指标包括贫困、收入分配、失业、教育 4 个领域（见表 4-4）。核心指标为贫困、失业、教育、健康。欧盟通过共同的指标体系和适用性将消除社会排斥提上议事日程，并拟定了《促进社会包容的国家行动计划》（National Action Plan for Social Inclusion）。依据不同国家的情况有必要进行特殊的分类，或者追加补充Ⅰ类和Ⅱ类指标的Ⅲ类指标。[①]

表 4-4 欧盟的社会排斥指标

区分	领域	指标		测量
Ⅰ类指标	1.1 收入	1.1.1 贫困率	年龄、性别	中等收入 60% 以下的比例
			不同经济活动状态	
			不同家庭类型	
			不同居住形态	
			购买力基准	
		1.1.2 收入分配		收入比率（一分位收入和五分位收入的占有率）
		1.1.3 贫困持续性		最近 3 年内，2 年以上属于贫困风险群体的比例
		1.1.4 相对的贫富分化		贫困线对比贫困阶层的中等收入比例
	1.2 地域团结	1.2.1 NUTS[①]2 水平的雇佣率		雇佣率变动指数
	1.3 失业	1.3.1 长期失业率		经济活动人口中 12 个月以上为长期失业者的比例
		1.3.2 失业家庭的家庭成员数		全体人口中失业家庭的家庭成员比例

① 继这次研究之后，欧洲议会内部继续进行社会排斥指标的修订和整合研究。社会排斥指标委员会（the Indicators Sub-Group）于 2003 年重新发布修订过的社会排斥指标。修订的社会排斥指标之中，增加了 3 个微观指标（下位指标），重新定义了部分现有的微观指标，最为核心的部分是社会排斥中对于年龄和性别的强调（김안나 외，2008：62-64）。

续表

区分	领域	指标	测量
Ⅰ类指标	1.4 教育	1.4.1 退学者比例	18～24 岁中 ISCED②2 水平以下的受教育水平比例
	1.5 寿命	1.5.1 平均预期寿命	平均预期寿命
	1.6 健康	1.6.1 不同收入水平的主观健康状态	回答健康（世界卫生组织标准）恶化的 16 岁以上的人口中收入五分位/一分位人口比例
Ⅱ类次指标	2.1 贫困	2.1.1 贫困扩散	中等收入 60% 以下贫困的扩散
		2.1.2 贫困率变化	3 年前贫困线以下的可支配收入者比例
		2.1.3 收入移转之前的贫困率	以现金支付以外的收入为基准，中等收入 60% 以下的收入者比例
		2.1.4 持续贫困率	最近 3 年中，2 年以上中等收入 50% 以下的收入者比例
	2.2 收入分配	2.2.1 基尼系数	以劳伦茨曲线为依据的收入不平等
	2.3 失业	2.3.1. 长期失业者比例	全体失业者中 12 个月以上失业者比例
		2.3.2 超长期失业者比例	全体经济活动人口中 24 个月以上失业者比例
	2.4 教育	2.4.1 低学历比例	不同年龄群体的 ISCED2 水平以下的人口比例

注：①NUTS（Nomenclature of Territorial Units for Statistics）：这是欧洲统计事务所（Eurostat）所使用的单位区域，该事务所为了进行欧盟的地域统计，依据欧洲的面积和人口，将欧盟地区生产水平分成 3 类不同的水平。

②ISCED（International Standard Classification Education）：经合组织开发出的国别比较的标准化教育水平指标。

人们从宏观整体的角度开发社会排斥指标的方法集中于社会排斥不同层次之间的关系，Peter Robinson 与 Garey Oppenheim 的研究正是如此（Robinson and Oppenheim，1998）。该研究通过社会排斥的指标以及不同层次之间的关系分析，来梳理把握人们无法脱贫的机制，他们提出了 7 个社会排斥的领域，即低学历、健康恶化、居住条件恶劣、高犯罪率、家庭解体、贫困之间的相关关系（低收入），以及其他领域如何与贫困联系在一起（见表 4-5）。

表 4 - 5　Robinson 和 Oppenheim 的社会排斥指标

领域	指标
收入	·贫困（平均收入 50% 以下的人口）趋势 ·十分位收入占有趋势 ·不同人种群体五分位收入占有趋势 ·接受公共补助支持的期限
失业	·2 年以上长期失业率趋势 ·失业、非雇佣（non-employment）、非工作（workless）家庭趋势 ·非工作家庭的人力构成和比例
教育	·中等教育结业考试（GCSE）评分趋势 ·不同性别、种群的 GCSE 通过比例 ·16 岁人口不同所属，不同 GCSE 评分的通过比例 ·工作年龄人口的最高教育资格获得趋势
健康	·死亡率 ·新生儿平均体重与低体重新生儿比例

资料来源：Robinson & Oppenheim，1998。

2)　韩国的社会排斥指标

韩国学界在欧洲既有研究的基础上正努力开发韩国社会的社会排斥指标，代表人物为主导指标开发的姜申旭（강신욱 외，2005）（见表 4 - 6）。这些是以欧盟社会排斥指标为蓝本设计出的体现韩国社会排斥状况的指标，包括以失业和工作来区分雇佣状况，社会性参与被分为社会关系网和社会性接近，此外，还因居住环境问题在韩国社会排斥中具有重要意义，而将居住问题纳入指标之中。

表 4 - 6　姜申旭等的韩国社会排斥指标

领域		指标	
经济	经济	贫困率趋势 老人贫困率 儿童贫困率 不同特征家庭的贫困率 不同职业地位的贫困率	不同受教育水平的贫困率 不同居住状况的贫困率 收入分配 公共资源转移前后的贫困率 基尼系数

续表

领域		指标	
经济	失业	失业率 经济活动人口中的长期失业率 失业者中的长期失业率	经济活动人口中的超长期失业率 失业人口的家庭成员数量 雇佣率 青年失业率
	工作	工作贫困家庭率 贫困持续时间 相对的低收入两极分化	性别收入两极分化 低收人者的纳税承担率 产业灾害率
教育		初期教育培训辍退者比例 不同年龄段中等学历者比例 不同阶层私人教育费用比重	终身学习者比例 无故缺席学生数 不同收入水平的学业完成程度
健康		出生时预期寿命 政府提供伙食福利的儿童比例 不同收入水平主观健康状态五分位	地区间医疗利用均衡率 阶层间医疗利用均衡率
居住		最低居住水平以下家庭 未提供水电的家庭 单间居住的家庭 人均居住面积	公租房租金滞纳家庭数 房租滞纳率 强制拆迁住宅数 脆弱环境居住者人数
社会性参与	社会关系网	老人独居比例 少年少女家长[①]比例 单亲家庭比例	不同年龄自述率 家庭生活满意度 社会链接网程度
	社会性接近	不同性别、年龄、收入人群利用互联网比例 公共交通的使用容易度	社会团体参与度 志愿服务参与率 地区文化活动参与率 不同地区的犯罪率

注：① "少年少女家长" 是指未成年女性扛起养家的重任，成为家庭顶梁柱。——译者注

资料来源：강신욱 외，2005。

金安娜在结合欧盟的社会排斥指标和姜申旭的指标（강신욱 외，2005）的基础上提出了社会排斥的 8 个微观领域，即教育、经济、职业、工作、居住、健康、社会关系网、社会服务（김안나，2007a，2007b）（见表 4-7）。

表 4-7　金安娜的社会排斥指标

领域	社会排斥	指标
经济	贫困	·符合经合组织家庭均等化指数的中等收入 50% 以下的家庭
工作	工作贫困	·家庭成员中尽管有 1 人工作但收入仍然处于中等收入 50% 以下的家庭

续表

领域	社会排斥	指标
职业	失业	·家庭成员中增加失业者的情况
居住	居住环境不完善	·家中无专用洗手间的情况 ·2 个月以上无法付房租搬家的情况 ·无过冬燃料取暖的状况
教育	缺乏教育机会	·中等教育以下学历的情况 ·无法满足子女愿望让其课外补课的情况
健康	医疗需求未得到满足	·家庭成员长期患病但无法获得长期治疗的情况 ·患病去医院未获得治疗的情况 ·无钱去医院的情况
社会关系网	社会性孤立	·身处困境时身边没有亲戚和朋友倾诉感到孤独的情况 ·没有在物质上给予帮助的亲戚朋友
社会服务	信息或服务边缘化	·不能维持互联网链接网络的情况 ·10 分钟步行距离之内没有公交车站或地铁站的情况

资料来源：김안나，2007a，2007b。

此外，首尔大学社会发展研究所为了从实证角度测量社会排斥，提出社会排斥的 4 个核心领域，并分析最新的动向、趋势（정진성 외，2010；Berman and Phillips，2000）。其中社会排斥的指标为公民权利、劳动力市场、社会服务、社会关系网，之后再细分为 15 个二级指标和 27 个三级指标（见表4-8）。社会排斥四个领域中的核心内容都与社会成员能否接近或能否获得制度性资源紧密相关：①是否向居民同等地保障和提供作为公民的资格和退休金，以及无差别的同等待遇；②是否能向居民同等提供带薪岗位；③是否能向居民同等提供保证健康和居住等生存条件的社会保护和教育、交通手段、文体设施等资源；④是否能经常接触家庭成员、亲戚、邻里、朋友，并获得适当的帮助。

表4-8 首尔大学社会发展研究所的社会排斥指标

一级指标	二级指标	三级指标
公民权利	宪法上/政治性的权利	居民中成为本国公民的比例
		地方选举的投票权获得者比例以及投票率
	社会权利	加入退休金体系者的比例
		性别收入两极分化

一级指标	二级指标	三级指标
公民权利	公民权利	获得免费法律咨询者比例
		有歧视经历者的比例
	经济和政治关系网	议会、私人企业以及财团的理事会中被选出或提名的少数族群比例
		被议会、私人企业以及财团的理事会选出或提名的女性比例
劳动力市场	获得带薪岗位的可能性	(12 个月以上) 长期失业率
		非自愿性临时或非常勤工作者比例
社会服务	卫生保健服务	获得公共保健保险加入资格者的比例与实际加入者比例
	住宅供给	无法获得安居空间的无住宅者比例
		公共廉租房的平均等待时间
	教育	各级学校的就学率与升学率
	社会照料服务	照料需求者比例
		等待照料服务的时间
	金融服务	不同收入信用拒付者比例
		获得金融机关贷款和金融咨询的可能性
	交通	能够利用公共交通手段的人数比例
		公共交通网线与道路混乱度
	公民/文化服务	人均公共体育设施数
		万人均文化艺术设施数
社会关系网	邻里接触	长期接触邻里者的比例
	朋友关系	长期接触朋友者的比例
	家庭生活	孤独和孤立感受者的比例
		亲戚接触频度
		获得家庭以外的非正式支持

资料来源: 정진성 외, 2010。

4. 韩国的社会排斥与歧视

1997 年金融危机以来, 特别是最近韩国的社会问题增加, 如女性户主贫困化、非正规职业以及不稳定的雇佣人数增加, 导致工作贫困阶层增加。因

此，学界并非只从经济角度看待贫困，越来越多的学者积极使用社会排斥的概念。韩国社会排斥的研究集中为有社会排斥经历的典型群体的案例研究。残疾人（김동기·이웅，2012a；김동기·이웅，2012b；유동철，2011；김안나 외，2008）、脱离朝鲜人员（김광용·이봉근，2011；류지웅，2006）、贫民阶层（윤성호，2005）、移民（김태수，2009）、非正规职业者（장지연·양수경，2007；이정우，2009）、老人/儿童（김안나 외，2008）等群体的社会排斥状况和过程已成为研究的重点。

金泰秀（김태수，2009）将韩国社会排斥群体分为四种类型。如表4-9所示，"传统社会经济排斥阶层"是低学历、低技能等原因导致的低收入贫困阶层。此外，雇佣不稳定程度加深以及低经济增长率等特殊背景造成的"劳动力市场排斥群体"规模日益扩大。"特殊弱势群体"和"临时性弱势群体"是指个人或群体所具有的特殊背景或状况导致的歧视和社会排斥。"临时性弱势群体"因法律政策的介入，排斥程度正得以减轻。

表4-9 韩国的社会排斥群体

基准	区分	特征
传统社会经济排斥阶层	低收入阶层	《国民基础生活保障法》的自救自立对象
	中断学业的青少年	再教育制度不能将其纳入其中
	低学历劳动者	低熟练度、低收入导致失业和就业反复
	女性就业者	传统和家长制文化引起的歧视
劳动力市场排斥群体	长期失业者	因求职失败不能自拔最终沦为贫困阶层
	非正规就业者	依据劳动保护政策发给计时工资
特殊弱势群体	学龄期残疾人	特殊教育机会不足
	成人残疾人	职业能力开发和雇佣机会不足
	矫正人员	因有前科记录带来的特殊照顾需求
临时性弱势群体	脱离朝鲜人员	合法的难民地位
	外国工人	非法滞留问题

试图通过福利论坛的资料划分社会排斥群体类型的研究（이정은·조미형，2009）将社会排斥群体分为"工作贫困群体""健康排斥群体""重复排斥群体"。所谓"工作贫困群体"，是指尽管有家庭成员工作但仍然处于低收入状态的群体，占低收入家庭的96.4%。"健康排斥群体"是指户主在

健康和收入层面上被排斥的群体。此类群体的户主大部分身有残疾或身患慢性疾病，属于非经济活动人口或低收入家庭。"重复排斥群体"是指在收入、消费、工作、健康等方面都被排斥的群体。该群体大部分不仅处于低收入状态，还存在健康问题，且非经济活动人口的比例较高。此外，对这些分类起到影响作用的因素为性别和学历水平，女性户主、户主的低学历与低水平生活呈正相关关系。

金安娜（김안나，2007b）对于韩国社会排斥实际上处于何种程度进行了调查，对全国 3 万户家庭进行调查，分析各个层面的社会排斥上升到了何种程度。研究结果显示了各个排斥层面的家庭所占比例，贫困占 19.8%，工作贫困占 10.3%，失业占 2.1%，居住环境不完善占 12.1%，缺乏教育机会占 27.9%，医疗需求未得到满足占 11.9%，社会性孤立占 35.2%，信息/服务边缘化占 15.0%。社会排斥中占比最大的是社会关系网缺乏导致的社会性孤立，其次为缺乏教育机会。将社会资本视为社会关系网、人力资本视为教育的时候，社会排斥不仅指向经济资本的缺乏，还意味着人力资本和社会资本处于匮乏处境。从与此类社会排斥密切相关的人口学特征来看，户主的性别和年龄是重要的影响因素。特别是女性户主、老龄户主容易陷入严重的排斥困境之中。此外，因个体特征差异导致的排斥中最大的差异体现在经济排斥的层面（贫困），其次为社会关系网的排斥（孤立），户主特征的差异体现为明显不同的排斥状态。

若从社会排斥的实际状态来看，可以发现几点明确的动向。首先，外国移民工人和结婚移民女性的规模在 20 世纪 90 年代以后迅速扩大。移民工人大部分从事韩国本国人嫌弃的 3D① 行业的工作，在多个行业部门中发挥重要的作用，但是不享有居住权和公民权利，处于非法滞留的境地。移民女性结婚后除了被婚姻中介机构损害利益之外，还处于不同于韩国本国人的歧视对待等多种矛盾冲突的困境（정진성 외，2010；김태수，2009）。

其次，在劳动力市场灵活化导致的雇佣不稳定和移民全球化的背景下，劳动力市场中被排斥阶层的日益扩大已成为不争的事实。韩国与如今的欧洲一样没有建立健全的福利体系，社会排斥日益加重并向全社会蔓延开来。相关调查结果显示，引起韩国社会歧视问题最重要的因素为经济地位和学历/学

---

① 3D 为 dirty、difficult、dangerous 首字母的缩写，意为脏、苦、险的工种。——译者注

阀。在以韩国 15 岁以上男女为对象分析歧视因素的调查（정진성 외, 2011）中（见表 4 - 10），经济地位的比例最高，为 34.8%，其次是学历/学阀，为 19.7%，两者比例压倒性地高于其他因素。

表 4 - 10 韩国社会的歧视因素

单位：%

区分	排名第一	排名第二	综合	区分	排名第一	排名第二	综合
人种/皮肤颜色/出生国家（民族）	8.8	6.6	8.1	性别指向性	2.5	3.5	2.9
性别	2.5	4.5	3.1	残疾	5.1	10.2	6.8
经济地位	41.3	21.9	34.8	出生地区	1.9	5.0	3.0
年龄	5.7	5.2	5.6	婚姻状况（离婚等）	0.3	1.4	0.7
外貌	5.1	9.5	6.5	病史	2.2	4.5	3.0
宗教	1.9	1.1	1.6	思想/政治立场	4.4	3.9	4.2
学历/学阀	18.3	22.9	19.7	其他	0.1	0.0	0.0

此外，调查还发现，经常起作用的因素依次还有年龄歧视（18.4%）、学历/学阀歧视（17.1%）、性别歧视（15.5%）、非正式职业歧视（11.3%）。值得注意的是，年龄歧视、学历/学阀歧视、性别歧视、非正式职业歧视全部与劳动力市场的排斥有关。如表 4 - 11 所示，随着时间的推移，经历歧视的人数比例迅速增加。这些现象反映出 1997 年金融危机之后，在新自由主义、全球化浪潮中韩国劳动力市场灵活化趋势增强，不稳定雇佣现象日益严重，社会排斥和歧视现象也随之加深。

表 4 - 11 不同时期歧视经验的比较

歧视因素	2011 年	2005 年	歧视因素	2011 年	2005 年
性别	15.5	5.1	非正式职业	11.3	5.4
妊娠/生育	5.7	0.9	出生地区	5.3	2.0
宗教	3.9	1.1	人种/皮肤颜色/出生国家（民族）	1.9	0.3
思想/政治立场		0.6	外貌	8.3	2.5
残疾	3.5	2.1	婚姻状况（离婚等）	3.7	1.6

续表

歧视因素	2011 年	2005 年	歧视因素	2011 年	2005 年
年龄	18.4	7.1	家庭状况（未婚母亲等）	2.7	0.6
学历/学阀	17.1	5.0	性别认同感	1.0	0.2

从歧视经验的国际比较中可以看出，与其他国家（如德国、土耳其）表现出的民族/人种歧视、人口学特征上的歧视不同的是，韩国的劳动力市场的歧视有其独特之处（정병은，2013）。劳动力市场中的排斥和歧视由于失业、非正式就业等不稳定、不完整雇佣导致工作贫困的问题，加重了劳动/雇佣保护、积极的劳动力市场政策等福利体系不能及时应对的情况（见图 4-1）。

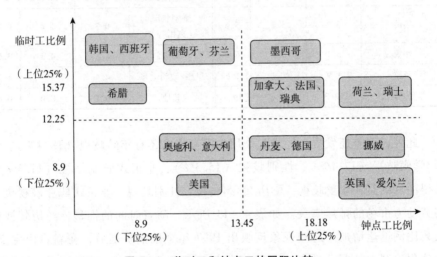

图 4-1 临时工和钟点工的国际比较

资料来源：이정우，2009：29。

最后，韩国社会排斥的核心在于劳动力市场的排斥和歧视，直接表现为非正规就业问题（장지연·양수경，2007）。非正规职业如何产生社会排斥的机制这一问题可以通过非正规职业的流动可能性来分析。韩国的劳动力市场中正规职业和非正规职业之间的流动不易。劳动者一旦从事非正规职业，就很难再从事正规职业。此外，非正式雇佣导致形成低收入的恶劣条件之后，其家庭所有成员成为贫困阶层的可能性也相对增加，也很难成为社会保险的受惠者。最近劳动力市场中的突出变化是从非正规职业激增来看，陷入贫困困境是必然的后果。将非正规职业进行国际比较可以看出，韩国的独特性在

于非正规职业规模庞大、低收入和歧视，以及工作性质低下等方面（이정우，2009）。

5. 结论

与欧盟相比，已有学者认为看待韩国的问题，不能仅停留在反思其福利制度发展水平低下上，还应在蔓延全球的新自由主义和整体性福利退出的背景下提出对策，完善福利制度，提高福利开支。尽管增加福利、消除死角地带的呼声已初见效果，但还是持续产生不能被现有制度框架所保障的弱势群体。鉴于此，社会排斥的概念应运而生，其优点在于关注多元资源匮乏、资源间的关系、动态获得资源的可能性等，最后发展为一套系统的理论。为此，社会排斥的实质内容在于社会成员关于权利的认识。如前所示，社会排斥因具有规范性、将价值指向性因素包含其中等，立足于现实生活中对于必需资源和机会结构的认识问题。与社会排斥相反，若成为社会包容程度较高的社会，必须配之以健全、完善的政策。这些政策的特点在于，消除社会排斥的各类因素，将个人的生命周期以及多个社会群体的特征考虑在内。

社会排斥的概念和话语扩大了贫困的分析范畴，将平等的研究与公民权利进行有机结合，并在国际比较的层面上提升理论的分析能力（강신욱，2006）。此外，社会排斥的概念关注社会成员的多层面生活领域中产生社会排斥的过程。并不只局限于个人的经济贫困状况，而是分析个人在健康、教育、社会性参与、社会关系网等多层面被排斥的经验。各个领域发生的社会排斥不仅相互联系，还是一种"你中有我，我中有你"的重叠关系。因此，对多层面的社会排斥进行多视角、复合性的实证分析显得十分必要。

第五章　社会赋权

金珠贤

（忠南大学社会学系教授）

为了对社会质量核心领域的社会赋权（Social Empowerment）进行基本的理解，这一章我们对关于赋权的论述和研究过程中需要反思的分析框架、社会赋权概念的延展，以及具体的测量指标等进行综述分析。

1. 赋权的概念与社会赋权

赋权的基本概念是指促进个人或群体从相对无精力状态转化到精力充沛的状态。具体而言，L. M. Gutierrez 为了达到"成果赋权"的效果，提出了四种必要的变化，以使赋权概念更加清晰准确（Gutierrez，1990）。四种必要的变化是指"增加的家庭""发展的群体意识""直面问题时减少自责""个人的应变能力和责任"。这就意味着不是依靠他人，而是靠自身的力量认识自身的问题，并努力朝积极的方向发展。赋权概念被广泛运用于护理学和社会福利学等学科，现有的赋权研究主要聚焦于个人层面。

但是，最近赋权的层面有所拓展，强调将"润物细无声"式的变化力量内化为自身的能力，积极应对外部环境，从个人层面开始，将赋权概念拓展至群体、组织、社会层面以及相互作用等层面。将赋权拓展为社会赋权概念，视其为促进个体或群体发挥能力、社会结构组织化的主要因素。赋权被重新

评价为一种社会性个体参与影响自身生活的过程，并能自我判断需要何种能力，能否获得这种能力，能否获得社会体制的支持来提高这种能力（조권중，2011）。赋权的目的在于，促进个体认识权力的动态发展，发展自身生活所必需的技术和能力，约束权力不让其侵害他人，支持共同体内部其他人的赋权行为。简而言之，赋权自身具有四类目标之后拓展为社会赋权概念。（1）将自身视为变化的主体；（2）他人在自我认知发展过程中能够利用自身的知识和技术；（3）在与专家保持合作关系的状态下开展工作；（4）在开放的氛围下集思广益开发出解决实际问题的技术。实际上，在很多研究中赋权程度深受个人意愿、家庭资源、地域因素和社会因素的影响（Markstrom et al.，2000；Ortiz-Torres，1994；김수정，2008）。在此脉络中，社会质量研究在关注社会因素在何种程度上激发个人赋权和能力发挥的脉络下去分析社会赋权概念。具体而言，社会赋权存在一个问题，即每个个体因其家庭、群体、共同体的关系与适应过程不同，影响激发自身赋权能力与创意发挥的社会水平和条件各有不同。因此，社会赋权要在公民的知识和能力水平、劳动力市场的参与和结社、私人关系的形成、社会开放性，以及社会制度支持等机会结构之中才得以建构和形成（조권중，2011）。

1）　赋权解释的多样性

赋权的定义因其英文写法 empowerment 中的 power 的解释不同而有不同的含义。人们对于 power 的解释为能力、权限、原动力、能量等，赋权因此也有不同的解释。此外，赋权的实践水平在不同载体上的体现不同，解释视角也随之不同。依据是在个人的思考水平上或制度结构的变化水平上去讨论，可将赋权划分为不同的层面。另外，对于赋权的理解也会因采用不同理念背景下的解释方法而存在较大的差异。例如，新自由主义背景下赋权之道在于鼓吹能力至上的理念。激进社会主义中的赋权在于形成各类势力的势力化路径；生态学系统论中的赋权集中于权限赋予的问题（양옥경·최명민，2005）。如此多样的关于权力的解释，使得关于赋权的讨论丰富多样，如个人权力的获得和所有，赋权的介入与后果，技术、过程，责任集于一体的生活力量，可能性（能力）的增加，自我和他者的解放过程等（Browne，1995）。

2) 赋权概念的活用

前文提及赋权有着不同的解释内容，其学科类别也因此丰富多样。赋权理论主要源于美国，赋权从 20 世纪 50 年代强调个人动机，发展到 20 世纪六七十年代强调人类潜能和个人成长的概念（보그트·머렐，1995）。之后护理学引入了赋权概念，以激发患者自身想要恢复的意志和力量，提高治疗效果（변영순，1992）。营销学中为提高组织运营效率也活用了赋权概念（박원우，1997）。社会学围绕社会运动活用赋权这一概念，以鼓舞女性运动和民权运动，此外还成为地域社会开发的基本框架。从 20 世纪 60 年代开始的黑人赋权运动到现在广泛使用赋权概念的性别赋权量度（Gender Empowerment Measure，GEM），再到世界银行实行的贫困政策中使用的贫困地区的赋权指标（World Bank，2002；안정욱，2009）等，都是赋权概念蓬勃发展的例子。此外，社会福利学将社会福利对象的赋权强化作为主要概念，关注权力的赋予及其效果。在具体层面上，依据此概念开展了大量关于赋权项目效果的研究（양옥경·최명민，2005；양난주，2007）。

2. 赋权的分析框架

为了在研究中活用赋权概念，首先将具有测量可能的因素进行分类分析显得十分重要。有必要形成一个分析框架，再对分析框架内的每个分析单位进行细致分析。通过这一过程，每个研究者都可以找到和测量适合自身研究主题的赋权概念。本章试图提出一个理解和测量赋权概念的框架，然后分析其中的每个分析单位。

如图 5-1 所示，可以做出效果性选择的赋权在第一轮受到两个因素的影响。一种是行动者（Agency），另一种是机会结构。行动者依据能够做出有意义的选择的能力来进行定义。换言之，行动者可以对多种选择权利进行预期并进行选择。机会结构依据行动者所能把握得了的正式和非正式状况来进行定义。行动者和机会结构互依互促，并能提高各自赋权的程度。① 因此，赋权的程度（DOE）依据下面的因素进行测量：①个体是否具有能够进行选择的机会；②个体实际上是否有机会来做出选择；③一旦做出选择，与预期结果是否相符。

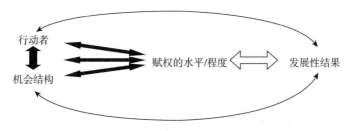

图 5 - 1　赋权的分析框架

资料来源：World Bank Policy Research Working Paper, 2005。

进一步而言，我们来看看赋权与发展性结果（development outcomes）之间的关系。但是，如果要说明赋权与发展性结果之间有明确的连贯性，我们还应开发出多种数据，这些数据要与多种赋权指标以及发展性结果之间的连贯性直接相关。现在世界银行给出了许多给低度开发国家赋权的案例。但是，直接测量赋权的数据不足，导致赋权与发展性结果之间的关系实际上仍然停留在假设阶段（Alsop and Heinsohn，2005）。

1）　行动者

作为赋权的主体，行动者依据其所拥有的心理、信息、组织、物质、社会、经济、人力等多方面的资源，能否做出具有意义的选择。"主体是否能运用资源来做出合理的选择"这一问题可以通过主体的能力来测量。例如，在

---

① 例如，印度的一个农民为了获得汲水灌溉系统所需费用，而选择银行贷款。但是，贷款过程需要他提供 20 多种资料，并将其土地作为抵押物。此外，他还需要聘请一名能够证明自己拥有土地所有权的律师。农民的个人选择需要政府或机构给予支持，农民还要有做出选择的经济能力。另外，相关的各类规则（机会结构）促使他进行有效的选择，正因如此，也成为其发挥能力的障碍。再如，孟加拉国的一位女性尽管选择将其女儿送往学校（行动者），但是她要面对丈夫的反对，认为让女儿上学是错误的投资。她要充分负起做妻子和母亲的责任进而让子女接受教育，但最后这一想法因为固守女性上学浪费时间的社会固有观念的人们的阻碍而夭折。这位妇女为了做出有效的选择将女儿送去上学，受到法律或规则（正式的机会结构）的限制。代之以与社会性因素相矛盾的非正式的机会结构（Alsop and Heinsohn，2005）。

教育方面，被认为是赋权的重要因素在于，创造各类机会增加主体的人力资源、心理资源，使其接触更多的信息资源，等等。此时，人力资源就可以通过技术或人文素养等加以指标化并进行测量。

2) 机会结构

行动者具有的机会结构，其存在形式在于正式或非正式的制度规则。法律、规定、规范、惯习等都属于这一结构。无论是个人还是群体，在面对自身在多大程度上能擅用多种资源的问题时，都会涉及正式或非正式制度或规则的存在适用问题。以印度为例，在家长制的社会规范背景下，尽管1992年宪法修订的内容规定女性代表拥有政治席位，但女性作为政治领袖，依然不能成功开展公开的正式活动。要想实际的行为有所变化，应该是法律和制度先行。女性若要实际上进入政界，开展效果明显的活动，必须经历深入艰辛的斗争过程。

3) 赋权程度

对于行动者在其所属的制度框架内如何使用资源、发挥到什么程度的问题，我们有必要区分出几个层面进行测量：①能够做出选择的机会是否存在（选择的存在）；②若选择的机会存在的话，是否能利用这个机会；③利用该机会时，是否出现预期效果（选择的成就）。只有在这几个层面进行测量才能对赋权进行深入的分析。例如，如果要对女性的政治赋权水平进行评价的话，需要收集以下信息：①政治参与的机会是否存在，或者是否能进行选举；②若能选举，女性能否投票；③女性在实际上能否投票。

下面来进一步分析第101页注释①提及的孟加拉国女性送女儿上学的例子。首先，以她是否拥有选择权为例，能接收其女儿的学校是否存在，数量是否较多。如果有能接收其女儿的学校，她们的选择权是否存在。相反，如果没有愿意接收其女儿的学校的话，其选择权也会荡然无存。其次，如果从测定个人或群体是否可以利用选择机会的"选择的使用"问题的角度来看的话，当周边有愿意的学校的时候，她就能选择送其女儿去学校吗？通过此案例中的行动者和机会结构（依据制度的存在和运用来测定的机会结构）就可以分析出这一问题的答案。最后，"选择的结果"测定的是对个人或群体来说，在多大程度上能获得自身预期的结果。因此，万一那个妈妈拥有送女儿去学校的选择权的话，又万一她选择送女儿去学校的话，选择的结果实际上是由其女儿实际上能否去上学决定的。

4)　领域和层次

赋权在实际的运作中必须考虑一个重要的问题，即在哪个领域和层次上赋权。从领域来看，行动者作为公民行动者进行赋权时，可被视为国家领域；作为经济性行动者时被视为市场领域；作为社会行动者时则被视为在社会领域进行赋权。进而赋权又可分为若干具体的微观领域。国家领域可以分为作为正当性/公正性问题的正义问题、政治参与、社会服务获得等微观领域。市场领域可分为信用、劳动、商品（消费、购买）等领域；社会领域分为家庭（性别差异、家长制）、共同体（阶层、阶级）等微观领域。

在市场领域中，尽管可以对信用进行评价，但对于个人或群体而言不能拥有劳动机会或购买能力。例如某人尽管可以捐赠其高额资产，但其社会机会结构会限制其在市场领域的参与能力。对于在印度种姓制度下出生在乡村富裕家庭且接受较高水平教育的女性而言，其参与社会的机会经常受阻，只能终日在田间劳作。

此外，赋权得以实现的层次被分为三个。其一，以当地为中心的日常生活世界中的日常性问题层次。当地地域和国家之间存在某些问题，在个体层次上国家的疏离也会造成问题。人们在生活中都要和宏观、中观、地域等不同层次的实现领域和微观领域打交道。为了分析方便，层次被定义为行政上的界限，适用于大部分国家。以尼泊尔为例，宏观层次是指国家意义上的事务，中观层次是指各区域行政意义上的界限，而地域层次意指乡村发展委员会的管辖权（或司法权）（Alsop and Heinsohn，2005）。但是值得注意的是，事实上一个层次明确的赋权程度未必在其他层次上反映出同一程度的赋权效果，即赋权程度因层次不同而各异。个人或共同体尽管在地域层次上实现了赋权，但不意味着其在中观或宏观层次上亦如此。

行文至此，赋权分析框架的内容在具体分析中是对赋权的概念进行活用。

通过这样的研究框架，赋权的广泛性内容被囊括其中，以此来把握多个概念的层次和赋权。此外，赋权概念的过程性和层次性值得研究者进一步关注，优点在于以某个事例的特殊之处为中心来分析赋权问题。但从另外的方面来看，分析框架的主要目的在于对赋权现象进行测量，故而有必要积极地将赋权归结为指标化和国别比较的问题。

此外，以此类分析框架为基础的赋权政策战略遭到一些批评，即这些战略是在世界银行的发展理论和反贫困政策、新自由主义政策改革遭到冲击等背景之下的应急之策（안정옥，2009）。也就是说，世界银行对于贫困国家实施的反贫困政策的基础源于通过赋权分析框架得出的研究结果。世界银行在其反贫困事业旗帜下实施的赋权贫困地区在微观上属于新自由主义的福利政策，不仅是全球化与本土化对决的问题，还隐含着一个国家和社会之间对立的问题。此外，尽管贫困问题得以解决，国家的公共政策具有的重要性却被忽视，国家与地域社会间的关系也被忽略，这一问题成为赋权政策战略备受质疑的关键。

3. 赋权概念的拓展

迄今为止，赋权研究主要依赖宏观分析，未能在主观的心理状态、掌控感获得等方面加以理解，赋权概念的拓展就是基于一种认识，即为了使个人的赋权得以强化，开展关于赋权的动力性因素及其多层面的研究显得十分必要（Gutierrez，1990）。

赋权的宏观研究是在个人赋权得以实现的社会政治层面分析社会政治制度、意识形态、参与许可等问题。宏观层面上赋权的获得取决于公民权，及在多大程度上能充分获得社会资源或机会。相对于与社会质量相关的社会政治赋权的宏观研究，社会支持作为中观层面赋权研究的一环，也作为关系层面赋权获得的主要影响因素，学界应给予必要的关注。植根于赋权关系层面的社会支持概念关注的是提高个人的环境适应性，促进个人有效融入环境（见表 5 - 1）。

表 5 - 1　赋权研究的层面

层面	微观	中观	宏观
	个人层面	关系层面	社会政治层面
分析对象	个体心理、能力	关系的类型与状况、组织体系、文化	社会政治制度、意识形态、参与许可
获得手段	个人层面、自尊等	相互依存、社会支持、合作关系	公民权、社会资源或机会的获得

　　依据 P. Herrmann 的赋权观点，赋权是在社会关系中言及增强个人的力量和提高其能力（Herrmann，2005）。因此，社会赋权是指赋权主体的行为或与行动条件相关的客观因素，以及受到以这些因素为基础的中观环境的影响。中观范畴的赋权意指关系层面形成的赋权，包括支持、照顾、制度系统和文化等内容。社会关系层面的社会支持并非只关注个体的健康问题，情绪健康影响要素的研究也与社会支持相关。因此，最近社会关系网研究对于向个体提供支持和帮助、提高赋权的因素给予了更多关注（장성희，2008）。

1）　个人主义的解释与整合式解释

　　迄今为止，赋权研究大致可分为个人主义和整合主义的观点。个人主义的解释聚焦于个体行动的客观因素。最早进行社会质量研究的欧洲主要从个人主义视角去分析赋权。个人主义视角的赋权测量局限于竞争和自我实现问题，故而从个体的知识习得和能力实现方面对赋权进行测量，后又逐渐扩展到关于他人的个体行动问题的关系层面，其中包括个体的条件和个人行为形成的关系之间的联结问题。因此涉及劳动力市场的地位、个人与制度的关系、公共部门的形成及其相关事宜、支持网络的存在等相关的赋权问题。个人主义视角的特征在于，重视个人的契约关系，以及在自由主义基础上执行动议、相互义务、公共服务福祉、契约等明确的义务。体系整合性视角主要强调外在的体系如何对个人进行整合的问题，也成为现在欧盟社会赋权的主要视角。

　　个人主义视角下的赋权概念强调让他人贯彻执行自身意志的能力，类似于韦伯的权力概念。但是在欧盟事例中可以看出，不同于个人主义视角强调赋权带来经济增长的直接效果，体系整合性视角下的赋权概念基于"我们"

这一区别于他者的同一性概念，在社会关系自身的变化中主张社会赋权也是一种关系性行为，以此来分析社会质量。

因此，不是 Herrmann 或韦伯意义上的权力概念，而是从相互作用中的反应性角度定义权力（Herrmann，2005）。依据此观点，赋权问题并非只局限于单纯的结构和行为的调节层面，同时还关注自我尊重和能力问题的层面，强调在社会的变化过程中个人能享有社会资源，并享有得到充分保障的参与权。

Herrmann 认为赋权在被发现的社会性条件中还存在一个相异的层面，即个人行动的相互作用层面及其对制度和社会系统的影响。在此不同的层面中，个人的人性被激活，这正是一种社会意识，在社会意义上将责任付诸行动。因此，Herrmann 强调赋权是在人类特性中获得一种社会性存在，此为社会质量的根本和核心所在（Herrmann，2005）。

2）　制度性改革与赋权

在制度脉络中，与赋权相关的是改变不平等的制度关系。这些制度指的是对是否能形成组织形态产生影响的规则、规范，以及固化（patterned）的行动。对一般人生活产生影响的制度可以是正式制度，也可以是非正式制度。正式制度是指植根于地方、民族国家、体系性国际组织之中的国家、私域、公民社会组织、法律与规则等；反之，非正式制度包括对获得礼物的期待、亲戚、朋友、邻里网络、对于女性的非正式限制或者民间对待寡妇的一些行为等（World Bank，2002）。国家的各类政策与国家制度性文化形塑所有行动者的行为。老百姓一般不能直接参与到管理和决定影响其生活的制度改革中来。全面的制度改革要求改变这一不平等的制度关系，因此，须配之以自下而上的路径，即同时激发公共领域与私人领域行为的法律、程序、规制、价值、伦理、激励等方面的变化。规制与法律两者的变化能形成培育弱者主体性的条件。起中介作用的公民社会组织支持弱者提升能力，向其解释各类信息，将国家与私域进行有机联结。但国家不能完全放心这些组织真正代表弱者并对其负责，必须时刻对其进行监督。因此在社会和文化脉络中去实现赋权显得特别重要。国家改革和政策上的努力一定要与地区性的规范、价值、行为一一对应，相得益彰。

4. 社会赋权指标及其活用

1) 现有研究中的社会赋权指标

　　欧洲社会质量基金会于2003年中半期推动的社会质量研究，将社会质量设定为四个构成领域，列举微观的具体类项及其下一级95个指标。下面我们来看看其中关于赋权的内容。赋权被分为5个次级领域：知识基础领域、劳动力市场领域、制度的开放性和支持性领域、公共空间领域、私人关系领域（见附表5-1）。

　　首尔大学社会发展研究所从2007年开始获得韩国研究财团资助，对于社会质量指标开发和社会发展特征进行跨国比较研究（见附表5-2）。欧洲和亚洲共十余个国家共同合作开展研究，在2009年设计出社会质量的90个指标，在此基础上，通过多项调查和研究促进指标更加精细化并加以运用。首尔大学社会发展研究所的社会质量指标以首先开展研究的欧洲研究团队设计出的95个指标为基础，在对有关指标测量的可用性、概念的明确性、相关性等进行充分考虑之后设计韩国的相关指标（정진성 외，2010）。首尔大学社会发展研究所的社会质量指标建基于几个核心问题。基本的社会赋权指标旨在回答这样一个问题：身处社会关系中的个人或群体要提高自身的运筹帷幄能力和自律性，相应的社会性关系、结构和制度怎样转换才最佳？（정진성 외，2010）为此，我们从知识、劳动力市场、制度、公共领域、个人关系等方面来测量提高人们尊严和自律性的社会条件。在这些领域我们试图回答一些主要问题：在知识领域，人们拥有哪个种类的知识？如何习得这些知识？通过这些知识怎样进行自我开发？在劳动力市场领域，人们在什么程度上掌控自身在劳动力市场的地位？在制度和公共领域，人们如何行使自身的决定权？公共空间如何结构化？是否存在对个人与社会的相互作用进行支持的体系？（정진성 외，2010；Herrmann，2003；안정옥，2009）

　　关于社会赋权，人们关心的是公立研究机关的指标开发问题。首尔市政开发院的公民赋权指标研究将社会赋权定义为：每个公民个体在其家庭、群体、共同体的关系适应过程中，能激活自身赋权能力、发挥创意的社会性水平。只有在公民的知识和能力水平、劳动力市场的参与和结社、私人关系的形成和社会的开放性，以及制度的支持等机会结构中，公民才能完成自身的赋权。为了具体分析赋权指标，要将行动者层面的赋权和社会层面的赋权区别开来。行动者层面就叫赋权，社会层面则概念化为社会赋权。在信息、知识、沟通、参与等方面来设定赋权的构成因素，而在社会中则通过个人信息的获得和知识的习得、社会关系中的意义沟通、社会变迁的参与过程等才能达到赋权的目的（见附表 5-3）。

在为了诊断韩国社会现状制定有效政策而进行指标开发的过程中，我们以韩国保健社会研究院为例，分析其开发的社会政策指标中的"社会力量强化方面的指标"或"社会赋权指标"。该研究将社会质量定义为：在增加社会福利、提升个人潜能的条件下，能够参与地域社会的社会经济生活，使得公民权利的外延得以扩大。社会赋权的概念就内含于其中。社会力量的强化体现为社会成员能发挥自身能力和潜能的社会基础与支持的程度，即社会结构能否激发个体的力量或能力。其测量指标包括人力资源开发、信息获取能力、职业能力等，在入学程度、职务相关培训参与率、自杀率、国家信息化指数层面进行考虑和考察。这些都是能够提升人们参与决定自身命运的公共事务的能力的因素。社会赋权指标的微观领域为文化赋权、信息赋权、人力资源开发、工作赋权、社会心理性赋权等（见附表 5-4）。

最后，与赋权相关的国际通用指标为性别赋权测量（Gender Empowerment Measure，GEM）。该测量在政治经济领域的重要决策制定中将女性的参与程度进行指标化处理，是测量女性和男性能否同等参与的指数。"性别赋权测量"测量的是女性获得经济能力和政治能力的比例，关注政治代表性、专业管理职务、经济能力，以及收入方面的性别分化问题（见附表 5-5）。通过性别分化的国际比较，这些指数成为分析女性权力位置的重要工具。不同的指标分数越接近 1，女性的赋权程度越处于较高水平。

2） 活用社会赋权指标的比较研究

在对各国的社会质量进行评价和比较时，所介绍的诸多指标就能派上用场了。国别比较研究过程中，赋权被作为重要领域。现在我们来考察一下首尔大学社会发展研究所进行的国别比较研究①中对社会赋权指标的分析结果，以及所介绍的社会赋权指标的运用情况。

首先，在对于赋权指标中知识领域的评价中，通过媒体或互联网的使用等资料来考察国家之间的差异。韩国和德国的互联网使用情况比其他国家更为频繁。但是，有意思的是，不是从单纯的互联网使用问题，而是从活用互联网参与政治发表意见的政治赋权这方面的资料来看的话，就会得出不同的结论。韩国尽管以互联网普及率第一的身份被视为互联网强国位居各国之首，但对互联网表达政治意见的应答中，在有的选项上韩国在所比较的国家中处于最低水平（见表5-2、表5-3）。

表5-2　一天中互联网使用的平均时间

单位：%

区分	完全不使用	1 小时以内	1～3 小时	3～5 小时	5 小时以上	合计
韩国	28.9	31.8	28.0	7.3	4.0	100.0
德国	29.1	28.5	32.5	7.0	2.9	100.0
意大利	44.7	23.4	23.1	5.4	3.4	100.0
希腊	51.0	16.6	24.1	5.7	2.6	100.0
土耳其	56.2	12.1	20.2	8.3	3.1	100.0

表5-3　政治参与：互联网意见表达频度

单位：%

	频繁（1 分）	经常（2 分）	有时（3 分）	基本不（4 分）	完全不（5 分）	合计
韩国	1.0	5.4	15.6	20.3	57.7	100
德国	3.7	12.8	17.6	18.8	47.2	100

---

①　所要展示的内容是以作为首尔大学社会发展研究所的韩国研究财团重点研究事业的一环、与SBS（首尔广播公司）共同合作项目的结果为基础。该项目为"社会发展与社会模式比较研究：韩国、德国、希腊、意大利、土耳其研究"。该项目在5个国家进行问卷调查，对这些国家一般市民的认识和态度、行为等进行微观层面的深入分析。①调查地域：韩国、德国、希腊、意大利、土耳其；②调查对象：18 岁以上成年男女（韩国为 19 岁以上）；③调查方法：使用结构式问卷进行面对面调查；④调查时间：2012 年 5 月；⑤样本量：各国为 1000 人（德国为 1200 人）；⑥抽样方法：以性别和年龄为基准进行抽样；⑦执行机构：韩国加勒普研究所。

续表

	频繁（1分）	经常（2分）	有时（3分）	基本不（4分）	完全不（5分）	合计
意大利	2.1	11.3	10.0	8.8	67.7	100
希腊	1.9	8.2	11.5	9.3	69.1	100
土耳其	3.6	9.6	10.7	5.0	71.1	100

如果从指标化的整体社会赋权及其实证结果来看，通过询问各国调查对象对于调查问题的同意程度，来分析是否形成了一个能使个人或群体发挥能力的社会结构，是否存在一个旨在彰显个人能力的社会支持体系。这些调查问题包括：通过努力可以提高社会经济地位吗？在本国的外国人能安居乐业吗？医疗和法律信息公开透明吗？自由表达能得到保障吗？如图5－2所示，在对社会赋权的认识中，对于"通过努力可以提高社会经济地位吗"这一问题，德国同意水平最高，达到2.35分。对于"在本国的外国人能安居乐业吗"这一问题，土耳其同意水平较高，达到2.52分。对于"医疗和法律信息公开透明吗"的问题，德国同意水平最高，达到2.55分；关于"自由表达能得到保障吗"的问题，希腊同意水平最高，达到2.18分。韩国的情况是专业部门的信息公开透明度在比较的国家中处于最低水平。对于在本国的外国人能否安居乐业的问题，韩国应答率也较低。整体上，韩国的社会赋权在参与比较的国家中处于较低水平。

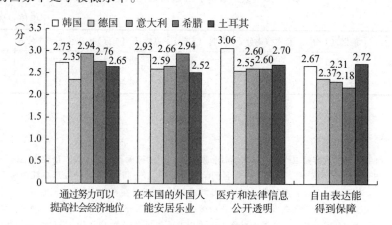

图5－2 国家间社会赋权比较

说明：非常同意（1分）、稍微同意（2分）、不同意也不反对（3分）、稍微反对（4分）、非常反对（5分）。

5. 关于作为生活世界整合问题的
社会赋权的评论[①]

　　社会质量构成要素中赋权的基础在于自由主义关于能力的概念。作为能力的主要参照物的政治社会赋权的概念化，其决定性的一点是必须与社会层面相结合。理解赋权概念应当注意的是，要超越孤立的个体去理解，聚焦于社会的整体性以及个人与社会发展之间的辩证法。赋权概念的拓展强调在社会质量观点中，将个人发展与社会性物质环境相结合提高人们的参与程度。通过个人、共同体、社会环境三位一体的整合视角来理解社会赋权。此类整合的主要内容在于建构一个使个人安居乐业、社会安定和谐的环境，或者是拥有一种对社会环境产生影响的影响力。

　　将赋权置于更为宽泛的管理视角中去理解尤为重要。其贡献在于，以"个人能力提高"概念为基础的社会条件得到保障，以及保障个人和群体参与，避开了赋权的个体性观点只强调个体教育支持的弊端（Herrmann，2005）。以权利为基础的观点与马歇尔的公民、政治、社会权利如出一辙。社会质量有必要将三种权利（公民权、政治权、社会权）整合为公民参与的权利问题。人们能动地参与社会关系，同时顾及能间接对社会物理环境产生深远影响的手段、过程和结果，且能对社会发展问题高瞻远瞩。赋权要求对主体和结构的互惠进行管理，与之相对应的是一种一切以人们需求的基础为出发点的开放式结构，主要在于能够付诸行动的权利和作为能力的自律性，其必需的资源正是知识和权利。为此，我们应努力将作为个人行动参照的社会经济保障、社会包容与社会真正结合，促使社会各个组成部分得以活用的关系植根于赋权理论之中。

[①]　该部分为 2004 年欧洲社会质量基金会中 Herrmann 关于赋权论述内容的最后部分（Ⅳ. A Critical Review Empowerment as a Matter of Control over Living Conditions and Life），经过作者同意重新进行整理写作而成。

6. 结论

本章对社会质量的构成部分之一的赋权领域的内容进行了整理。特别是针对时下从个人层面扩展到社会层面的赋权进行了集中考察。社会质量研究是以新的视角对政治、社会、文化的现状进行评价,最近学界"终于"对赋权倍加关注。[①] 社会赋权评价的是社会对于个体给予多少能力、该能力能否得以发挥等问题。这种社会赋权指的是通过公民的民主参与和整合体现的自律性,以及付诸现实的可能性增大的问题(안정옥,2009)。原因在于,赋权并不是个体通过外部的帮助调节自身的问题,而是主体自身得以发展的政治社会环境得以建构的问题(Moore,2001)。

社会赋权实施的目标在于 N. Elias 所强调的"作为社会关系形成的社会化",以及公民参与到社会发展中来(안정옥,2009)。换言之,社会赋权是公民通过民主形式参与到作为社会形成机理的社会化过程中来,来增加自律性以及获得权利的可能性。

作为社会形成机理的社会化是一个在社会过程中逐渐紧密整合而成的个体之间相互依存和复合性提高的过程。借 Herrmann 的观点,若要说明社会质量研究的赋权问题,权力只有在允许他者的权力增加的条件下才能得以加强(안정옥,2009)。[②] 显而易见的是,在包容他者权力的条件下,赋权意味着基于社会关系之上的社会参与。Herrmann 将社会质量立基于社会关系论,故而不同于传统福利政策对于个体生活的关注,社会质量将多样的个体置于纷繁多样的"社会"中去理解。

迄今为止,社会质量研究随着时间的推移发展为四个领域。第一个领域为社会经济保障与生活质量理论,在 20 世纪 60 年代备受瞩目。第二个领域为凝聚和包容理论,兴盛于 20 世纪 80 ~ 90 年代。福利国家危机理论肇始于

---

① Mick Moore 在其名为《赋权甘为其后?》的论文中旗帜鲜明地提出赋权概念,并强调社会赋权的必要性和重要性(Moore,2001)。P. Herrmann 也指出在社会质量的多个领域中,赋权是其核心内容(Herrmann,2005)。

② 个人主义将他者进行对象化处理,而体系整合观点与个人主义观点的差异在于将与他者之间的差异作为赋权的本源所在。

20 世纪 80 年代后半期凝聚和包容理论形成之时。如此评论的根据在于凝聚和包容理论解决了福利国家论未能解决的问题（안정옥，2009）。四个领域中最晚形成的是赋权的指标概念（20 世纪 90 年代后半期至 21 世纪）。社会质量理论中的社会赋权比起个体主义或体系整合视角下的赋权，更加强调关系性行为的意义。迄今为止，对于个体赋权的评价主要集中于个人的生活质量问题，社会赋权则涉及使生活质量得以实现的环境，并促进个体积极参与其中，最终促进社会关系的转换和体系的变迁。为此，在个体水平的赋权中须同时关注中观层面的社会关系以及与地域相关联的赋权问题，甚至要与宏观层面的社会政策和公民意识的赋权联系在一起。

如前所述，社会赋权已经成为一个更为重要的概念，是在知识基础、劳动力市场、制度的开放性和支持性、公共领域以及私人关系中，涉及个人的自律性以及选择可能性的问题。因此，社会赋权的指标也应将这些内涵包括其中。

附　录

附表 5 - 1　欧洲社会质量基金会（EFSQ）的赋权指标

大分类	小分类	指标
知识基础	信息知识能力的运用	·以知识（正规学历资格）为基础的社会流动 ·识字人口比例 ·自由运用媒体的能力
	信息使用方便性	·提供多种语言的信息服务 ·自由发表主张和提出建议的能力，以及使用指导中心的能力
劳动力市场	劳动合同规制	·工会会员的比例 ·集体协约的适用范围
	职业流动的可能性	·就业者中在职培训者的比例 ·能够参与公共职业培训的劳动力比例 ·能够参与再就业项目的劳动力比例
	工作与家庭生活的调解（工作与生活的平衡）	·能够实施平衡生活和工作政策的组织比例 ·实际使用工作与生活平衡手段的就业者比例

续表

大分类	小分类	指标
制度的开放性和支持性	政治制度的开放性和支持体系	·审议与直接民主主义的过程（例如国民投票）
	经济制度的开放性	·居民参与主要经济决策的案例数（例如召开公司倒闭的听证会）
	组织的开放性	·设立工作委员会的组织机构的比例
公共空间	对于集体行动的支持体系	·针对自发非营利性公民团体的全国和地方层次的公共预算比例 ·过去12个月发起的示威游行中被禁止的比例
	文化倡导	·全国和地方层面针对所有文化活动的预算比例 ·自发组织的文化团体数量 ·长期参加多种民间文化倡导活动者的比例
政府对于私人领域的支持	提供支持生理、社会性自立的服务	·全国和地方层面针对残疾人（身体、精神）的预算比例
	支持个人的服务	·入学前后儿童保育水平
	对于社会互动的支持	·对于居住和环境设计的包容性（例如针对会面进行的空间与照明设计）

附表 5-2　首尔大学社会发展研究所的社会赋权指标

大分类	小分类	指标
知识基础	知识运用	·基于知识基础的社会流动程度（以正规学历资格为基准）
	信息的利用可能性	·文盲率 ·自由运用媒体的可能性 ·互联网使用
劳动力市场	劳动合同规制	·工会会员的比例 ·团体协约适用范围（公共部门与民间部门的不同类型）
	职业流动的可能性	·就业者中在职职业培训者的比例 ·能够参与公共职业培训的劳动力比例 ·能够参与再就业项目的劳动力比例
	工作与家庭生活的调解	·能够实施平衡生活和工作政策的组织比例 ·能够实际享受工作与生活平衡政策的就业者比例
制度的开放度和支持度	政治制度的开放性和支持体系	·存在审议与直接民主主义的过程（例如国民投票）

续表

大分类	小分类	指标
制度的开放度和支持度	经济制度的开放性	·居民参与主要经济决策的案例数（例如企业移转、区域投资、召开工厂倒闭的听证会）
	组织的开放性	·设立工作委员会的组织机构的比例
公共空间	对于集体行动的支持体系	·针对自发非营利性公民团体的全国和地方层次的公共预算比例 ·过去 12 个月发起的示威游行中被禁止的比例
	文化倡导	·全国和地方层面针对所有文化活动的预算比例 ·自发组织的文化团体数量 ·长期参加多种民间文化倡导活动者的比例
政府对于私人领域的支持	提供支持生理、社会性自立的服务	·全国和地方层面针对残疾人（身体、精神）的预算比例
	支持个人的服务	·入学前后儿童保育水平
	对于社会互动的支持	·对于居住和环境设计的包容性（例如针对会面进行的空间与照明设计）

附表 5 - 3 首尔市政开发院的公民赋权指标

领域	区分	个人层面	社会层面
知识赋权	知识基础	·教育参与 ·入学率（识字率、算术水平） ·高等教育接受现状	·教育环境 ·老师人均所教学生数 ·教育预算分配现状 ·终身教育体系现状 ·立基于受教育程度的社会流动程度
	信息有用性	·信息活用 ·信息通信技术设施水平 ·互联网活用程度 ·信息两极分化状况	·信息化政策 ·国家信息化政策 ·与信息赋权相关的预算 ·多语言信息提供服务 ·言论自由
沟通性赋权	劳动力市场沟通	·职场与家庭生活的平衡 ·家庭和睦指数 ·产假和育儿假	·劳动力市场内部参与与结社 ·工会组织职业能力培训现状
	形成对于私领域的支持关系		·从物质或社会方面进行的非国家性独立支持和服务 ·残疾人和弱势群体的支持体系 ·支持个人的服务 ·保育服务
	社会心理性赋权	·压力认识	·自杀率

续表

领域	区分	个人层面	社会层面
参与式赋权	开放性成果制度性支持	·直接性民主主义 ·国民投票率	·政府的信息公开
	对于集体行动的支持	·参与公民社会活动 ·社会网络：团体行动参与率 ·自愿服务参与率	·支持公民团体活动 ·对非营利民间团体的支持现状 ·对志愿服务的支持现状 ·针对集会示威的政策现状
	参与都市空间政策		公民参与型城市规划
	丰富文化方面	·文化享有实态 ·文化艺术仪式活动参加率	·文化设施基础和环境 ·文化设施数量 ·文化活动预算

资料来源：조권중，2011。

附表 5-4　韩国保健社会研究院的社会政策指标

领域	社会现状指标	社会政策指标
人力资源开发	·入学程度 ·学校形态的学历认证终身教育的实施学校 ·终身教育机构	·老师人均所教学生数 ·公共教育费用占 GDP 比例 ·儿童发展支持预留预算（CDA）
工作赋权	·职业能力开发培训现状 ·职务相关培训参与率 ·家庭和睦指数（FFI） ·育儿假给予的供需比例	·劳动力市场公共支出占 GDP 的比重 ·保育事业预算
社会心理性赋权	·自杀率 ·精神疾患终生得病率 ·犯罪受害率	
信息赋权	·国家信息化指数 ·移动电话使用者数 ·电脑保有家庭比例 ·互联网使用家庭比例 ·互联网使用率 ·互联网使用目标	·信息赋权相关预算
文化赋权	·图书馆人均占有图书数 ·博物馆人均参观人口数 ·人均生活体育设施面积 ·生活体育参与率 ·艺术仪式活动观赏率 ·文化设施使用率	·国民文化费用支出比例 ·公共文化费用支出比例 ·文化赋权相关预算

资料来源：이태진 외，2009。

附表 5 – 5　性别赋权测量（GEM）

指标	内容
女性国会议员比例	用女性国会议员作为指标来测量女性的政治参与程度与决策能力
立法，高阶职员和管理职务，专业技术职务的女性比例	该指标用来测量女性的政治参与程度以及决策能力
通过男性收入推测女性收入的比例	我们采用通过男性收入推测女性收入的比例来把握女性在经济资源上的权力。推测收入比例的变量为人均 GDP、全体人口（性别人口比）、非农业部门性别收入比例、性别经济活动人口比例等。

资料来源：여성가족부，2005。

第六章 社区能力

丁珉秀

（同德女子大学保健管理学系教授）

1. 导言

社区发展（community development）的概念始于19世纪末，约50年前发展为地域社会项目、地域社会方法、地域社会运动等概念（Sanders，1958；Rubin and Rubin，2007），继而从20世纪90年代开始，在公民社会发展以及增进健康话语的影响下，重新受到重视（Poole，1997）。与提高地区的经济指数、直接或间接扩充社会基础设施和资源的做法相比，现今的社区发展更关注努力促进地区社会整合，以增进包括地区社会居民在内的社会质量（Israel et al.，1994）。促进社区发展的社会质量的构成因素大致可分为三种：其一，除了物质外，还包括健康、教育等生活的所有非经济领域的社区成员的福祉；其二，高度整合生产和效率的福利；其三，以居民主导的激活社会经济结构的组织发展（Baker，1989：48；Chaskin et al.，2001）。

社会质量可以显示出赋予个体的生活机会到多大程度才足够，在赋予机会的过程中受到多大程度的限制（Gittell and Vidal，1998）。在个人能力不能充分发挥的社会中，社会质量也随之处于较低的水平。如本书第一章社会质量不同领域的争论中所述，社会质量由社会经济保障、社会凝聚、社会包容、社会赋权四个因素构成（Beck et al.，2001），这是在分析的层面上做出的分类。如果从社区居民的层面来看，社会质量包括社区所具有的动力和活力，以及建立在居民互动和合作之上的组织化，体现为个体社会行为的后果和巨大的力量。社区能力（community capacity）正是一个与社会质量如影随形的概念（Jung and Viswanath，2013）。因此，本章以社区能力概念为基础分析我们如何提高和增进社会质量。

2. 社区发展

影响社区社会质量的因素多样而复杂（见表 6-1）。社区发展是一个将社会、经济、环境涵盖在内，导致社区生活各方面变迁的过程。该过程从社区变迁的主导者扩散到社区内的广大居民，社会质量随之得到提高。因此，居民的参与成为社区发展的首要任务。①

表 6-1 社会质量的影响因素

	层面	构成
变量	个人层面	年龄、性别、健康、受教育水平、雇佣、居住
	家庭层面	家庭关系、婚姻地位、子女、抚养家庭
	社区层面	城市/农村、社会经济地位、社会凝聚、领导力、社区认同、正式秩序/安全性
	制度层面	地方政治、规制、治理、社会系统
构成	结构性层面（社会连接网）	均衡、规模、包容、密度、社区团体的多样性
	文化层面	社会纽带和相互扶助、一般的社会信任、对于社会系统的信任
结果	个人/家庭层面	社会纽带、亲密性、赋权、自我效能感、对政治理解
	社区层面	志愿服务、协同、合作、相互扶助、低犯罪率、多元性、包容

① 将 community 称为社区有以下几个原因。所谓社区，是指一个自然形成的微观地域，尽管不是一个完全封闭的体系，却是一个能够维持合适的边界的内部相互联系的集合。同时，社区也由对于共同体有共同的认识，以及拥有认同感的居民而构成。他们通过彼此之间多样、持续的纽带关系产生一种社区能力。依据此观点，本章中所言及的社区概念除了物理空间上的生活空间之外，还将被称为共同体的认同感纳入其中。这种认同感尽管不是完美的所属感，但这种"社区认同"是衡量社区的一个重要标准（McMillan and Chavis，1986）。

续表

层面		构成
结果	国家层面	政治参与、物质丰裕、社会平等

资料来源：Jung（2011）修正补充。

社会成员为了解决共同的问题可以共同采取行动。J. Rubin 和 S. Rubin 指出，社区发展是指人们在邻里空间内紧密团结在一起，形成社会连接网解决问题，由此培养出一种长期的能力并形成内在的组织（Rubin and Rubin，2007）。换言之，所谓质量高的社会就是，当社会成员思考计划以及决定，并付诸行动自主管理社会空间的时候，就能够遂其所愿，毫无障碍。人们为此进行结社，社区组织化是指在考虑影响居民生活的因素和决定相关事宜的时候，在共同体内部促进民主、激活发展的过程（Gittell and Vidal，1998；Minkler，2005）。普通社区组织化的宏观结果是形成了正式或非正式的团体和群体（Jung and Viswanath，2013）。团体可以具备正式的领导能力，也可以不具备。但随着时间的推移，信任、能力、技术、知识、经验等自然会在团体内部生根发芽、蓄势而发（Smith et al.，2005）。社区发展是社区成员具有更多的责任和能力认识与关心自身生活环境的过程，也是通过社区参与实现草根民主主义的过程。因此，被称为社区的经济、政治、社会环境，既是增进和实现社区成员能力的"空间"，同时也是"机会"（Walter，2005）。

社区的发展过程或能力的增强过程并不是单线的进化过程。该过程需要人们不断努力、反复试错，才能得到有意义的结果。因此，社区发展过程不仅需要行动主体具备能力，还需要人们共同认识到问题，且竭尽所能探究解决之道，需要形成符合社区居民需求的条件，从而提供公共服务的整体层面社区能力。

3. 社区能力[①]

所谓能力，是指使某种事情发生的力量（Jung and Viswanath，2013）。其

---

① 增进社区能力的各种事例体现为以美国为中心全面展开的各种社区实践。其内容包括完善社区经济开发政策、社区主导权政策、企业共同体政策、社区组织化政策等（Gittell and Vidal，1998）。但本节不就具体的政策事例展开分析。

内容包括对社区发展产生影响的物质能力（社会微观结构）、经济能力（基金、融资、扶助金等财政支持）、支持能力（政府政策和制度），以及社区能力（Goodman et al.，1998）。但是前面三种能力都可以被整合在社区中。社区能力是一种通过社区居民得以增强的无形资源。

　　社区能力的特点在于，为了明确和解决社区各类问题，对人力和物质资源进行积极动员（Goodman et al.，1998）。社区能力由多种因素构成（见表6-2）。所有社会成员都具有一定程度的能力。因此，社区内居住的个体的能力是社区能力的潜在形态，其中孕育着人力资本和社会资本等社区的资产。人力资本包括解决问题和促进群体发展的经验和学习、成就、技术等。社会资本则是指人们之间的信任和社会连接网（Putnam，1993）。特别是社会资本激活和促进个人之间的合作与协同以维护社区居民的利益。此处的相互利益是指增进社区成员福祉的预期结果（Putnam，1993）。与增进社区能力紧密相连的是营造健康和谐的城市。健康的共同体是具有自立性、进取性、反应性的充满活力的社区（Barett et al.，2005）。

表6-2　社区能力的构成因素

水平	构成	定义
个体层面	社会支持	可以分享心事、借钱、邀请做家务等
	社会性接触	与家庭成员、朋友、邻里的经常性交流和接触
	社会参与	是否参与兴趣团体，宗教、志愿活动，职场聚会，公民团体，等等
	社会参与	是否舍得实践和金钱从事志愿活动
	制度性信任	对于中央和地方政府的信任，以及对于其他正式制度的信任
	个人信任	对于一般人或社区居民的信任
	社区认同	共同拥有并热爱社区的历史和价值
组织层面	邻里关系程度	社区组织的合作程度
	包摄性	社区组织的整体网络中被孤立的团体比例
	关系性	社区组织网络之间的连接程度
	凝聚性	社区组织网络的集合团结程度
	活动性	居民对于社区项目的参与程度

资料来源：依据정민수·조병희（2012）修正补充。

健康的共同体也由这样一些人构成，他们相信只要提高知识和技术水平采取集体行动就会促进变化。因此，健康的社区是指在人力资本的基础上，人们具有改变的可能性和潜力，将这些能力加以组织化就会成为培育社区能力、积极提高社会质量的重要基础。

社区能力提高背后的哲学被解读为社区成员都具有经营好自己生活的能力。社区能力被视为渐进式的增进过程。因此，社区能力并非一次性的计划或者为了某个目的故意而为之的过程，而是个人、团体在一点一滴中营造出来的社区能力（Minkler et al.，2008）。那么，增进社区能力的方法是什么呢？可以有两种方法：一种是培育被赋权的个人；另一种是激活社区组织。

4. 赋权与草根团体

社区成员会由于多种不同的原因乐于参与社区活动（Smith et al.，2005；Minkler et al.，2008）。参与社区活动尽管是出于个人目的，但也是为了解决社区的问题。因此，社区能力从个体扩大到居民的组织化再进一步涉及社区发展的问题。社区能力的增进也意味着对个体进行赋权。赋权是指个体固有的发掘自身潜能的能力（Israel et al.，1994）。社区的变迁主体由于亲力亲为各类活动，故而有着巨大的潜能。因此，赋权被视为通过推动社区变迁的个体能力发挥以及群体的相互作用，继而形成一种共同具有或发展的力量（Chaskin et al.，2001；Rahim and Asnarulkhadi，2010）。这种力量体现的是，并不是来自外部权力，而是从社区和我们自己所拥有的权力的角度，强调社区成员积极参与与生活相关的各类事务，最终建构成熟的社会，造福百姓，提高社会质量。

当我们积极谈论高社会质量的时候，所需的社区能力包括几个要素。如前所述，个体水平的能力立基于人力资本，社区水平的能力立基于社会资本。人力资本由知识、态度、实践构成。首先，"知识"分为本质性知识和经验性技术。当社区成员通晓这一诀窍时，社区就成为信息活络之地。一旦对问题了然于胸，不仅困难迎刃而解，还会形成积极向上的态度，继而对社区产生期待的"态度"。其次，态度意味着反映社区问题，关注社区，热心参与社区活动，共同享有责任感。如果此类积极态度形成的话，社区居民中将会产生主导问题解决的社区变化主体。最后，实践是指立基于知识和态度并产生实质变化的行为。实践成为解决问题的标志，被视为大规模组织化的基础。通过组织化，个人的能力才能得以体现和提高。

　　然而，单纯靠这些实现社区变化仍然困难重重，过程中会经历种种失败和挫折。原因在于，社区发展受到居民的社会经济变量以及社区条件的限制。若只讨论个人层面的社区能力的话，解决之道在于赋权，无须言及社区能力。因此，从社区层面而非个体层面谈论能力问题更为重要。社区层面的能力（社区能力）由两个基本因素构成：其一是已经身处社区内部产生社区能力；其二是个体积累并产生社区能力。前者是在狭义的社区能力上关注社区草根组织的网络和社区固有的资源。社区的非营利性、民间性的草根组织被视为个体层面的社区能力形成的重要基础，成为社区变化的主体或产生意见领袖的摇篮（Jung and Viswanath，2013）。也有事实表明，不是仅靠个人的优秀能力就能带来社区的变化。个体要通过社区草根组织和多种相互作用形成引起社区变化的契机。不仅是社区草根组织，挖掘社区自身蕴藏的资源也有助于促进社区变化。M. Minkler 强调即使是贫困的地区，其自身也存在固有的资源（Minkler，2005）。G. Laverack 和 N. Wallerstein 主张通过草根组织来挖掘社区固有的资源显得非常有必要（Laverack and Wallerstein，2001）。在此背景下，西方涌现出众多的相关研究成果。韩国也开始有很多研究对草根组织之间的网络进行分析（见图 6-1）。

　　社区能力的组织化过程是一个通过社区草根组织，赋权化个体活用社区资源、建构社区能力的过程。随之而来的是多样的活动和实践，体现为批判性认识、资源建构、合作关系和领导能力的形成、问题解决、能力增进等。社区层面的能力也受到人口群体的特征、人口的流动性、相关政策和制度等结构性生态条件的影响。但是，在上升和衰落的过程中，社区能力始终具有通过相互作用提高社会质量、促进社区发展的属性，这是一个自生自发的过程。此处言及的"相互"是指个体层面和社区层面的能力互相影响，同时是一个渐进的过程（Minkler，2005）。重要的是，会以此相互影响的过程为契机增进社区能力，营造一个不温不火、促进社区发展的适当的环境氛围。

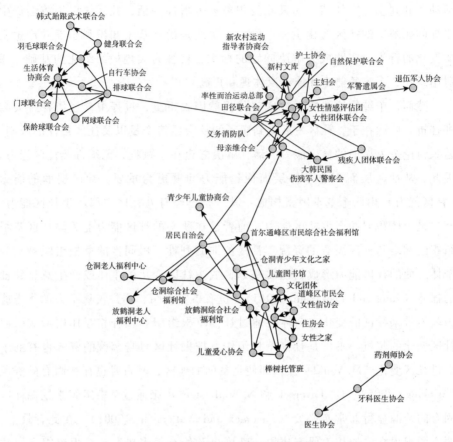

图 6 – 1　草根组织之间的网络示例

资料来源：정민수·조병희，2012。

5. 增进社区能力的策略

增进社区能力的策略需要在个体和社区层面同时实施。下面我们将介绍几种策略。

1) 领导能力开发策略

领导能力开发策略是指以社区变化主体为中心，对其使命感、视野、资

源活用能力、关系结交技巧等进行开发（Goodman et al., 1998；Chaskin et al., 2001）。这些主体是给一成不变的安静的社区带来新变化的群体，他们自发开展小型聚会，逐渐形成领导能力。例如，这些主体是发掘问题并公之于众的草根组织或人们的集会（정민수·조병희·이선천，2007；정민수·길진표·조병희，2009；Provan et al., 2003）。领导能力具有求变的视野，为的是构建社区能力，使居民形成积极向上的态度传播新理念。尽管这样的领导能力是在组织层面以个体为切入点形成的，但组织的领导能力也扩散到整个社区（Barett et al., 2005）。此时，这些组织已然成为主导社区变化的主体。

2）终身学习策略

通过扩大传统教育的外延促进共同体变化的做法已成为开发农村的主要方法。如今，该方法被广泛运用于预防医学、环境保护、家庭计划、消费者教育等领域（Rahim and Asnarulkhadi, 2010）。一般而言，拓展学习（expanded learning）的策略，即终身学习是对于满足社会经济环境下学习参与者的需求和解决其面临问题的知识、技术习得有促进作用的教育过程及灵活运用的过程。其引入的是一种积极提供相关咨询又不拘泥于形式的教育系统。这种学习方式的目的是解决个人问题，引导个人参与各类社区项目的企划、实施和评估过程，最终引发自发的行动变化。特别是在提供咨询过程中的拓展学习，其强调一种自我主导的学习，即挖掘参与者所渴望习得的新知识、技术和解决方法，通过相互协作，从参与者自身的视角来解决问题。该过程也是培养赋权个体的过程。从这种意义上说，此过程是前述观点的拓展内容，也与"自我效能感"这一宽泛的概念存在紧密联系（Boone, 1989：2）。因此，终身学习并非简单地解决问题，而是在寻找依靠自身的解决之道，即终身学习强调要对自身的处境有清晰的认识，发掘应对处境变化的个人能力，彰显自身的潜能和优势。重要的是，须在被赋权的个体的相互作用中传播和扩散终身学习的理念，强调在群体组织的层面对个体进行赋权。

20 世纪 70 年代世界卫生组织实行的初级卫生医疗项目就将这一理念贯彻其中。该项目将社区居民培养成非职业卫生健康工作志愿者（lay health worker）（일반보건의료활동가）以加强初级卫生保健，但最终未能实现全体社区

居民的参与，以失败而告终。但是，这些志愿者正是在如今我们广为倡导的学习模式的框架下向参与者传播新知识、新技术，赋予这一学习动机的不是外人，正是社区内各领域的专家能人。在这种学习参与者的社会脉络中易于相互沟通和学习，他们相互传播各自所需的知识和技术。在此重要的是，社区居民积累不同的知识和技术，再与专家能人分享新的发现和结果。通过举行小型讨论会或者工作坊实现双方的沟通交流，在此过程中知识和技术日益得到发展，这正是终身学习模式的优点所在。终身学习促进人力资本形成的同时也加强了社区内部的相互关系，增强了人们的社区认同感，形成居民意识，成为高度企划型策略。通过终身学习，个人与社区紧密联系在一起，影响个人生活机会的各类条件都能够在社区层面一一得到满足。

3）优势和资源为主的策略

不同于社区能力的提高要依靠矛盾冲突关系，优势和资源为主的策略（strength and asset-based）是在强调合议和协同的框架下出现的新策略（Minkler，2005：32）。以贫困社区为例，该社区一般向中央政府或者其他机构申请所需的资源，若得不到资源的话，就抗议示威。这种阿林斯基社区组织模式（Alinsky model）①与市民社会的成长和制度紧密相关，随着政治上的成熟而逐渐衰退，是一种基于优势的策略。该模式立基于社区解决自身问题不是依靠外部，而是从挖掘自身内部优势开始，发展为一种挖掘社区内部资源的方法（Kretzman and McKnight，1990），如绘制资源地图就是一种挖掘内部资源的方法（Kretmann and McKnight，1993）。

绘制资源地图旨在促进社区发展和建设健康和谐的社区，是一个发掘社区可用和有用资源的过程。社区居民通过自身参与确定其在社区中的能力，获得主动介入社区发展的机会。绘制社区资源地图，首先要收集关于社区资源和资源能力的信息，然后汇总信息，制作资源的详细目录，按章使用。J. L. McKnight 和 J. P. Kretzmann 根据资源的获得和运用的程度将资源进行分类

① 阿林斯基（Saul Alinsky）被誉为美国社区组织之父，于20世纪30年代开创了一种以邻里参与为基础的组织模式，鼓励人们积极参与解决自身面对的社区问题处理相关事务。——译者注

（Kretzmann and Mcknight，1993）。第一类资源是存在于社区之内居民可以掌控的个人和组织的能力，包括草根组织、居民的知识和技术水平、社区本地企业等。第二类资源尽管存在于社区内部，却是从外部掌控的资源，包括隶属于中央的民间组织、非营利组织以及以公共制度和物质资产为基础的学校、银行、医院等。潜在的资源存在于外部，由外部进行管理，包括福利预算、公共资产、公共信息等。[①]　因此，绘制社区资源地图，重要的是让居民自身挖掘社区的优势，增加提高社会治理水平的可能性。图6-2为社区资源地图的示例。

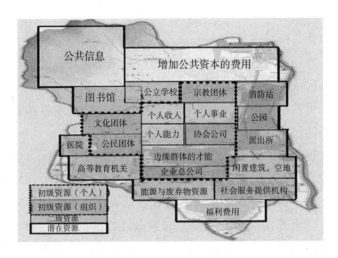

图6-2　社区资源地图的示例

说明：初级资源是指位于社区内、居民按照法律程序管理运行的资源。二级资源是指尽管位于本社区，但不是通过居民作为主体来管理的资源。潜在资源是指虽然是位于地区外部、第三方管理的资源，但是可以激活这些资源促进社区发展。

强调"需求"的现有社区事业关注的是犯罪，暴力、疾病等社区居民需求未得到满足的诸多问题，试图从外部链接资源加以解决。但是重视"能力"的社区发展视角对之前关注不够的人力、物质、组织资源和能力进行动员，试图通过将资源组织化之后在社区内部解决问题。现有的社区问题解决模式

[①]　还有另外一种分类。美国加利福尼亚康特拉科斯塔（Contra Costa）地区推动的社区能力强化事业（2006），将社区资源分为个人的知识和技能等个人资产、文化价值、相互扶助规范等文化资源；自发性组织、地区企业等群体性资源；地区的政治、经济、教育、宗教活动及其运营等制度资源；公园、乡村会馆等物质性资源；以及政府的医疗服务等服务资源；等等。

过于依赖外部，其最大的缺点在于外部资源运用存在削足适履、本土化不足的问题。而社区优势和资源为主的发展模式在本质上可被视为一种全新的范式。该范式与以社区为基础参与研究（community-based participatory research）相结合，此范式可被称为参与行动研究（Participatory Action Research，PAR），在西方国家成为增进社区能力的主导模式（Minkler and Wallerstein，2003；Israel et al.，2005；정민수，2008）。

4） 社区组织化与资源链接的策略

社区组织化（community organizing）是指将具有领导能力的行动者与社区本土组织结合在一起的过程（Walter，2005）。由于只靠人力资源并不能培养社区能力，社区成员通过参与社区组织开展富有成效、有意义的活动，同时增强了个人和组织的能力。因此，社区组织化能力的发展意味着社区主体的参与以及关系的相互联结（Rubin and Rubin，2007）。

主导社区组织化的本土组织有两种类型。一类是在社区内发挥中枢功能的多功能组织。这类组织认识到社区组织化对于居民的能力和福祉提高所起的重要作用。另一类是具有潜在能力的社区企业，致力于增加社区经济资本的企业了解社区内部的优势和缺点，起到激活社区的购买力和就业的作用。不仅如此，社区企业还能够起到为社区发展和加强社会治理提供所需服务的重要作用。

社区组织化如果能活用社区内各类人力和物质资源且将两者相结合的话，资源链接就是指立足于社区，将资源和社区进行有机链接。如果要完成对社区资源的调查和动员的话，就得通过广泛收集意见将社区的不同决策者汇聚在一起。参加者会促进社区发展，起到动员所需的额外资源的作用。我们周边存在诸多社区本土组织。这些组织都是促进社区组织化、汇聚资源、集聚能力的重要利害关系者。

最近也有学者开始对社区能力的组织化效果开展经验研究。郑民秀和 K. Viswanath 以韩国首尔市的 404 个社区为对象，将居民的社区参与水平，以及社区草根组织的数量和参与志愿活动的程度作为变量，对社区能力的组织化程度进行测量（Jung and Viswanath，2013）。大部分分析结果表明，在对社会人口学变量进行控制的情况下，组织化能力较强的社区与不强的社区相比，前者的居民健康水平为 8%，高于后者。因此，社区能力的组织化和增进策略也能促进贫困或经济资源不足的社区发展。

5）　组织的合作关系形成策略

旨在提高社区能力的组织合作关系（organizational partnership）是指两个以上的组织为了达到共同目的而建立合作关系，这种关系是一种目标或作用明确的关系（Mattesich et al.，2005）。根据不同的特点和意义可将此类合作关系分为网络（network）、协作（cooperation）、协调（coordination）、合作（collabortion）等（Butterfoss，2007）。"网络"是指独立的两个组织为了共同目标互相之间交换信息；"协作"是指为了一个尽管不是正式的共同目标也要建立相互扶助的关系；"协调"是协作关系更进一步发展为正式的合作关系；"合作"是指以一种正式和高度紧密的纽带关系来促进共同事业的发展。关系更为紧密的话，还会出现新设一个上级组织进行协调的情况。与这些关系的发展过程相关的文本为普通谅解备忘录、协议书、共同预算等（Winer and Ray，1994）。通过一系列关系的结成，合作关系得以发展成熟。换言之，在能力形成的过程中，临时和非正式的关系逐渐固定化，得以维持和发展，最终形成制度化的关系。积极的相互参与会促进社区逐渐形成统一的认同感，合作关系的发展过程也成为一种维持认同感的稳定的微观结构。

6）　规划与评估策略

促进社区发展的规划与评估是对提高社会质量的诸多方法进行管理的策略。特别是对于活动的评估尤为重要，社区团体监督制度是对草根组织或市民组织的合作关系进行记录管理，[①] 即各类社区团体对彼此的合作关系和相互作用的模式及其社会影响进行梳理和总结。针对组织之间的合作活动及其效果进行的信息收集工作，通过从质和量两个方面收集的记录来对活动效果进行评估，每年发布一次评估报告。评估工作与各类团体的利害关系者直接相

---

① 监督制度尽管有记录管理之意，但广义上还有规划和评估的意思，故而被称为规划与评估策略。

关。以社区健康增进组织为例，不仅要评估向其提供资金的组织或者派遣人员的团体等，还要间接对提供信息进行支持的团体、健康增进过程中结成合作关系的相关机构，以及参与项目的社区居民等进行评估。原因在于监督具有对评估团体产生影响的潜在能力。J. Pearce 将这种监督分为八个阶段（Pearce et al.，1996）。第一阶段，明晰对组织进行监督的必要理由；第二阶段，明确组织的目标以及达成目标的方法；第三阶段，明确利害关系者；第四阶段，对达成目标及相关行为进行测量的指标；第五阶段，记录信息，建立监督系统；第六阶段，年底通过监督系统对所收集的信息和记录进行分析与解释；第七阶段，对结果进行综合评估，对组织的活动结果从社区能力的角度进行内部评估；第八阶段，最后发布评估报告，将该评估结论与社区居民进行交流，评估合作关系的优缺点，最后探索社区发展的方案。

社区组织的监督制度尽管看似刻板简单，却不失为一种能增进社区能力、凝聚社区组织向心力的实践策略。在这一过程中，包括利害关系者在内的全体社区成员能够参与其中，大家能畅所欲言，·表达自己的想法，最终共同拥有关于社区发展的主人翁意识和责任感（Chaskin et al.，2001；Crisp et al.，2000）。各个团体都有各自的组织目标。以社区非营利医院为例，其目标在于使患者恢复健康，故而为达到该目标要应对各类状况。在此过程中，知识、能力、态度等得以传播，组织目标得以进一步发展。前面提及的学习策略也是同时在组织内部的个体层面实施。过程中负责传播的专家作为变化主体，对参与者进行保护。这并不是困难和复杂的事，大家为了促进共同体发展的目标互相协作。有时也会出现在决定优先顺序时利害关系者意见不一致发生冲突的情况。但这并不是外部所能控制之事，须从内部依靠社区自身力量来处理。原因在于这也是社区能力得以发展的一个重要阶段。

最后，尽管社区组织获得了可以有效实现合作关系的评价，但从宽泛的角度来看，对于社区组织的监督是一个立基于社区本土事务且需要全民参与的过程。因为只有当全体居民知晓和理解社区事务的时候，才会关注和投入感情。此时，社区能力对社区居民来说就已经被赋予意义。我们不用去期待专家来指导社区如何发展，社区居民自身通过自发动员带来社区新变化的事例屡见不鲜。居民"重过程、轻结果"的动机促使其公而忘私，不考虑自身的利益得失投入社区发展中来。

6. 社区能力增进的意涵

社区能力形成理论假设居民可以发现自己社区的问题，并具有应对解决问题的能力，即不是用自上而下而是用自下而上的逻辑解决问题，目标在于在经济社会环境层面通过社区的长期整合过程提高社会质量。尽管仍有研究质疑实际上社区能力能否增进社会质量，但是社区能力话题首先源于居民的健康增进问题（Jung and Rhee，2013）。因此从多方面来考察社区发展效果的时候，人们希望持续出现有分析社区能力效果的实证性报告。那么，究竟社区能力增进的意涵是什么呢？

从个体层面来看，能力形成是一种形成对社区自身的批判性认识的过程。P. Freire 认为现有的教育只是一般性教育，是权威主义知识传授的手段，因此在促使受教育者全身心解放的方面显得苍白无力（Freire，1970）。他主张教育者和受教育者之间是相互平等的关系，在互相尊重的前提下以交换对话的方式提出自身的问题。因为在提出和认识问题的过程中就可以探索出解决对策。通过对话认识问题可以在过程中反思自我存在的意义，对问题进行认知，从而使问题迎刃而解。前面提及的拓展学习策略就是立基于这种理论，以此来增进自我效能感。在一个社区居住的成熟个体也会发愁如何增进自我效能感。

何谓安居乐业的社会，我们试图追求什么样的生活空间？如果谁有此追问的话，马上会有人问你：为什么会有这样的苦闷？为什么想不通？迄今为止，我们也不会认真思考这样的追问是我们的义务和责任。这样会将个人和社区割裂开，对于社区能力的追问也自然不会有。但是如今的社会是一个只对怎样才能增长，而不是还能增长到什么程度进行追问的社会。这个问题必然会引起另一个问题：增长之后我们将走向何方？

关于此问题的回答，仁者见仁，智者见智。人们也没有讨论这个问题，更没有为此采取任何实践行动。所以这正是社会质量的本质所在，即解决人们对"幸福在何方"的困惑。社区能力就是解开这一疑惑并付诸实践的过程。简而言之，如果要有勇气地谈论和用成熟的眼光来解决这些问题的话，建立和夯实讨论这些问题的基础，才是当今社区能力增进的意涵所在。本章所分析的 6 种策略就是夯实这一基础的方法和工具（见图 6-3）。

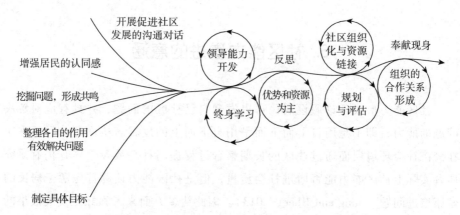

图 6 - 3　六种增进社区能力策略的协调作用

7. 社区能力增进的适用性

对社区能力增进的可能性和必要性的讨论在韩国也扩展到了保健学和社会福利学学科（정민수·조병희，2007；정민수，2008；유승현，2009），但还未付诸具体实践，对社区能力增进的效果也没有进行评估和反思。能力增进事业就是要制定循环的程序，夯实社区支持的基础，开展促进社区能力持续发挥作用的各类活动。通过这些活动，社区内部的组织须支持团体的产生和发展，增强社区的凝聚力。关于韩国的社区能力增进，有以下几点对策建议。其一，构建社区协作体，形成协同效应。韩国的市民社会支持形式丰富多样，草根组织或自发团体也种类繁多（정민수，2008），这些都是促进社区分工合作的重要资源。个人通过参与多种社区组织增进其领导能力，也获得相互学习的机会（Israel et al.，2006）。不仅如此，社区内部会通过协作体与外部的权力资源联系在一起。社区内部的联结通过社区能力得以强化，外部的联结或与中央政府的联系也紧密起来（Woolcock，1998）。美国的全美黑人女性健康计划（Nationl Black Women's Health Project）就是一个典型的例子。该计划立足于社区优势，通过与社区外部进行联结来实现社区能力的组织化（Smith et al.，2005）。以增进社区健康为例，韩国的卫生保健事业是由卫生保健机构主导、为社区提供缺乏的公共卫生保健资源，但也积累了不少教训。实质上，在地方自治体和分权的民主主义仍未能充分运转的韩国，有效的增

进社区能力的方式是汇集并激活社区内部的伙伴关系，通过与社区的横向联系，超越中央政府中心的结构。

其二，发掘和培养韩国固有的地域共同体。2000 年前后，城市共同体恢复和能力增进在韩国成为热议的话题，开始了靠自身力量促进能力增进的事业。典型的例子为，蔚山市朱田洞的渔村（최종렬·황보명화·정병은，2006）将经济发展的效率和共同体规范进行有机调和；京畿道城南市通过市民参与各类组织促进社会团结（이수철，2010），类似于日本的乡村营造运动（이명수，2008：141 - 145）。此外还有小型社区内部形成的小规模居民自治的事例。结社与组织对于促进社区营造和恢复事业发展具有重要意义，这一点已成为常识（Israel et al.，1994；Provan et al.，2003）。特别是居民的参与能够增强社会网络、凝聚力和纽带感，积累解决问题的能力以及居民主导社区变化的经验。因此，通过社区资源的组织化，居民主导的社区发展和社会质量增进方案不失为一个万全之策。

8. 结论

社区能力并不是共同的进化问题，而是为了有效实现社区发展的目标进行的有计划的活动和实践。增进社区能力意味着个人和组织，换言之，社区内的所有成员的生活得到改善、社会质量得以提高。这是在利他性的协作和参与的基础上增进社区能力，包括知识和技术，可以比喻成在多种无机物交换中分泌的黏液，是经过相互作用的产物。这样才能将社区建构成紧密团结的共同体，共同拥有责任感和主人翁意识。所谓社区整体感是指在个人层面对于解决不了的诸多问题，社区基本上有唯一的方法加以解决。居民可以从外部引进资源，社区营造也无须社区整体感来支持。这种形式类似于一种机械团结，即表达群体的理解，贯彻这一理解的集体行动。然而，本章提及的是有机团结。有机团结是指在社区利益受损的地区，居民反而可以有更强的归属感和更高水平的集体协作（Chaskin et al.，2001）。[①] 人们为了解决问题、

---

① 例如，在犯罪率较高和治安较差的社区，居民为了自身的安全会自发建立自律防范队维持社区治安。

改变生活可以大公无私地投入利他社区活动中，以此拥有一种责任感，共同解决问题。我们有时看到的这种特别的现象正是社区能力的最好体现。

虽然现有的研究结果表明增进社区能力能得到积极的结果，但是也必须考虑几个问题。首先，社会整合同时也意味着增加了产生社会冲突和矛盾的机会（Fagg et al.，2008）。频繁接触则有可能使暴力犯罪和传染病增加（Cohen et al.，1997；Fleishman et al.，2000）。不仅如此，如果一个社区内部存在多种组织，当社会关系恶化时，社区成员的身体健康状况也会恶化（Burg and Seeman，1994；Antonucci et al.，1998）。因此，我们需要在具体的社区条件和脉络中对社区能力进行理解，制定具体的目标和策略。

提高社会质量的事业因其目标庞杂而体现出抽象的特点，故而社区居民要开展的是具体而组织化的行动实践。社区的制度能力未受到中央政府权力的影响，但对于社区居民而言也能培养出公民能力，这对制度能力健全性和社区整体性将产生重要的影响。因此，旨在增进社会质量的实践主体是社区共同体，其能力在何种程度实现组织化结成连接关系并得以强化，成为提高社会质量的重要因素。这一过程充满各种障碍和困境，存在利害关系人之间的各类矛盾冲突。因此，应该具有对于社区发展的反思和问题意识，要求社区居民对社区固有的问题进行审视性认识。同时，为了解决实际的问题，需要保持长远的眼光，制定具体目标，这样才能重建社区的纽带感和凝聚力。不仅如此，对于通过组织化来解决实际问题的做法，维持和促进各类民间团体和自治团体之间的协作关系，也是必要的手段。

第七章　健康与医疗

赵炳熙

（首尔大学保健大学院教授）

1. 社会质量与医疗卫生

　　医疗卫生制度是为有体系地解决国民健康问题建立的社会性制度。医疗卫生制度的内容包括：培养医护人力资源；创建医院和卫生所等医疗设施；生产和提供药品或医疗设备；对健康保险或卫生税等进行筹措和调配；管理医疗卫生系统；等等。医疗卫生制度是一个满足仅次于衣食住方面的非常重要的健康需求、提供医疗服务和管理的制度。从社会质量的角度来看（见图7-1），医疗卫生制度可以被置于"社会经济保障"的范畴来思考。但是从更深层次的意义来看，医疗卫生也与社会质量存在紧密的联系。首先，医疗因存在健康不平等问题涉及"社会包容"层面的问题。作为社会保险的一种，医疗保险制度得以产生和运作，使得国民的医疗利用变得日常化，健康状况不好的中低阶层应该获得更多的医疗服务。但是在不同阶层内存在获得健康资源机会的差异，因此不同阶层间的健康不平等问题持续存在。

　　从医疗是由医疗提供者和患者之间的信任关系构成这一点来看，也应和"社会包容"结合起来思考医疗问题。如果医患之间形成相互信任的关系的话，则会降低交易成本。万一两者之间的不信任程度加深，医生为了免责，则会采用一些意料之外的不必要的事前检查作为防御手段，结果导致医疗费增加，弱化了社会经济保障。

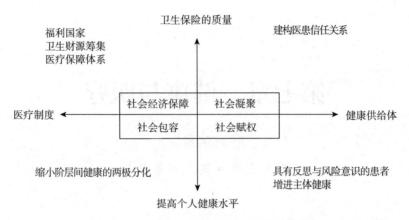

图 7 - 1　适用医疗方面的社会质量四象限

因此，现代医疗不是单纯治疗疾病，其新的目标在于健康风险的事前预防和增进健康并行不悖。疾病预防或健康增进中的重要因素是当事者的反思和实践，以及参与增进健康的活动。我们经常生活于健康风险最小化的"对安全无察觉"之中，或者生活在极端担心健康的"健康忧虑症"之中。对我们来说，我们需要在日常生活中思考健康风险，发挥主体性积极应对这些风险并付诸促进健康的行动。特别是健康实践不是只靠一个人而是靠集体的参与才能更加有效。因此，追求现代医疗的健康增进可被称为社会能力的实现过程。

2. 健康水平

社会质量最终的结果就是提高生活质量。医疗卫生要想在社会质量的四个层面获得实质性发展的话，首先要实现健康水平的提高。本节首先考察韩国国民的健康状况。

韩国在经济发展之前的 20 世纪 60 年代，国民平均寿命为 52.4 岁。当时德国、法国、英国、美国等国的平均寿命约为 70 岁。2013 年韩国的平均寿命提高到 81.8 岁，高于经合组织国家的平均寿命 80.5 岁。这个统计数字显示出韩国在过去的 50 年间是健康受益最大的国家，原因在于经济发展和生活质量的提高。婴儿死亡率大大降低，青少年时期无事故死亡，中老年期的健康水平也得以提高，寿命自然得以延长。

但是，新的健康风险出现。例如，2013 年韩国每 10 万人的自杀率为 29.1 人，位居世界第一。其他经合组织国家呈现自杀率持续下降的趋势，韩国却有持续上升之势。自杀和癌症、心脑血管疾病、心脏疾病成为四大死亡原因，成为严重的医疗卫生问题。

尽管自杀在社会上尚未引起大家的关注，但对于健康的不安情绪问题，可被视为相当严重的问题。平均寿命体现的是客观的健康状况，与主观认知的健康存在差异。经合组织的统计数字显示，2013 年主观健康的个人比例新西兰最高，为 89.7%，经合组织国家的平均水平为 66.3%。葡萄牙、日本、韩国为经合组织国家中主观健康水平最低的国家，分别为 41.4%、33.8% 和 31.5%。从平均寿命高于经合组织国家平均水平这一点看，韩国客观的健康状况和主观健康认知之间仍存在较大的差异。张智延等的老龄化研究小组对德国、瑞典、意大利的数据进行比较分析后发现，尽管在慢性病患病率或身体活动能力等方面测量出来的客观健康状况方面韩国的中老龄者与欧洲老人没有差别，但是在主观健康认知上表现出非常消极的态度（장지연·부가청，2007）。这意味着韩国人有着强烈的健康不安感。尽管系统化的原因尚未明晰，但还是与社会质量存在一定的关联。例如，如果健康保险制度不完善、治疗负担巨大的话，人们就会对自身健康产生不安感受。即使小的健康问题也会放大这种不安感受。韩国的健康不安感较高的现象反过来也体现出社会经济保障脆弱的现实。客观的健康和主观的健康之间的巨大差异类似于 GDP 尽管提高但生活依然感到艰辛无望的现象。数量上的经济增长未能从实质上确保人们拥有满足感，这正是韩国社会的自画像。

3. 医疗与社会经济保障

医疗保障政策的目的在于给所有国民提供治疗疾病的机会，消除医疗资源利用过程中出现的障碍。这些政策是福利国家的核心课题，同时也是提高社会质量的社会经济保障的当务之急。医疗保障可分为几种方式。英国将税务作为医疗卫生事业的财源，由公立医院提供医疗服务，被称为“国家医疗卫生制度";德国和法国将社会保险作为医疗卫生事业的财源,由公立或民营医院提供医疗服务,被称为"社会保险制度"。韩国采取的是社会保险制度。

作为社会保险的医疗保险制度于 19 世纪末首先出现于德国,此后在 20 世纪初拓展到欧洲所有国家。韩国在 1977 年实施了以 500 人以上公司职员为对象的健康保险制度(当时为医疗保险制度),以后范围扩展到健康保险的所有适用人口,1990 年推广到全体国民,即韩国的医疗保险出现的时间远远晚于西方国家。西方医疗保险的目的主要是解决工人的健康问题,而韩国的保障对象除了工人,还包括家庭、城市个体户和农民等,而且医疗保险制度仅仅在 12 年内就快速草创起来。

医疗保险制度的引入需要有相应的条件。在韩国,国家将精力集中于经济增长,采取的是投资最小化的"剩余性福利"政策。但是在 20 世纪 80~90 年代,国民呼吁民主主义的呼声高涨,加之威权主义政权面对各类政治危机,在此背景下国家初步扩大了医疗保险制度的范围,引入年金制度等福利政策。在经济高速增长带来的高额财源、社会民主化、旨在克服政治危机的福利承诺、社会整合的必要性增大等的相互作用下,最终促成了"全体国民的医疗保险时代"。

医疗保险制度的确立带来的最大的变化在于医疗资源利用的日常化。即使到了 20 世纪 80 年代初,韩国农村中的一半还是无医村,医疗费用负担沉重的农民的医疗资源利用率非常低下。医疗保险可以减少由经济原因导致的医疗资源利用障碍,使国民可以很容易找到医院表达其医疗需求。医疗保险保障范围扩大到全体国民的 1990 年,包括入院和门诊在内的医疗机构访问次数为 8.23 次/(人·年),此后医疗机构访问次数持续增加,2000 年达到 13.59 次/(人·年),2013 年增加到 19.4 次/(人·年)。医疗资源利用率急速增加,再加上与其他国家相比,导致人们对过度利用医疗资源的担忧。根据经合组织的医疗卫生统计资料,如果将除去牙科诊疗和入院治疗之外的门诊次数进行比较的话,荷兰为 6.2 次/(人·年),法国 6.4 次/(人·年),英国 5 次/(人·年),经合组织国家平均为 6~8 次/(人·年),韩国则为 14.6 次/(人·年)。韩国与日本是一样的水平,成为经合组织国家中医疗资源利用程度最高的国家,至少从形式上可以看出韩国充分给予全体国民治疗疾病的机会。

然而,关于所提供的医疗服务的满意度却不是高水平的。韩国统计厅的社会调查资料显示，1999 年调查的综合医院的满意度（"非常满意"和"有点满意"）为 24.5%，一般医院的满意度为 25.4%。2010 年调查显示，综合医院的满意度为 52.7%，一般医院的满意度上升到 47.5%。可以看出，医疗机构的满意度在过去 10 年间迅速提高。尽管最近医院之间的竞争激烈，对病人的服务得以改善，但是从"一般"的医疗使用者满意度来看，仍需要完善医疗机构的医疗服务。不满意的原因为昂贵的治疗费，候诊时间过长、对治疗效果不满意、医护人员态度冷漠等。

　　医疗制度之间的冲突和界限隐含于关于医疗制度的不满回答之中。首先，关于医疗费用的不满源于健康保险基本结构的矛盾。保险在理论上源于灾害应对之策。个人经常不能一次性负担高额的治疗费用，所以社会保险作为应对之策应运而生。保险投保人尽管有义务支付保险费，但对于治疗费用，原则上可以支付名义上的费用，剩下的部分由保险公司支付。但是，2014 年韩国国民的本人承担比例为 37.7%，与 1990 年的 57.0% 相比急速下降（见表 7 - 1），与德国（13.5%）、法国（6.7%）等发达国家的本人承担比例相比，韩国处于高承保水平。

表 7 - 1　国民医疗费支出的资金来源比例（1986 ~ 2014 年）

单位：%

年份	公共承担	本人承担
1986	30.2	64.9
1990	38.4	57.0
1994	35.0	53.4
1998	49.0	41.4
2002	53.7	37.4
2006	55.3	35.7
2010	58.3	32.2
2014	55.9	37.7

资料来源：OECD，2015。

　　高承保的根本原因在于投保人或雇佣者支付的保险费用水平低下。保费收入低下，医疗服务的保险价格也较低。鉴于此，医疗资源供给者只能提供与保险金不对等的"非赔付"的服务：主要是对于用最新技术制造的高级检查设备的利用，患者事实上很难拒绝使用这些高端设备，只能全额负担这些费用。主要治疗感冒等轻微病症的社区医院尽管可以提供廉价服务，但不能提供高端技术服务，对于可以治疗重病患者的综合医院，患者本人承担医疗费用的比例自然较高。因此，人们常常对于由于做大型手术和长期住院治疗而破产的现象表示极大的担忧，即现在的健康保险并不能确保社会经济保障。

对于候诊时间过长、对治疗效果不满意以及医护人员态度冷漠等的不满源于医疗供给结构的矛盾。最重要的因素是医护人员等医疗人力资源不足以及医疗体系内部资源的互动分配不合理。如表7-2所示，韩国人口中每千人的医生数量只约为主要发达国家医生数量的2/3，即医护人员数量远远不足。尽管每千人的医生数量低下，但问诊次数较多。结果导致医生每天治疗更多的患者，使得治疗的实质效果有所下降，经常表现为"3小时候诊，3分钟诊断"。医生的工作强度加大，患者与医生不能进行顺利正常的对话。护士的状况更为严重。与人口数相比，韩国的护士数量只有发达国家的一半左右。护士服务水平较低使得患者本人或家庭自身来承担护理工作，或者患者必须承担寻找护理员的负担。与医疗人力资源不同，韩国的病床数量和设备已经赶上先进国家水平。发达国家近20年持续减少病床数量，韩国却在持续增加。前者减少病床数量的原因在于医疗技术的发展使病人不用长期住院，而且实行医疗费削减政策。但韩国的医疗机构大部分为民营性质，彼此之间为了留住病患展开激烈的竞争，政府实行的医疗产业化政策等也促使病床的绝对数量持续上升。与此同时，各家医疗机构争先引进核磁共振等高端医疗设备，韩国的医疗设备保有水平已经与日本、美国一样，达到世界最高水平。

表7-2　主要国家的医疗人力资源、病床、医疗设备的分布（2013年）

	每千人的医生数量（人）	每千人的护士数量（人）	每千人的应急病床数量（张）	每100万人的核磁共振数量（台）	每100万人的CT扫描数量（台）
韩国	2.2	5.2	11.0	24.5	37.7
日本	2.3	10.5	13.3	46.9	101.3
英国	2.8	8.2	2.8	6.1	7.9
美国	2.6	11.1	2.9	35.5	43.5
法国	3.3	9.4	6.3	9.4	14.5

续表

	每千人的 医生数量 （人）	每千人的 护士数量 （人）	每千人的应 急病床数量 （张）	每100万人的 核磁共振数量 （台）	每100万人的 CT扫描数量 （台）
德国	4.1	13.9	8.3	11.6	18.7
经合组织	3.3	9.1	4.8	14.3	24.6

资料来源：OECD，2015。

病床数量和设备的扩充，增加了国民获得医疗服务的机会，提高了医疗服务质量，但同时也引发了过度的医疗需求，导致医疗服务高档化的异化发展。在保险金入不敷出的情况下，产生了过度的医疗需求。医疗服务高档化趋势一旦形成，其负担只能转移到患者个人身上，没有承担能力的患者获得的医疗服务水平相对下降。健康保险的投保人也会因生了一场大病不可能不为医疗费用感到忧心忡忡。因此，"癌症保险"等商业医疗保险成为中产阶层家庭必买的保险产品。因此引发了阶层之间医疗资源利用的两极分化。

综上所述，现在的医疗制度在形式上快速发展，人们在对医疗机构的初次利用上不会存在太大困难。但是，本质上看，个人的医疗费用负担增加，医疗服务的实际水平却大为降低。因此，国民对于医疗服务的满意度下降，与人们大量产生健康不安感等现象存在一定的关联。

4. 健康不平等与社会排斥[①]

医疗卫生部门追求的福利社会的理想目标为：消除和最小化个人或群体后天产生的健康差别。健康并不能单纯靠长命百岁的许愿就能实现。健康是工作与生活的前提，也是社会参与的基础。如果不健康的话，个人不仅找不到工作，而且会被系统地排斥在劳动力市场之外，社区生活的朋友关系也会中断，处于被社会排斥的状态；相反，对于居住在社会资本丰富的社区的居民而言，其健康状态相对处于较高水平。

---

① 本节在赵炳熙2010年研究（조병희，2010b）的基础上再整理修改而成。

然而，正如社会成员一般会因其社会地位不同而有不同的生活机会一样，健康状态也会出现两极分化。例如，受教育水平越低，收入越低，其患癌症的概率较大，死亡率也偏高。社会地位低，不健康的可能性也会随之增加。这种现象绝非偶然，而是结构性问题，被称为健康不平等现象。

1) 死亡的不平等

死亡因被视为"完全"不健康的状态，成为健康不平等的决定性因素。死亡的社会性结构可从韩国统计厅每年发布的《死亡原因统计》中窥见一斑，该统计以年龄和性别为基准对死亡原因进行分析。从男女之间的死亡结构来看，全部年龄层中男性的死亡率较高。特别是可以看出一个趋势，即从事经济活动以后，死亡率的差别变大，退休后死亡率差别缩小。因为性别比是以女性为基准进行统计的，死亡性别比较高，意味着男性的额外死亡率较高。男女死亡分化最严重的时期为 2000 年集中于 40~49 岁的群体，2013 年变为50~59 岁群体，50~59 岁群体的死亡性别比为 2.87。60 岁及以上年龄的分化较为缓和（见表 7-3）。

表 7-3　不同年龄死亡者的性别比

年份	0 岁	1~9 岁	10~19 岁	20~29 岁	30~39 岁	40~49 岁	50~59 岁	60~69 岁	70~79 岁	80 岁及以上
2000	1.14	1.46	2.01	2.36	2.44	3.07	2.81	1.92	1.02	0.49
2013	1.15	1.45	2.09	1.98	1.86	2.44	2.87	2.44	1.50	0.57

资料来源：조병희，2011。

男女之间的死亡两极分化加剧的时期与从事经济活动的时期基本一致。其隐含的意义在于，经济活动中过度激烈的竞争会导致高血压和慢性抑郁或者工作现场的物理性风险等健康风险。其中，尽管男性为参与劳动力市场的主体，男性的健康风险相对较大，但是女性进入劳动力市场之后在健康上与男性的差异逐渐缩小。

尽管统计厅的死亡统计是最基本的统计数据，但只能确认性别和年龄导致的死亡率的差别。因此，为了掌握死亡不平等的具体表现形式，需要

与确定个人社会地位的资料相结合进行分析。将 1998～2003 年"国民健康营养调查"资料和死亡统计相结合来进行预测分析的姜永皓、金慧莲的研究显示，用 1.00 表示各个年龄群体中大学及以上学历者死亡率的时候，30 岁以下群体中高中毕业者的死亡率是其 1.30 倍，初中毕业者为 1.42 倍，小学毕业者的死亡率为其 1.71 倍，未上学者的死亡率为其 2.21 倍（강영호·김혜련，2006）。与大学及以上学历者相比，未上学者的死亡率为其 2 倍以上（见表7－4）。不同学历者中死亡率最高的是从事经济活动的 30～64 岁的人口群体。大学及以上学历者的死亡率是未上学者的 4.49 倍，比前述同一时期男女间的死亡率差别更大。与之相反的是，65 岁及以上的不同学历者之间的死亡差别消失殆尽，即经济活动阶段因性别或学历因素导致的健康风险差异巨大，死亡不平等问题极其严重。但退休之后性别和学历对健康的影响逐渐式微。为了用同样的方式依据家庭收入水平来考察死亡不平等，我们将研究对象按照家庭收入五等分，用 1.00 来表示收入处于最高水平的一分位群体的死亡率，30 岁以下群体中二分位和三分位群体的死亡率是其 1.64 倍，四分位群体为其 2.30 倍，拥有最低收入的五分位群体的死亡风险为其 2.29 倍。与最高收入群体相比，最低收入群体的死亡率是其约 2.3 倍。30～64 岁最高收入群体的死亡率是 30～64 岁最低收入群体的 3.23 倍，65 岁及以上群体则下降为 1.98 倍（见表7－5）。与 65 岁（含）以后性别或学历导致的健康风险差异几乎消失相比，收入水平导致的差别存在的可能性更大。在年金制度等社会保障脆弱的情况下，低收入老人的死亡风险较大。

表 7－4　不同年龄、不同学历群体的死亡比（1998 年）

学历	30 岁以下	30～64 岁	65 岁及以上
大学及以上	1.00	1.00	1.00
高中	1.30	1.57	0.91
初中	1.42	1.85	0.89
小学	1.71	2.36	1.03
未上学	2.21	4.49	1.16

资料来源：강영호·김혜련，2006。

表 7 – 5　不同年龄中不同收入水平者的死亡比（1998 年）

收入水平	30 岁以下	30 ~ 64 岁	65 岁及以上
一分位（最上）	1.00	1.00	1.00
二分位	1.64	0.96	2.72
三分位	1.64	1.89	1.33
四分位	2.30	2.31	2.36
五分位（最下）	2.29	3.23	1.98

资料来源：강영호·김혜련，2006。

以同样的方式从不同职业阶层的角度来考察死亡风险差异的话，如果将 30 岁以下群体中上层和中产阶层的死亡风险用 1.00 来表示的话，30 岁以下工人阶层和农渔业阶层的死亡风险为 1.67 和 1.69，从事临时工作的底层为 3.06。30 ~ 64 岁各职业阶层的死亡风险差距更加巨大，与上层和中产阶层相比，底层的死亡风险是其 4.45 倍。65 岁及以上（退休之后），职业地位导致的健康风险差距几乎消失（见表 7 – 6）。

表 7 – 6　不同年龄、不同职业阶层间的死亡比例（1998 年）

职业阶层	30 岁以下	30 ~ 64 岁	65 岁及以上
上层和中产阶层	1.00	1.00	1.00
工人阶层	1.67	2.29	—
农渔业阶层	1.69	2.58	0.57
底层	3.06	4.45	1.06
其他	2.76	3.19	1.10

资料来源：강영호·김혜련，2006。

2）　罹患疾病的不平等

如今表征健康状况的代表性指标为"主观健康认知"。从不同受教育水平导致的主观健康认知的差异来看，随着受教育水平的提高，健康状况良好的人数急剧增加。2008 年小学及以下受教育水平群体中健康状况良好者的比例为 31.3%，初中毕业生中的这一比例为 35.8%，高中毕业生中的这一比例为

44.8%，大学及以上学历群体中的这一比例提高到49.3%。收入水平导致的健康认识差异也体现出类似的状况。2008年最低收入阶层（下层）中健康状态良好者的比例为34.1%，中下层为41.9%，中上层为45.4%，上层为48.7%，学历越高，健康状况良好者的比例越高（见表7-7）。

表7-7　不同社会经济地位者的主观健康认知（2008年）

单位：%

区分		健康认知率
性别	男性	46.9
	女性	38.0
受教育水平	小学及以下	31.3
	初中	35.8
	高中	44.8
	大学及以上	49.3
每月家庭收入	下层（100万韩元以下）	34.1
	中下层（101万~200万韩元）	41.9
	中上层（201万~300万韩元）	45.4
	上层（300万韩元以上）	48.7

资料来源：질병관리본부，2010。

但是学者们经常用社会经济地位最高的群体与最低的群体来对比分析健康的两极分化程度。2005年的"国民健康营养调查"资料显示，在受教育水平的层面，以大学及以上学历群体为基准分析的时候，小学及以下受教育水平群体中男性的非健康认知的概率是其3.73倍，女性的概率是其3.06倍。在职业方面，以非体力劳动者（白领）为基准计算的话，体力劳动者非健康认知的概率是其2倍左右，无业者等的概率是其3倍以上。从收入水平看，以最上位收入群体为基准计算的话，最下位收入群体非健康认知的概率是其3.5倍（한국보건사회연구원，2007）。尽管表征社会经济地位的指标的特点各异，但大体上社会经济地位中的最上层和最下层的非健康认知相差3~3.5倍。

高血压的患病率情况是男性略高于女性，前者为29.4%，后者为23.9%。受教育水平导致的患病率差异表现为小学及以下受教育水平者的高血压患病率为 46.1%，随着学历提升，患病率急剧下降，大学及以上学历者的患病率为 16.6%。与此相反，不同月收入群体的患病差别略小（见表 7-8）。

表 7-8　不同社会经济地位者的高血压和糖尿病患病率（2008 年）

单位：%

区分		高血压患病率	糖尿病患病率
性别	男性	29.4	10.6
	女性	23.9	8.5
受教育水平	小学及以下	46.1	17.8
	初中	34.1	11.3
	高中	20.9	6.8
	大学及以上	16.6	6.4
每月家庭收入	下层	28.6	12.7
	中下层	27.8	10.2
	中上层	27.8	7.9
	上层	26.1	8.7

资料来源：질병관리본부，2010。

从糖尿病的患病情况来看，由于社会经济地位导致的患病差别相对较小。小学及以下受教育水平者的糖尿病患病率为 17.8%，大学及以上学历者的这一比例为 6.4%。从月收入来看，下层的糖尿病患病率为 12.7%，上层的糖尿病患病率为 8.7%（질병관리본부，2010）。不同阶层的患病差异也在不同的疾病中体现出来。韩国位居死亡原因榜首的癌症的情况也是这样，将所有种类癌症考虑在内的话，与上层相比，给予医疗补助的阶层（下层）的癌症发生风险是其 1.52 倍（女性），或 1.67 倍（男性）（국민건강보험공단，2005）。

3）　医疗资源利用的不平等

健康不平等的各类指标反映出一个一般现象，即社会经济地位较低群体的健康状况较差。但是医疗利用的情况是患病次数较多者更多地利用医疗资源，社会经济地位较低的群体利用更多的医疗资源。尽管国民健康保险并不能完全支付这些疾病的费用，笔者在一部分高级医疗服务上承担了较多的医疗费用，故而社会经济地位较高者反而会享受更多的医疗服务。

如果从从事日常疾病治疗的门诊的利用率来看，女性高于男性。收入水平导致的差别并不大，但低收入者的住院率较高（见表7-9）。从医疗资源利用的平衡性可以判断出实际提供医疗服务是否符合实际的医疗需求。从贫困阶层利用较多的医疗资源这一点来看，很难说医疗资源利用达到了平衡。贫困阶层比上层相对利用更多的医疗资源，其原因在于实际的医疗资源不足与更多的贫困阶层的医疗需求之间存在巨大的鸿沟。如果采用 E. van Doorslaer 和 A. Wagstaff 等开发的医疗平衡性指数（van Doorslaer et al., 2000）来计算的话，在医疗利用的数量规模方面，贫困阶层尽管利用更多的医疗资源，但是对于需要个人承担费用的高级医疗服务，上层则利用得更多（한국보건사회연구원，2007）。从医疗服务的质量和服务提供的强度来考虑的话，也出现类似的非常不同于西方国家的结果。

表7-9 不同社会经济地位者的门诊利用率和年度住院率（2013年）

单位：%

区分		门诊利用率①	年度住院率
全体		31.6	11.5
性别	男性	27.9	10.6
	女性	35.3	12.2
收入水平	低下层	31.9	13.0
	中下层	32.2	11.9
	中上层	31.3	10.5
	上层	31.2	10.5

注：全体被访者中最近两周通过门诊就医者的比例。
资料来源：질병관리본부，2010。

5. 医生、患者、信任①

如果从社会关系层面来理解医疗制度的话，医疗制度可被视为一种以作

---

① 本节是在赵炳熙，2011年研究（조병희，2011）的基础上再整理修改而成。

为供给者的医生和作为消费者的患者之间的信任为基础的社会关系。这是因为在充满不确定性的医疗等行业领域里，保持与客户的和谐关系以及提高治疗效果都是不确定之事。所谓信任关系，是指运用一种合理应对存在于两者之间的不确定性的思维方式。我们在获得某个专家的咨询时，如果不存在某种不确定性并且与咨询相关的某种伤害未发生的话，就无须建立一种信任关系。与之相反，疾病治疗较难判断其预后效果，具有较强的不确定性。我们在接受治疗、将自己托付给医生的时候，并不期望完全成功，有时会甘愿接受死亡的可能性，即所谓医患之间的信任关系，就是应对不确定性的一种"风险投资"（Luhmann，1979；Luzio，2006）。将医患关系内在的风险转换为对于安定、善意和利益的期待，就是一种信任。由于信任是一种将医生和患者之间的道德性和情绪性价值互相整合形成的结构性现象，故而正如部分医生担心的那样，存在医疗资源利用的不合理或不满现象，医患关系并不是医生所能掌控的。如果患者对医生的信任度较高，其医疗服务的满意度会随之提高，尽管其会产生对医疗服务的某种不满情绪，但这并不直接是信任度降低的表现。对于医生的信任会提高患者的治疗配合度，持续咨询某个医生维持治疗的持续性，也使得患者提早进行预防性检查。尽管患者也会出现对治疗结果的不满情绪，但对于医生的信任会维持医患关系，促进医疗费用的高效使用。

社会学者一向关注的是通过信任关系来改变风险关系的医生群体的强大能力。医生群体为了确保并维持其在医疗市场的垄断性权力，通过提高受教育水平、采用行业伦理纲领、确立意识形态等方式夯实稳定的信任基石。医生通过"值得信任的"来对医疗进行建构，使得患者信任医生的技术能力和善意。

但是最近直面医疗费激增问题的西方各国政府纷纷实施旨在通过竞争提高效率的政策。这些政策招致人们非议，引起人们对医疗制度的不信任。D. Mechanic 强调医疗组织体系的变化会招致不信任。为了解决医疗费问题，美国政府引入了"管理式医疗"（managed care）的竞争体系。其做法是：增加利润指向的医疗机构数量，限制医生的选择权，加强官僚式管理。这一做法消解了医患关系的信任基础（Mechanic，1996）。为了弄清楚医疗信任度降低是系统问题还是医生问题，M. W. Calnan 和 E. Sanford 以英国 1180 名市民为对象进行实证的问卷调查。令被访者最为不满的是医疗制度运转和医疗财源调配的方式，或者与候诊时间以及制度运转直接相关的诸多因素。与之相反的是，对医生的信任度却较高（Calnan and Sanford，2004）。

但是对于医生的较高的信任度事实上并不是在长期维持的"亲密关系"的影响下形成的。Niklas Luhmann 认为认知性信任立基于亲密性（Luhmann，2000）。如果没有此种基础，在医生没有达到患者预期的情况下，信任度的降低是不可避免的。最近开始有研究关注医生的态度或行动，在微观层面上寻找对医生的信任的构成因素。例如，有学者针对医生是否对患者给予足够的关注、是否坦率说明治疗结果、是否受到利润动机的影响、是否竭尽全力等对在诊疗室看病的医生的态度和行动进行测量，并对信任的构成因素和信任度进行评估（参见 Hall et al.，2002）。

最近部分社会学者关注的不是医生的能力，而是聚焦于形成信任的社区条件。此外，社会资本的概念起到重要作用，即社会资本较多的社区，其居民对医疗或医生的信任度较高。M. Ahern 和 M. Hendryx 对美国 24 个不同城市的保险承保人医疗机构的分布和社会资本的规模、对于医生的信任度进行回归分析。其结果显示，社会资本水平较低的社区，其居民对医生的信任度也较低（Ahern and Hendryx，2003）。瑞典也有类似的分析社会资本与对医生信任度之间关系的研究（Lindstrom，2004）。

然而，韩国的医疗体系中信任问题有其独特之处。韩国社会中医生获得比其他职业更高的信任度。"韩国综合社会调查 2008"的结果显示，对医生的信任度（"非常信任"和"有些信任"）为 80.0%，在 16 个比较的群体中位列第一。尤其是"韩国综合社会调查 2008"与以前的调查结果保持了一贯的连续性。2009 年首尔大学社会发展研究所"对于安定的生活环境的认识调查"的结果也显示，对医生的信任度为 78.5%，远远超出其他对比的 15 个群体（见图 7 - 2）。但是，值得注意的是，医生反而认为自身不被国民信任。首尔市医生会在 2005 年以首都附近地区的 1007 名医生为对象进行了问卷调查。结果显示，67.2% 的被访者认为国民对医生的信任度已经下降。

国民信任医生，医生自身却担心无法获得信任这一特殊现象该如何理解？国民和医生围绕"信任"产生的相反评价暗示着"信任"用语有着双重或者复杂的内涵。人们觉得有病时对于医生的信任包括微观层面人类信任的问题，这些微观层面包括提供医疗服务的医疗系统或医疗体制的可及性的制度问题，以及特定医生的诊疗经验或医患关系。在系统层面上，国民获得医疗保障，

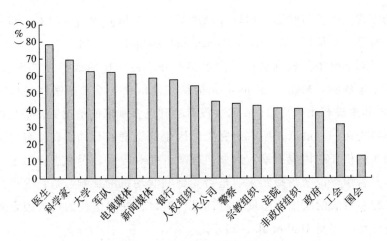

图 7 - 2　韩国人的社会制度信任度

资料来源：서울대학교 사회발전연구소，2009。

顺利地使用医疗资源，意味着信任医疗系统及其代理人，或者信任医疗系统的象征意义。然而，患者与医生虽有长期的交流却难以产生信任感，因此在社会关系层面，很难形成牢固的信任关系。尽管在西方有着医疗志愿服务的历史传统，但韩国医疗的出发点至今仍被看作一种交易，所以患者游走于这种交换关系之中，自然信任关系不会太强。鉴于此，尽管医生作为专家拥有较高的职业自豪感，但与过去不同的是，媒体时常会有患者对医生不尊重态度，以及医疗界不正之风的报道，社会舆论也经常对患者的不信任进行热议（조병희，1994）。信任话语中确实存在关于医疗体系的信任以及对医生个人的信任，但医生和患者彼此各自有不同的评价。

　　然而，患者对于医疗部门的信任感尽管初期受到健康保险制度，或者医患关系等医疗制度内部因素的影响，但存在于外部的社会结构性因素的影响也应考虑在内。特别是社会资本和沟通会对信任产生较大影响，两个变量的相关性较低（조병희，2011）。如果从变量之间的相关关系来看（见表 7 - 10），社会资本较多的群体的特点为：男性，高学历者，高收入者，身体健康，完全可以使用医疗资源，没有社会孤立感。与之相反，重视沟通的群体的特点为：女性，低学历，完全可以使用医疗资源，对医生有高预期，信任普通人，没有社会孤立感。可以看出，重视沟通的人属于社会经济地位低、社会资本不多的群体。两个群体尽管具有不同的社会人口学属性，但都有信任医生的共同点。与两者的共同点相关的变量为顺利使用医疗资源以及没有

社会孤立感。另外，对于医生信任度低的群体，其收入也较低，身体处于不健康状态，不能顺利使用医疗资源，社会资本较少，遭遇生活事件，被社会所孤立排斥。

表 7 – 10　主要变量之间的相关

变量	1	2	3	4	5	6	7	8
候诊时间	1							
医疗费用负担	0.461 ***	1						
对医生的预期	0.016	0.020	1					
一般信任	– 0.023	– 0.066	– 0.027	1				
个人性接触	– 0.081 *	– 0.114 **	0.030	– 0.013	1			
社会性孤立	0.167 ***	0.233 ***	– 0.064 *	– 0.001	– 0.077 *	1		
沟通自由	– 0.073 *	– 0.100 **	0.080 *	0.106 **	0.039	– 0.086 **	1	
对医生的信任	– 0.099 **	– 0.141 ***	0.154 **	0.145 **	0.107 **	– 0.128 **	0.199 **	1

注：* $p < 0.05$，** $p < 0.01$，*** $p < 0.001$。

资料来源：조병희，2011。

由此可知，尽管高社会资本带来对医生的高信任度，但低社会资本不一定就带来对医生的低信任度。如果社会资本较少但不被社会孤立的话，仍然可以维持对医生的高信任度。但是，社会资本较少又沟通不畅，再加上被社会孤立的话，对于医生的信任度就会较低。

一般而言，医患关系中患者对于医生的期待可以被概括成一种处理人际关系的能力，如解决自身健康问题的技术性能力以及对自己的关心、倾听自己的诉说并进行有效沟通等（Rosenthal，2006）。反过来说的话，如果医生具备技术性能力和人际关系能力的话，这个医生就值得信任。该研究中的两种能力将"对医生的预期"包括在内，这种预期程度的分值越高，对于医生的信任度就越高。值得注意的是，这两种能力是在因素分析、结果统计的层面上来分析的。一般而言，患者或普通人不具备评价医生的临床能力的专业性。因此，实际上对医生的技术性能力的期待，就与对医生的态度"亲切"或"关心"等对人际关系能力的期待紧密联系在一起。

从理论角度来看，信任与人际关系因素的关系更加密切。Luhmann 指出，信任是一种应对潜在风险的概念（Luhmann，2000）；反之，应对当下风险的是自信。技术性能力是应对当下风险的必备能力。与之相反，应对潜在风险的信任具有道德性，立基于情绪。最近大众对医生的不满程度日益加深，如果原因是应对患者健康问题过程中的技术性失败的话，还不是值得忧虑的大问题。如果医生具有道德性和情绪性能力，与患者进行情感交流的话，技术性失败并不能归因为信任度的下降。

如今的医疗制度或医疗政策是一种竞争指向的医疗管理体系，通过引入营利性医院，强调以证据为基础的医学名义下的技术革新、官僚体制的管理以及一种技术性能力，但其弱化和消解了人们对医疗的信任基础。同时人们开始忧虑大众对医疗的信任度下降，关注信任的重建问题（Kuhlmann，2006）。但并不是技术性、官僚性管理加强了，患者对医生个人或自己的主治医生的信任度就会维持在高水平，表明信任并非单纯取决于对于技术性能力的期待，而是建立在医生和患者之间的道德性感情交流、情绪交流的基础之上，只有这样才能维持高信任度的医患关系。

西方的现状是通过医疗改革实行抑制医疗资源利用的政策，导致信任度下降的结果。与之相反，韩国尽管存在部分医疗资源使用不便利的情况，但自身没有实行抑制医疗资源使用的政策。韩国国民年度使用医疗资源的频次大约为 16 次，基本上处于世界最高水平。人们对医生的高信任度与制度上自由使用医疗资源有着很强的关系。

但相反的是，人们怀疑对于医生有着如此高的信任度是否能在理论上说得通？个人主治医生制度植根于西方社会，医生和患者之间长期积累一种私人之间的相互信任，所以即使对医疗制度产生不信任，但还是会保持对医生个人的信任。韩国不存在个人主治医生制度，正如患者集中于大型综合性医院的现象一样，在医院的选择上，对于医生个人的认知程度并不重要，因此很难在与西方一样的脉络中去理解医生信任度高的问题。此外，越重视"沟通自由"的人，以及对医生有强烈预期者，其自身对医生的信任度越高。对于这样的研究，我们怎样去理解？尽管在现实中医院中的患者很难与医生进行沟通，也很难与其进行情感交流，那么，为什么人们仍然信任医生呢？

我们还是很难得出以下结论，即韩国社会中对医生的高信任度的原因在于医患之间长期的道德性、情感性沟通交流增进了医患之间的亲近性。这也反映出医生的内心独白是自身并没有获得国民的信任。与信任（trust）相比，这样的状态接近于"确信的自信"（confidence）的状态。患者在生病时因确

信会得到治疗才信任医生。再加上韩国医疗制度的特点在于医疗机构和医生群体的利害关系密不可分，医院就被人们看作医生的这种未分化的认知结构导致人们仍然产生一种对于医疗制度和机构的"确信"，而这种"确信"也就等同于对医生的"信任"（조병희，1994），即韩国并不存在西方式的建基于医患关系的"医生信任"。从其他层面来思考的话，西方的制度性信任降低是一种对医学知识的纯粹性的怀疑，其基础在于一种对于沦为"医疗化"对象的身体的反思，以及对于生活世界中压倒性的医学知识的不安感的反思性认识论（Crawford，2004）。但韩国社会不存在对医疗知识和技术的批判性反思。医生和患者之间的信任是赋予医疗体制和政策合理性的基础性因素（Gilson，2003）。韩国社会讨论的只是医患"医疗资源的使用"等古典福利，在韩国社会的土壤中产生不了如同西方那样怀疑医疗技术或沟通不足的批判意识。在这种情况下，对于沟通的预期只能是一种类似于"一般性期待"的想法。在医护人员高强度劳动的韩国现实中，以及在医生资源不足没有精力关注沟通技术的现实条件下，对患者而言，虽然没有对于沟通的强烈预期，但始终追求用医疗技术来解决健康问题，这是一种"某种状态下被动的满足"。尽管大众对沟通有期许，但还是很难成为那种将实现院内沟通作为首要任务的成熟的"富有挑战性"的患者。

综上所述，虽然健康保险的引入让人们有了对医疗的信任感，但是在社会关系层面，有必要提高社会质量水平作为医疗信任的牢固基石。如果没有形成稳定可靠的医患关系，也会阻碍社会质量水平的提高。

6. 健康风险意识与反思[①]

进入 2000 年之后传染病持续肆虐全球。在历史上影响最大的传染病莫过于黑死病，但抗生素发明之后医学开始能够掌控传染病，传染病的恐怖效应日渐式微。但是最近禽流感、SARS 病毒等新型传染病的出现又开始将全世界笼罩于传染病的恐怖气氛之下。疯牛病发生的时候，韩国举行了为期几个月的抗议牛肉进口政策的示威集会；甲型 H1N1 流感流行时，韩国兴起了戴口

[①] 本节是在赵炳熙 2010 年研究（조병희，2010a）的基础上再整理而成。

罩和洗手的风潮。SARS 发生时扩散到香港、多伦多、纽约等地，广东人被无辜地看作病毒的"宿主"，群体排斥的暴力展露无遗。尽管如此，由于 SARS 引发 10% 的高自杀率，对病毒自身的恐惧也自然蔓延开来。但是韩国的禽流感、疯牛病自身基本不具感染性，甲型 H1N1 流感也是一种毒性较弱的传染病。尽管如此，与疾病相比，恐怖气氛蔓延全社会的原因在于对疾病的认识，及人们对于疾病管理制度的不信任等。

从结构性层面来看，近代社会被视为通过科学和制度来控制风险的社会。但是诸如疯牛病这种难以用科学进行控制的新型风险发生的话，就会在全世界出现大众对制度（政府）的信任度下降的现象。政府、医疗界、舆论界如何应对这种新型风险，人们纷纷猜测，说法不一，流言四起，这种恐怖气氛持续扩散，若人们对此有一个统一的认识，恐怖气氛也不会蔓延。国民若信任疾病管理制度，恐怖气氛则会下降；若不信任，恐怖气氛则会四处蔓延。尽管在个人层面，个人所面对的现实条件和风险的特点会导致风险扩大化，但对风险的恐惧感也会降低。个人遭遇困境或面对危机时也可以认识到是风险较小的危机。制度性信任（不信任）和个人认识是相互作用、相辅相成的关系。

疾病恐怖气氛出现时，政府制定制度上的应对之策最为关键。疯牛病事件发生时，韩国政府的应对之策不被信任，恐怖气氛持续上升。与之相反，在"三聚氰胺饼干"和"寄生虫辣白菜"事件中，政府最先制定出应对之策，恐怖气氛也随之消散。但是政府在甲流爆发时的政策获得的信任度不高。韩国舆论财团于 2009 年进行的甲流认知调查结果显示，在"政府在甲流流行时就开始保护社会了吗""政府是否有应对甲流的能力""政府向国民共享甲流的相关信息吗"等问题上，被访者在满分 5 分的情况下，只给出了 2.6～2.7 分（普通以下水平）的评价（황치성，2009）。

卫生部门在传染病发生初期开展了一系列诸如对感染源进行消毒、隔离感染者、布控监测接触者、确定是否感染等预防传染病扩散的活动，并且在机场对乘客的发热情况进行排查，对群体性感染的外国英语讲师所住的商住楼进行封锁，并对所有居住者一一进行排查。同时掌握甲流的流行病学特点，开发出治疗剂和疫苗，并采取接种等根本性的应对策略，紧接着对感染风险最高的小学生进行疫苗接种。因此，政府是严格按照原则来实施甲流防控政策。尽管如此，国民对政府的信任度还是较低，他们怀疑政府的政策是否充分、得当。

政府应对之策出现问题的原因首先在于没有完全将"风险沟通"（risk communication）的原则贯彻到防控政策之中。市民的恐慌并不是与甲流的爆发同步产生。从 4 月下旬有人初次感染甲流到 8 月中旬有人死亡为止，普通民众在心理上仍没有产生动摇和恐慌。尽管以学校为中心发现感染者，采取停课或者取消节假日等"防疫措施"，民众仍然采取观望态度。但是直到有人死亡，人们才将注意力转向卫生检疫所，质疑其防控不当。事实上，感染者已超过 1000 人才发生首例死亡事例，这意味着致死率仅为 0.1% 甚至是以下水平。因此，甲流与季节性流感并无大异。故而应将死亡发生的意义传达给民众，但事实上政府在这方面做得还不够。政府和媒体过于强调 0.1% 的死亡者，而不强调已经对其余的 99.9% 的感染者进行无差别的治疗。此外，政府方面认为甲流的毒性低于预期，不用同时连续广播感染者和死亡者数量增加的新闻，导致民众将注意力集中于死亡数量，结果导致全社会陷入恐慌气氛之中。

实际上，禽流感、疯牛病、甲流等前所未有的新型传染病本身助长了恐慌不安的气氛。从这一方面来看的话，韩文将"甲流"翻译成"新种类 FLU"，其中的"新种类"的叫法就有失偏颇。这种病原先因病毒和猪有很大的关系而被称为"猪流感"（Swine Influenza，SI）。但是世界卫生组织考虑到猪肉拒食者的想法，将其改称为"Influenza A"（甲型流感）。韩国政府将其定义为"新型流感"（신종플루）。在过去，正如西班牙流感等一样，都以最初兴起地区名为病毒冠名，如今在全球化浪潮下很难再以国家名冠名。但是，将"甲型流感"前加上"新种类"修饰语，会强化人们认为是陌生疾病的认知。疾病之"新"意味着较难进行防控。陌生病毒也会让人发出自己能否应对的疑问，同时产生不安恐惧的心理。

然而，问题出在未能进行及时的风险沟通。甲流感染者和死亡者大规模出现的时候，政府应发挥作用，严格进行感染监控，妥善进行治疗。正因为一方面连续出现甲流死亡者，另一方面监控和治疗设施、药品出现不足，从 8 月下旬起民众开始出现恐慌心理。制度性应对能力的不足使得民众对政府的信任大打折扣，产生恶劣的影响。

不过，这种问题并不只是防疫部门的人力或预算不足的问题，而是医疗制度的结构性矛盾问题。我们生小病时通常去社区医院或去药店买药，病情严重的话去大医院就医，这与对疾病的制度性应对措施密切相关，成为降低疾病带来的不安感的基本因素。然而，普通的卫生医疗设施没能合理应对甲流疫情。政府将甲流界定为一种特殊的流感，并指定特定医院进行治疗。但是指定医院也没有专门治疗甲流的设备条件，只是在医院门外搭建临时帐篷收治甲流病人。医院里的患者蜂拥而至，诊所也人头攒动，患者只能长时间候诊。检查费用也达到10万韩元（约合人民币550元），低收入阶层很难产生去接受检查的念头，只有药品有限的药店销售相关药剂。季节性流感或者其他普通传染病可以在某个医疗机构进行治疗。医院对于政府指定其他公司运营院内设施也表示不满。政府不给予特别的支持，医院又必须对追加的设施和人力资源进行配置，导致医护人员队伍出现过于劳累、身心疲惫的结果。主张增加医疗剂的防疫责任方为了购买治疗剂，频繁与国外制药公司接触，有时还因突发状况紧急出差海外。他们的疫苗生产能力不足，也没有特别的应对之策。这些事例都暴露出政府能力的严重不足。

这些问题直接体现出韩国医疗体制中公共医疗的脆弱性。疾病管理属于传统公共医疗的领域。一线卫生所和公立医院一旦发现传染病必须具有积极应对的设施或应对突发事件的动员机制。但是韩国的公立医院规模较小（全部床位的10%）。更有甚者，就连公立医院都在忙于逐利，精力集中于创收方面。以此来看，甲流等公共课题的应对之策还是缺少合理妥当的外在条件。从普通民众的立场来看，如果某个人或家庭疑似甲流感染的话，完全不知道是否应该去医院，不知道需要花费多少费用，所以不可能不对制度产生不信任。这样反而起到火上浇油、引发人们恐慌的作用。再加上政府对于卫生所也要应对群体感染、对社区居民进行甲流监测的要求置之不理，所以人们对卫生所这个应该负起保障民众医疗卫生义务的核心机构投以怀疑的目光。

对于制度的不信任还体现在对学校方面的应对手段上。约2/3的感染者为小学生，因此防止感染扩散尤为重要。政府的处置措施是在校门口对学生进行发热检测。非特定的多数人聚集的机场和一定数目学生持续互动的学校，在一开始就存在不同的特点。通过沟通很容易通过学生家长和班主任识别出生病的学生。不论是在学校还是在社区，最为重要的是，学生、学生家长、教师等各自能自觉正确地了解疾病的风险，并能主动参与各类预防活动。但是，在校门口排查发热情况其实否定了学校学生、教师的能动作用，无异于中央政府强行在全国"一刀切"地订立了一个标准（例如体温37.8℃），进行疾病防控。在家测的温度和在学校测的温度存在差异，一旦发热就无条件返回家中。作为教育机构，这一举动是否具有合理性？这一问题遭到社会质疑。每天教师都因要测数千名学生的体温而怨声载道。

最大的问题在于没有将学生的特点考虑在内。过去阿波罗眼病（急性出血性结膜炎）发生时，学生之间眼部互相接触，出现了很多交叉感染的情况（보건교육포럼，2009）。这次甲流事件中，有部分感染学生表现出最好在家里休息的愿望。学生不像大人那样直接表达对疾病的恐慌感，由于身体健康也不关注身体健康问题。由于学校只把升学率作为第一要务，学生们也把学校看作"没有意思的地方"，如果让感染的学生停课一周的话，他们会成为被羡慕的对象。因此，在排查发热情况之前，需要说服校方认识到需要做的是通过开展甲流防控教育让学生了解这种疾病，并且让学生主动参与到防疫活动中来。但事实上校方忽略了这一过程，只是排查发热情况，所以学生们纷纷表示想用感染甲流做借口获得休息机会，或者对于接种甲流防疫疫苗表示疑虑，拒绝接种。另外全国还有35%的学校未被防疫部门纳入防控体系，暴露出防疫体系结构性的漏洞和脆弱性。

政府的另一个重要应对策略就是舆论的作用。舆论报告将禽流感、SARS等赋予可怕的形象（Wallis and Nerlich，2005）。甲流的情况也是如此。世界卫生组织在甲流发生初期就强调其危险性，韩国国内舆论马上就通过报道和社论运用"甲流非常事态""制定完全的防疫对策""彻底消灭甲流"等字眼敦促政府采取措施。对于几波甲流来袭，普通民众尽管内心充满不安，但如果没有威胁到自身生命安全的话，就先暂时保持观望态度。尽管首例甲流死亡病例出现时社会出现恐慌感，但死亡者数量继续增加，人们还是没有反应，直到看到名人死亡后才产生恐惧心理。

回避与他人接触是人们恐慌感的典型表现形式。各社区的一切节日和文化艺术演出都被取消，人们的旅行、公司年会、孩子的周岁纪念都纷纷取消。人们停止外出，网络购物持续增加。在与其他人的接触不可避免的情况下，人们通过戴口罩、洗手、停止相互之间的敬酒等方式，最大限度减少接触感染的机会。这些反应还算妥当的行为。但还是有少部分幼儿园或小学的低年级学生家长将被感染的学生视为"可怕的孩子"，不让自己的孩子与其玩耍，导致被感染的学生被孤立。群体性孤立的结果会隐藏感染的事实，反而会成为甲流扩散的重要因素。群体性孤立缓解的情况是大量群众被感染，或者是人们亲眼看到大部分人在一两天内有所恢复。课外补习学校的情况是，学生家长的态度强硬，担心孩子被感染的家长纷纷要求停课，但是大概要求一次之后也就停止了。可以看出感染已经"日常化"，但人们仍然不采取停业不工作的方式来作为解决之道。

尽管国民采取孤立或排他等妥当的形式来应对甲流，但事实上全社会确实都蔓延着恐慌的气氛。人们对于甲流的反应不同于对季节性流感的反应，意味着我们仍然不相信科学的事实，产生对于疾病感染强烈的不安感。从风险沟通的观点来看，对于甲流的不安恐惧可被解释为一种对于"未知物"的恐惧。我们对于熟悉之物相对不恐惧，但对新事物感到害怕，从人们对结核病和艾滋病的态度便可略见一斑。结核病是我们熟知的疾病。结核病每年有35000人感染，死亡人数为3000人。最近一年内约有800人感染艾滋病，100人死亡。因此，艾滋病感染概率低于结核病。结核病不易做事前预防，不知何时何地就会被感染。但是艾滋病的感染途径基本上为性接触，所以正确使用避孕套就成为预防艾滋病的重要手段。从感染概率或预防可能性的层面来看，尽管感染艾滋病危险低于结核病，但我们对艾滋病的恐惧之心要强于结核病（조병희，2008）。2009年春中部地区曾经有一个"艾滋病出租车司机"的报道。报道之后出现了城市中数万名男性被要求去医院和卫生所接受艾滋病排查的奇观。如今也反复出现类似上次艾滋病怪谈一样的现象。

那么，如此扭曲的疾病意识是怎样形成的？韩国政府的应对方式以及舆论的报道倾向与大部分国家并无差异。尽管如此，唯独韩国社会对甲流产生了强烈的恐慌感，其背后折射出韩国特有的社会环境。从分析社会环境如何促使人们产生对疯牛病和禽流感的恐惧感的研究（조병희，2009）来看，首先，如果人们对艾滋病产生强烈的恐惧感，其对禽流感和疯牛病的恐惧感也随之强烈。尽管有效治疗艾滋病的手段已经问世，但从人们对其的恐惧感来看，对韩国人来说，其内心隐藏着一种对疾病的恐惧感。其次，生活的不稳定性以及对于制度的不信任，对于人们对疯牛病和禽流感产生恐惧感有重要的影响。在个人层面上，人们越经历失业、收入减少、重病、犯罪被害等，越会对疾病产生恐惧感。最后，韩国疯牛病时期也体现出人们是否支持政府的政治性因素；相反，禽流感和政治无关。

甲流的情况也是如此。生活的不稳定性和人们对制度的不信任对于人们对甲流的态度起消极作用。在生活不稳定时就是再小的风险人们也会夸大对它的认识。金融危机之后，生活的稳定性持续被各类风险消解破坏。甲流等"较小的风险"也会被视为高风险的传染病。值得注意的是，在金融危机更为严重的日本，人们对感染的忧虑导致其拒绝乘车、拒绝治疗，对于甲流的恐惧感强于韩国。在经济困难时期，人们对政府对策的不信任，成为人们放大风险、扩大恐惧感的基础。

如果我们从社会质量的其他层面来思考疾病意识的话，我们会得出以下推论。社会经济保障越是脆弱，民众对疾病的恐惧感越强烈。对于疾病的恐惧感越强烈，人们越会频繁使用医疗资源，越想脱离风险。真心要提高自身的身心健康水平的问题还是处于次要位置，即如今过度使用医疗资源可被视为结构性现象。

从消费者层面来看，人们强调的是对医疗资源进行工具性的使用。从供给者层面来看，医疗被作为一种交易来看待，建立在此基础上的医患关系只能非常脆弱。由此产生的信任危机可被理解为医疗供给者对医疗设施的依赖增强，却完全忽视了情感沟通的必要性。从患者的立场来看，因为人们对健康风险缺乏反思性应对能力，很难强烈表达出患者和医生要在情感上进行交流的需求。尽管感受到医生的不亲切态度，但患者有强烈的健康不安感，大量使用医疗资源，无形中抵消了其对医生的各类不满。

第八章 人权与社会发展

郑镇星

（首尔大学社会学系教授）

1. 导言

20 世纪 90 年代末，欧洲各国开始关注社会整合问题，社会质量研究应运而生。该研究的分析框架涉及社会科学的各个方面。本章试图在社会福利政策的脉络下进行梳理，并活用社会风险和社会整合等重要的框架进行分析。此外，与作为测量个体幸福感指标的生活质量（quality of life）不同，我们试图采用社会结构的理论模式进行分析。

本章的关注对象是社会发展论中的社会质量研究。将生活质量、社会风险和整合等都纳入其中的社会质量研究试图测量什么样的社会是发展的社会，其基本出发点是认识到只靠经济增长远远不能真正推进社会发展。社会质量强调所谓真正的先进国家是超越经济增长、社会成员能感受到赋权、人们感到未被孤立、高度和谐团结的社会。从这一角度来看，社会质量研究可被置于古典社会变迁论和现代化论的社会发展分析的连续谱中去理解。

对于孔德、涂尔干等古典社会学家的社会发展理论的问题意识始于第二次世界大战和 20 世纪 60 年代殖民地独立以后，立足于西方经验的现代化理论重新登上历史舞台。与此相抗衡的是依附理论，集中关注的是与西方"相分离"的发展中国家的发展问题。但最终依附理论在现实适用性方面缺乏说服力，一些新理论多少也都超不出现代化论和依附理论框架的界限。

社会质量是在完全不同于研究发展中国家发展的现代化论和依附理论问题意识的脉络下进行论述。欧盟将移民数量持续激增且异质性的国家重新进行整合，但诸多的社会整合问题纷至沓来，社会发展论故而需要一个新的理论解释框架，社会质量作为应对之策应运而生。社会质量可被视为一种分析现代社会的概念框架，其目的是在一定程度上经济有所增长的社会中追求生活稳定、社会团结、幸福等。

该框架中的经济，作为其他变量，在社会质量测量中不作为内部因素，而作为外部因素。因此，渴望快速促进经济发展的低度发展国家不会立竿见影地与社会质量理论框架适应调和，这一点可以说是作为社会发展理论的社会质量框架的最大优点。① 尽管如此，强调超越经济和政治发展的社会整合与包容内容的社会质量，试图重新寻回作为古典社会学问题意识提出的"社会性"，以及将社会科学中注重客观性的社会正义价值包含在社会质量理论之中（Phillips and Berman，2001：136）。

立足于社会正义和人权尊重、谋求社会发展方案以应对贫困和疾病的多方面的人权议题与促进社会发展论的社会质量如出一辙。人权的概念萌生于社会学创立时对于社会发展的忧虑。因为正如社会发展立足于人类存在的合理性一样，人权概念建立在人类的权利和尊严基础之上。人们对于社会发展的信任和对于人类（个人）发展的信任在现代社会的形成过程中是相生相伴的关系。人权概念最先关注的是在现代国家权力的过度压制和干涉中维护个体的公民权利和政治权利，此后扩展为为了提高国民生活水平要求政府积极负起公共责任的经济、社会、文化的权利概念。人权概念外延的拓展与经济社会条件提高乏力的第三世界国家难以提高人权质量的现实有着密切的关系。

在全球大大小小的纷争中，我们应该在以上两个人权的层次上认识到安全保障的问题。联合国以安全保障、发展、人权三个维度为中心的议题强调三者相互融合的倾向也反过来证明了安全保障的重要性。这些议题包括将人权和发展相结合的人类发展议题，以及将人权和安全保障相结合的人类安全

---

① 一位在首尔大学社会学系研究生院学习社会质量的中国留学生曾经提出一个疑问：社会质量这种没有经济概念的理论，如何适用于经济高速发展背景下中国的社会发展研究？

议题。积极地将自由、参与等人权概念与发展相结合的阿玛蒂亚·森（Amartya Sen）的能力路径（capability approach）论也获得了大量支持。再如以人权为中心的社会发展论蓬勃发展，该理论舍弃个体中心、法律中心的现有人权议题，将个人和社会的联结、平等正义等价值作为社会发展的基础。本章将这些理论概括为人权社会发展论。

人权社会发展论是现代化理论，主张社会质量和社会发展相辅相成，社会发展是社会整体均衡性发展。该理论积极看待和提倡社会质量提及的社会正义价值，将人权视为其核心内容，同时也作为社会发展的核心要素。总之，人权社会发展论将现代化理论和社会质量研究中未包含的发展中国家的贫困、疾病、腐败、教育等问题重新提上议事日程。

本章将社会质量和人权论置于社会发展论的脉络中去思考，试图在社会发展论的论述中捕捉其内在一贯的逻辑。本章不做缜密的理论推演，而是在现代化论和人权论中加入社会质量，从社会发展的视角考察其优缺点。此外，在以国际法为中心的论述中，逐渐成为社会科学分析中心的人权论被视为社会发展论的初期形态。在所谓社会发展的宏观观点中，强调人权论的必要性也被视为其重要的目的。

2. 社会发展论的展开

1） 古典社会学

社会学与现代社会的发展相伴相生。在资本主义发展和民族国家形成两个维度上发展的现代社会以全新的面貌出现在世人面前，使得政治学、经济学、法学等传统学科难以进行完整解释，社会学应运而生。社会学的创始人孔德将社会学分为社会静力学和社会动力学，来分析社会结构和变迁的机制。这类分析建立在对社会发展的信任基础之上。社会动力学发展为社会发展论。马克斯·韦伯和卡尔·马克思等社会学创始人也都持类似的观点，将精力集中在对社会发展的解释说明之上。

2) 现代化理论

社会发展论兴起于 20 世纪 60 年代旧殖民地国家获得解放成立民族国家之后。此时社会学主要发展论的典型代表为现代化理论。该理论将西方国家的现代化视为普适性现象，将特定时期、特定地区的变迁做一般化处理，其核心内容为社会各个组成部分有机紧密联系在一起，扩大各部分之间的关系后会促进一个社会渐进式发展。现代化理论不仅仅局限于社会学，同时还扩展到政治学、经济学等诸多社会科学学科，其分析发展的框架备受瞩目，取得了重大发展。诸如以 Neil Smelse 的结构性分化、David Smith 的成就动机、Alex Inkeles 和 David Smith 的现代人类、R. N. Bellah 的日本宗教分析等为代表的社会学学科围绕现代化也取得了多样化的理论发展（参见 So，1990：23 - 52）。

但是这些理论因为强调在经济、政治、社会、文化等各方面的均衡和调和中发展的社会整合或体系维持的视角，故而不能说明发展过程中各个社会领域之间充满矛盾纠葛的发展中国家的状况。此外，强调世界各国都经历西方经验和类似过程的发展形态的收敛理论①，也容易招致人们的批判，该理论被认为实际上是一种无视地区的传统和多样性的西方中心主义。因此，凡是完全照搬西方发达国家经验模式的发展中国家陷入的现代化困境就是对现代化理论最强烈的指责。

鉴于各种批判，现代化理论中存在各种流派，在强调社会诸要素形成基本的平衡基础上，也形成了各类修订的现代化理论，研究外部影响是否能导致文化跟不上技术发展的文化迟滞现象。其中，凡勃仑或后发产业效果论认为后发国家仿效发达国家经验，使其发展时间大为缩短，政府的主导作用对社会发展产生积极的效果。这些在德国、日本等后发国家中得到了强有力的印证，之后的韩国、新加坡等"后后发国"（新兴工业体）的高速发展也充分证明了这一观点。

3) 马克思主义的影响

马克思主义是一种批判性思维，反思将资本主义作为发展标尺的观点和

---

① 收敛理论是指东西方两大阵营互相收敛，最后各自取长补短、合二为一。——译者注

做法。该学派在聚焦于阶级关系的基础之上开展比较历史研究，形成了关注国家间不平等关系和作用的世界体系论和依附理论等。比较历史研究针对发达国家内部的差异进行对比。世界体系论试图对影响一个国家内部发展过程的世界体系整体的变迁机制进行分析。依附理论接受部分世界体系论的观点，现代化理论试图分析失败的后发国家的社会状况。

（1）比较历史研究

深受马克思主义影响的是比较历史研究。比较历史研究认为西方资本主义并非只遵循一条发展路径，依据不同的市场和阶级关系类型，不同国家呈现不同的形态。B. More、Theda Skocpol、Perry Anderson 等为了说明诸多现代化国家的发展状况，对封建社会的生产力和阶级结构进行了分析。比较历史研究自 20 世纪 70 年代以来一直备受关注，反响不断，该理论对现代化理论的均衡论观点进行批判，突出阶级矛盾的特点，也对现代化理论的收敛论进行批判，形成了一种强调社会发展非唯一路径的典型中观理论。此外，比较历史研究不是在空泛宏观的框架中，而是在具体的经验性历史资料中追寻发展之路，其实证性方法论大大不同于现代化理论。但是，此类研究的缺点在于，研究后发国家的理论框架比较混乱，政策适用性也略显不足，未能说明一个国家的内部条件如何与其外部条件相结合，以及这种结合在国家之间的发展过程和状况。

（2）世界体系论

世界体系论不是将眼光局限在一个国家，而是认为世界是一个有机的整体，体现出体系性的变迁。沃勒斯坦（Immauel Wallerstein）认为世界的变迁是由在世界性帝国中的全球资本主义主导发生的。马克思认为一个国家社会内部会产生资本家和工人阶级。正如阶级结构会在一个国家内部生根发芽一样，世界层面上也会分化为中心国家和边缘国家。边缘国家较难从中心国家的发展中受益。这正回答了为什么第三世界国家不像现代化理论指导的那样顺利发展的原因。此外，世界体系论还对处于同一时期但遵循不同发展路径的日本和土耳其，以及日本和中国进行了比较研究，为发展研究提供了一个将发展中国家和发达国家以及世界体系相结合的新变量。

之后的世界体系论修正了"中心－边缘"的简单结构，将其发展为"中心－半边缘－边缘"的框架。但是这种将世界视为发展单位多少有点牵强的视角仍然很难成为精细的理论。不过，该理论还是超越了将发展聚焦于内部条件的局限，成为日后颠覆现代化理论的依附理论的认识论基础。比较历史研究的代表人物 Theda Skocpol 认为用世界体系论的整体性框架来解释微观的发展问题多少有点牵强，她强调国家外部条件的重要性，关注对各国发展过程产生影响的世界资本主义的阶段，提出世界时间（world time）的重要性（Skocpol，1978）。

（3）依附理论

进入 20 世纪 60 年代之后，一些学者开始围绕南美国家的发展状况反思西方中心的现代化理论，他们认为国家发展失败的原因在于这些国家与发达工业国家之间存在不平等的关系。该理论深受马克思主义的影响，具有与世界体系论类似的视角。因其从理论上分析非洲、亚洲等低度发展国家的经济体制而备受瞩目。依附理论在历史框架中分析现代化理论揭示的发展之路不适用于第三世界国家的原因。但该理论还是有一个局限：仍然是一种普适性的发展理论。此外，由于该理论提出第三世界国家与发达国家断绝外交关系、形成第三世界之间的同盟等与实际脱节的对策，故而其说服力大大降低。此后诸如强调在和发达工业国家的适度合作关系中促进经济发展的从属发展论、关注政治性低度发展的权威主义理论等一些新的理论都是在依附理论的脉络中发展而来。

4）20 世纪 90 年代新发展论的新尝试

受到现代化理论和马克思主义影响的理论四处碰壁之后，新的理论尚未创立，这一空白时期持续了很长时间。直到 20 世纪 80 年代初关于社会发展的研究和理论工作才开始交叉进行。此类现象在 90 年代中半期也尚未打开局面（Booth，1994：3）。尽管出现了新制度主义、后现代理论、新增长理论、能力增进方法等新理论（임현진，2006：4），但也谈不上成功解决了发展问题的理论。以吉登斯（Anthony Giddens）、贝克（Ulrich Beck）等为代表的反思性现代化理论，以及韩国金璟东的新现代化论基于现代化理论开始尝试从多角度开创新的发展方向。

全球化理论作为一种分析人们对于新自由主义发展的忧虑和期待的重要的社会变迁理论，已经拓展到所有的学科领域。20 世纪 90 年代东欧社会主义阵营解体之后，世界陷入了难以预测的巨大社会变迁洪流中，同时还有一个最大的事件——人们迎来了全球化时代。全球化的影响力在于地球上一个地方的变化立即传播到全世界。其最大的特点在于超越民族国家的资本和人的移动。全球化正是资本和人的流动这两大因素相互作用的产物，这正是全球化的主要核心观点（Sassen，1998：XII）。全球成为一个整体，随着资本和劳动相互作用的机制的变动而发生变动，将发达国家和后发国家紧密联系为一个有机的整体。随之而来的是诸多疑问：如何评价和测量如此强劲的全球化趋势？国家的作用是否减弱？全球市民社会的作用何在？由此可见，一个显而易见的趋势是，不能解释全球新变化以及脱离不了民族国家框架的现代化理论已逐渐被作为社会变迁理论的全球化理论所代替。不过全球化理论如何寻找第三世界的真正发展之路这一问题将成为另外的一个重要课题。

3. 新发展理论的尝试：以人为本的社会正义价值观

社会学中的发展理论朝着探索均衡发展模式的方向发展，对发展进行反思的结果体现为对现代性的反思和重建，以及对风险、环境破坏等发展恶果的审视。在全球化大潮中寻求社会整合的社会质量理论将社会发展与个人发展紧密联系，将追求平等等社会正义价值观作为核心内容。这就与现代化理论等传统发展理论的逻辑脉络存在巨大差异。然而，社会发展的榜样是经济发展和政治民主化业已成熟的欧洲，从这一点来看，当下的社会发展论还与普适性的社会发展论存在一定距离。

1) 社会质量理论的社会背景和分析框架

20世纪90年代以后，全球流动成为蓬勃发展的全球化的重要现象。特别是东欧、中东等周边地区移民大量涌入西欧，社会整合问题随之成为最为重要的社会性课题。正值人们纷纷批评强调社会整合、主张均衡发展的现代化理论并不能完全解释贫困与低度发展国家的社会发展之际，20世纪90年代后半期，已经完成经济发展和政治民主化的西方国家的学者，开始强调社会包容和安全以及整合的重要性，以促进社会质量的理论化。

不平等现象增加的同时，互联网使用者数量迅速飙升，新的沟通方式应运而生，随之带来的是生产关系和社会整合的特点、关于日常生活的解释、文化象征、意识等全面的变迁。迄今为止，欧洲国家尚未找到解决社会整合问题的灵丹妙药。目前有两种关于全球化的视角：一种认为自由市场和经济增长有利于极贫者；另一种是从全球层面认为自由市场对社会共同体的基石具有破坏作用。尽管如此，这两种看似水火不相容的视角却有共识——认为全球化加深不平等。该如何解决这一问题？尝试用社会质量理论解决问题的学者们在看到外部条件的同时，强调社会性规范和社会政策的必要性与重要性。首先，经济增长必须配之以雇佣政策、社会保护的现代化；其次，认识到社会整合对于促进经济持续增长的重要性；再次，需要配之以一种促进社会包容（消除社会排斥）的政治环境；最后，必须为公民提供社会参与的路径。

社会质量理论因强调社会经济保障（socio-economic security）、社会凝聚（social cohesion）、社会包容（social inclusion）、社会赋权/自律（social empowerment/autonomy）等概念而得以发展。如图 8 - 1 所示，这四个概念分布于由纵轴（宏观和微观）和横轴（制度、组织和共同体、群体 - 公民）组成的社会质量分析框架之中，并各自独当一面（Beck et al.，2001）。这些概念可用于测量社会发展的程度。

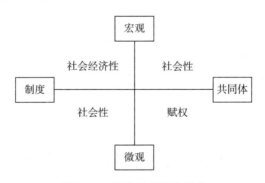

图 8 -1　社会质量四分构成

2）　联结个人与社会：建基于社会正义价值观的社会发展

如前所述，个人与社会的联结以及社会正义的理论化表达，可被视为作为社会发展论的社会质量理论的最为重要的内容。社会质量的生成土壤是欧洲社会民主主义模式，其本身并非只是消除平等风险等的福利国家模式，而是一种增加发挥个体潜力机会的模式，成为提高社会质量的基本模式（Diamond，2006：172－173）。社会质量概念框架的两轴也能体现出个体与社会联结的本意。

此外，作为社会质量基础的欧洲社会民主主义采取的是平等性现代化策略。其中强调恢复平等主义的社会正义是社会发展的核心所在。德国总理默克尔（Angela Merkel）将社会正义分为五类，即克服贫困、教育培训、雇佣、安全与尊严、克服不平等，充分体现出平等主义的倾向。高龄化和家庭解体，以及非正规职业化成为阻碍实现社会正义的首要因素。因此在这种压制个人能力和自由发挥的社会环境下，重要的是人们关注贫困和不平等。贫困与不平等并非只是社会问题产生的结果，其自身也是引发社会问题的条件（Diamond，2006：177－181）。因此，必须将社会正义作为促进个人发展的主要因素。

3）　发达国家中心主义的界限

不仅是社会学，其他社会科学学者也试图从交叉学科的视角来研究社会质量，他们也具有古典社会学以及现代化理论对于社会发展的问题意识，旗帜鲜明地倡导克服社会冷漠、提高公民赋权感的社会正义价值观，这一点超越了社会发展论。但是，社会质量研究仍然逃脱不了牵动全球发展的西方中心视角，故而在分析遭受贫困和外部影响力较小的低度发展国家的弱势地位方面显得不足。

4. 作为新社会发展论的人权社会发展论的可能性

只是依靠经济增长肯定不能促进社会发展已是不争的事实。但是在自身不能解决贫困问题的低度发展国家中，经济增长只能成为拉动社会发展的不二法宝。在全球化持续发展的资本主义世界体系之中，经济增长在全球层面上产生了两极化现象，故而使得低度发展国家难以寻求国际力量的合作来解决贫困问题。鉴于此，为了更好地说明国内外将经济增长包含在内的社会发展，人权概念不失为一个新的社会发展角度。通过强调个人与社会、国内和国外之间的联结，以及平等和自由的价值观，一种将低度发展国家和发达国家兼顾起来进行分析的理论应运而生，这将有着划时代的意义。

1) 人权概念的发展：作为权利的发展

人权尽管是"人作为人必须具有的不能让渡的权利"的哲学信仰的进步产物，但是对在社会中实现人权的努力而言，人权法的发展①绝非哲学信仰的问题，而是信仰投射在社会中的一种制度。因此，国际人权法主导人权研究。20 世纪 70 年代之后，首先在政治学中发展起来，后来拓展到社会科学各学科，人权概念开始发展为各学科的学术关键词。与付诸具体实践的做法不同的是，这些学科通过将人权理解为个人的权利，将人权置于整体性的社会框架中去思考，并认为应从其社会性构成来理解，方能有效实现人权。在此，所谓社会性构成除了个人的权利，还拓展到个人与社会的关系、国际性合作等。

人权概念经历了诸多社会阶段逐渐发展而成。最初，人权被视为一种人类的普遍权利。人既然为人，都应平等地获得权利。这意味着从归属性身份社会进化为以成就为中心的平等社会，大致聚焦于公民性和政治性权利。第二阶段是强调社会（政府）责任的经济社会文化权利。这种基于个人权利的人权概念将社会视角包含在内，强调政府有责任让全体社会成员享有基本的经济、社会、文化权利。第三阶段发展为超越民族国家、强调国际社会人权责任的人权概念。这类人权的受众不是一个社会的成员，而是全世界的所有人。从成熟的发展社会来看，从个人→国家→世界人权概念的扩展可以看出这是一种对于如何看待社会发展的视角的演进。如今的人权概念可被解释为一种坚信世间众生共促共生的信条，以及一种强调国际协作推动社会发展的社会发展论视角。

---

①　人权法首先由英国的 Magna Carta 提出，1945 年以后成为普遍的人权宣言与公民性和政治性权利的权利公约，并逐渐成为遍及许多欧洲国家的倡导经济、社会、文化权利的国际公约。

尽管被称为第一代、第二代、第三代的人权概念出现于不同的时期，但后面的概念就一定能替代过去的概念吗？答案是否定的，其实质并不是人权概念在发展中国家和发达国家孰轻孰重的问题。例如，公民性、政治性权利在发达国家和发展中国家都是非常重要的问题。经济、社会、文化权利不仅是第三世界国家的问题，在发达国家这一概念也揭示出两极分化和社会排斥等多种新问题。发展权、环境权、和平权等第三世界国家的人权也同样适用于全球化过程中的所有国家。

（1）公民性、政治性权利：第一代人权

资本主义形成过程中封建身份制关系发生变化，人权就是在这种变化的身份关系背景下资产阶级与专制主义国家之间形成的新型关系中产生的概念。人权的出发点在于，新型的市民阶级认为人作为人应具有不能让渡的基本权利，要夺取国家的统治权来维护自身的权利。思想、修养、宗教、言论的自由等公民权利，以及强调参与国家事务、保障政治统治的政治性权利，正是在这种对于国家的消极态度中形成的防御性权利。尤其是其中诸如禁止司法外杀人、刑讯逼供和人体医学科学实验，以及强制劳动、拘禁、强制失踪等"个体完整性权利"，被视为基础性权利。此外，法律面前的平等，以及消除人种、性别、宗教等不平等差别的平等权也被视为非常重要的权利。身体活动的自由、居住流动的自由、财产权等在这种古典人权概念中也同样被视为重要的部分。① 这种公民性、政治性权利被称为第一代人权。

（2）经济、社会、文化权利：第二代人权

以往强调孤立的个体人权概念的外延开始逐渐扩展为参与社会共同体的社会成员的权利。这种人权是一种要求作为防御对象的国家起积极作用的权利，包括以基本劳动权、社会保障和保险权、维持适当生活水平的权利、身心健康权、教育权等为代表的经济、社会、文化权利。② 这种权利迟于公民性、政治性权利，最早出自《魏玛宪法》③。国际劳工组织（ILO）在这类人

---

① 公民性、政治性权利的具体内容参见 International Covenant on Civil and Political Rights（ICCPR）。

② 经济、社会、文化权利的具体内容参见 Internatinal Covenant on Economic，Social and Cultural Rights（ICESCR）。

③ 《魏玛宪法》是德国魏玛共和国时期（1919~1933 年）的宪法，也是德国历史上第一部实现民主制度的宪法，建立了一个议会民主制、联邦制的共和国（来源：百度百科）。——译者注

权概念的创建上贡献良多。如今，包括居住权、食物权、饮水权等在内的经济、社会、文化权利的话题已经遍及全世界，被称为第二代人权。

实际上，公民性、政治性权利和经济、社会、文化权利是密不可分的关系。例如，在女性的权利中，教育权、工作权等经济、社会、文化权利尽管被视为主要内容，但是这类权利必须在性别平等的原则下才能实现。因此，这两个层次的人权是相互作用的整体。但两类权利存在差异，特别是公民性、政治性权利是在被剥夺的情况下就要刻不容缓采取行动的权利，经济、社会、文化权利却是一种可以渐进实现的权利。例如，在经济条件充足（经济发展水平和平等水平高）的情况下，国民的工作权、教育权、生活权等可以得到保障。与西方发达国家重视公民性、政治性权利不同，第三世界国家更倾向于强调经济、社会、文化权利。联合国于 1948 年发布《世界人权宣言》，60年代在制定更为实质性和产生具体效果的公约的时候，西方发达国家、第三世界国家以及社会主义国家处于对立状态。因此，公民性、政治性权利章程和经济、社会、文化权利章程被分开制定。

尽管这种二分状态持续至今，但所有国家都已逐渐意识到经济社会文化权利的重要性。从联合国人权委员会于 2006 年创立的联合国人权理事会发布的决议①来看，人权范围从居住权、教育权、工作权等主要权利，拓展至诸如食物权、饮水权、选举人的语言使用权、跨国企业问题、贫困与极贫问题、麻风病患者的权利、艾滋病问题、文化多样性的尊重问题等细微的权利话题。公民性、政治性权利的范围也从宗教的自由、表达的自由等传统议题，拓展至针对过去恐怖主义或战争对权利侵害的清算（过渡司法）、和平、人口买卖等社会整体相关的问题。

此外，歧视和少数族群问题，女性、残疾人、选民、难民、移居者等问题也被广泛讨论。这些人权问题是社会层面的问题对个体产生影响的产物。国际人权法开始使用与个人权利相关的集体权利（collective rights）的概念，将边缘群体成员个体的权利视为群体一员的权利来把握，更能挖掘本质。可见，只是从个体层面探讨权利问题，人权倡导问题反而会收效甚微。

（3）发展权：第三代人权

人权概念的拓展不只是在以上这些方面。从国际层面的协作和沟通成为

---

①　参见 http://www.ohchr.org 的 documents 和 resolution。

增进个人人权的主要机制来看，发展权、环境权、和平权等新的权利概念应运而生。这种拓展意味着人权问题不仅体现在一个国家内部的权利侵害及其处理方面，还体现在国家之间的关系中。

发展权（right to development）① "作为一种不可让渡的人权，是指所有人权和基本自由可以在发展过程中得以完整且逐渐实现的权利"（센굽타，2010：56）。此概念最早在 20 世纪 70 年代初被提出，后在 70 年代末由联合国人权委员会正式提出，被 1986 年联合国大会的发展权宣言采纳。20 世纪 60 年代多数殖民地国家纷纷独立，这些国家的经济发展问题随即成为全球化过程中的重大课题，成为发展权概念产生的背景。关于贫困制约人们享有人权的认识开始遍及全世界。西方国家强调提高个人的经济社会权利；相反，第三世界国家主张加强与发达国家的国际合作，被视为人权的国际性义务。尽管发展权概念在发达国家和发展中国家尚未有完全统一的基础，但是都强调个人的发展要与社会的发展相联系，特别是从发展中国家的发展要在与发达国家合作的大框架内讨论这一点来看，成为经济、社会、文化权利发展的一个阶段（박찬운，1999：291 – 295）。1993 年在维也纳召开的联合国人权大会将发展权利作为基本权利。1998 年《世界人权宣言》发布 50 周年之际，联合国大会发布的《发展权宣言》被赋予与《世界人权宣言》同等重要的地位（마크스·안드레아센，2010：18）。发展权必须被视为不可让渡的人权，强调赋予人们对于国家性和国际性资源的请求权，强调一种必须向国家和包括个体在内的社会行动者履行发展权的义务。国家的义务在于必须制定一些旨在促进发展权的各项权利实现的必要的政策，之后辅之以两国间的国际合作来履行发展权相关的义务（센굽타，2010：78）。

围绕备受关注的发展权存在几种争论。发展权常被解释为群体的权利，也因此出现个人权利被轻视的风险。相关的争论还体现在不同于大部分人权概念强调个人权利和国家义务泾渭分明，发展权中的权利与义务的主体界限不清。此外，公民性、政治性权利以及经济、社会、文化权利中也有很多部分相互交叉、重叠在一起（박찬운，1999：300 – 303）。除此之外，环境权、和平权等也应被规定为新的权利概念，强调有必要加强国际合作，保障这些新权利。这些新层次的权利被称为第三代人权。

---

① 韩文翻译为开发权（개발권）。

2）　人权社会发展论的探索

　　具体而言，从权利角度定义发展的发展权概念发展的过程，可被视为将人权与发展合二为一并将之理论化的探索过程。进入 20 世纪 90 年代后半期以来，在涉及联合国改革的议题中，联合国秘书长科菲·安南（Kofi Annan）要求联合国的所有活动领域都要贯彻人权理念，2005 年联合国在名为《更广的自由》（"In Larger Freedom"）的报告中强调，"人权与发展以及安全的议题之间是相互交织、紧密相连的关系".[①] 将人权与发展相结合的人类发展，以及人权、安全三者相结合的人类安全（human security）概念[②]充分体现了以上问题意识。

　　以人权为核心要素的社会发展的目标和方案在学术界尚未达成共识，成为热门议题。社会质量的概念框架也聚焦于此，大致可分为以下四类议题：其一，自由与能力的增强；其二，消除贫困与疾病；其三，少数群体的融合和企业社会责任；其四，人类安全与社会保障的人权问题。在此，社会质量在除了四大因素之外补充加入了消除贫困的内容。

（1）自由的拓展与能力的增强

① 能力获得

　　阿玛蒂亚·森（Sen）提出的"能力获得"（capability approach）也对建构社会质量理论产生了较大的影响，特别强调了对于人类发展产生的重要影响。原因在于能力获得强调将个人与社会相结合并追求社会正义，聚焦于发展过程及其自身问题。因此其与社会质量建构略有不同之处。

　　首先，作为社会发展理论，能力获得的重要性在于明确将社会发展与个体发展结合在一起。森强调将个体的能力称为社会性个人能力（socially dependent individual capacities），以此强调个体能力的社会决定性（Sen, 2002：85）。

　　其次，能力获得的基础在于社会变迁的结果在多大程度上能让人们的生

[①]　UN Secretary General, Renewing the UN: A Programme for Reform (A/51/1950), http://www.un. org/largerfreedom/contents. htm.

[②]　1945 年第二次世界大战后，联合国在成立之初，各国就将人权、安全、发展视为联合国的主要目标。现今联合国下设人权理事会（Human Rights Council）、安全理事会（Security Coun-cil）、经济社会理事会（Economic and Social Council），以追求人权、安全、发展三大目标。

活丰裕富足。他认为生活丰裕存在不同可能性。以幸福为例，判断幸福与否的因素有自我尊重，在参与共同体活动等方面是否存在选择的自由。阿玛蒂亚·森将发展定义为一种经营自由生活的人类能力。他认为自由是政治参与和民主主义自身的目的，也是发展的条件。尽管他未能详细揭示自由的内容，但人们仍然评价他提出的能力获得理论类似于批判性发展理论的反思性视角。能力获得作为对人类行为和国家发展进行的深远的审视，其本质是与人性的全部内容相契合的（Phillips，2008：43 - 46）。Ingrid Robeyns 认为阿玛蒂亚·森在经济学中引入社会学视角，强调其背后的哲学性基础，将理论与实践有机结合在一起（Robeyns，2006：371）。

最后，阿玛蒂亚·森提出的能力获得是一种洞察发展过程的方式。原因在于，从社会发展以及社会质量角度理解的社会变迁并不是追求政治经济已经达到某种高度的发达国家中单一的个人幸福或者社会整合，而是政治经济相互作用的发展。发展被拓展为个体拥有实质性自由的过程。此过程包括GNP 增加、个人收入增加、社会经济制度扩容、政治权利和公民权扩大等。尽管他未能明确深入探讨分配制度问题，但他强调缺乏实质性民主体现在经济贫困的直接相关方面，也体现为威权主义政权对人们的侵害（센，1999，2001）。

贫困以及民主主义缺乏对于人们的侵害成为人权的主要议题，因此能力获得问题成为将人权与发展相联结的人类发展的重要基础。阿玛蒂亚·森本人也积极参与到撰写人权报告的活动中来。但是，阿玛蒂亚·森作为世界银行首席委员，其视野局限于发展的国际比较方面，未能将国际协作作为发展的主要方案进行深入的分析。尽管如此，能力获得不仅以联合国开发计划署（UNDP）为中心分析第三世界的发展问题，以之为理论基础，而且超越经济和政治视野，聚焦于个人赋权，从而发展为发达国家的社会发展理论。以上内容成为社会质量理论重要的参考。

② 人类发展的探索

以强化个人能力过程来定义的人类发展的出发点在于只有同时考虑社会与个人发展的时候才能称之为发展。人类发展概念最早于 1989 年由联合国开发计划署使用，此概念独辟蹊径将人权与发展有机结合在一起。1986 年的《发展权宣言》是其前提，对此后新概念的创立产生了巨大的影响。

发展概念是对一种信念进行批判反思，即经济增长自然会促进个人选择范围扩大，因此人们对发展深信不疑。人才是国家富强的前提所在，因此，满足人们需求从而过上生产性和创造性生活的机会和能力得以扩大和提升，被视为人类发展的主要内容。原因在于发展的核心在于，所谓发展就是增加人们过上有信念的生活的选择机会，并培育促进可持续的人类发展的能力。①

联合国开发计划署将人类发展的核心能力定义为健康生活、教育、维持尊严的物质基础、参与影响社会的决定等。②人类发展必须考虑的主要因素为平等、赋权、协作（参与）、持续可能性、安全性、生产性。为了激发这些因素，国家和地域社会须采用一种新的战略，即逐渐营造出一种提高社会性能力的经济、社会、政治、文化环境。

尽管联合国开发计划署报告未涉及贫困问题，但与其相关的世界银行、经济社会理事会（ECOSOC）等联合国开发机构将主要目标定位于通过各国的协作解决贫困问题，进而诸如人权理事会（HRC）等人权机构也旨在批判践踏人权的行为，进行民主倡导，坚信建立在社会发展人权基础之上的各国协同合作对于消除贫困起着至关重要的作用。

（2）消除贫困与疾病

以人权问题来把握低度发展国家的贫困问题，这种认为消除贫困是全世界责任的规范性视角被称为"人权发展论"，其影响力陡然上升。前述的能力获得等理论认为在贫困状态中无法获得能力和自由，与此不同的是，人权发展论认为贫困的本质在于人权被否定，从人权的角度来探讨消除贫困的原则和方案。从1993年的维也纳会议到2000年的新千年发展目标（MDGs），人权发展论得以发展，其核心在于从以增长为主的发展向以人为本的发展以及以消除贫困为主的发展议题转换（한센·사노，2010：93）。如果发展权是一种抽象的权利概念的话，以人权为基础的发展论则意味着所有的发展过程及其相关活动都要遵守人权规范（셴굽타，2010：57）。此外，与能力获得和人类发展重视个人能力提高的观点相比较，人权发展论则明确将争取人权作为发展的主要目标。这一观点强调国家与其他行动者有保障个人能力和自由的责任义务，关注将参与和结社包含在内的发展过程（한센·사노，2010：95－96）。

---

① http://www.undp.org.bz/human-development/waht-is-human-development/.
② 每年发布的联合国开发计划署报告分析预期指数、平均受教育年限、预期受教育年限、人均国民总收入等指标，最后发布不同国家的人类发展指数。

进入 21 世纪以后，贫困消除问题持续成为人权委员会（现人权理事会）及其人权小组委员会（现人权理事会咨询委员会）为了增进人权迫切要解决的问题。2001 年联合国经济、社会、文化权利委员会发布的《贫困与经济、社会、文化权利国际公约》的内容如下：第一，人权的不可分性与相互依存性（安居乐业尽管是与贫困阶层最直接相关的权利，但公民性、政治性权利也是贫困阶层不可回避的应享有的权利）；第二，非歧视与平等（贫困因歧视而生，也因歧视而续）；第三，实质性参与（对于贫困的相关政策的制定，贫困阶层必须参与其中）；第四，责任义务（贫困阶层必须向国家等义务主体咨询其公共责任问题）。之后，联合国人权事务高级专员办事处发布的《人权与贫困减少：概念框架（2004）》以及《从人权角度减少贫困的原则和指导（2006）》中也提及以上这些人权规范框架。①

（3）社会包容：少数族群的权利与企业社会责任

联合国人权小组委员会在全球化层面对人权进行正式的研究，② 其研究聚焦于非公民（non-citizen）的权利。移民工人（特别是非法滞留者）等国际层面的移民大幅增加，因此人权也应扩展到传统权利对象——公民——之外的群体。该研究现已出版（Weissbrodt，2008）。尽管是以国际法为中心分析，但可以看出这是对社会学中由来已久的市民社会理论的一种新的研究。此外，这一研究还扩展至以人权概念为基础研究性别边缘群体和选民等诸多少数群体的权利。此类研究后来拓展为关于社会包容的研究。

此外，从其他脉络来看，作为与社会包容相关的研究，不得不言及企业的社会责任问题。尽管很多学科都涉及企业社会责任，但最初以人权为基础研究企业责任社会问题的是联合国促进和保护人权小组委员会。特别是组成一个聚焦于跨国企业人权保护责任的工作小组，③ 向人权小组委员会提交企业

---

① UN CESCR, Statement on Poverty and International Covenant on Economic, Social and Cultural Rights 10 May 2001 (E/C. 12/2001/10). UN OHCHR, Human Rights and Poverty Reduction: A Conceptual Framework (2004). UN OHCHR, Principles and Guidelines for a Human Rights Approach to Poverty Reduction Strategy (2006) (이주영, 2012: 3 – 5).

② "Globalization and Its Impact on the Full Enjoyment of All Human Rights", by J. Oloka-Onyango and Deepika Udagama (E/CN. 4/Sub. 2/2000/13).

③ Working Group on Transnational Corporation.

必须遵守的人权规范。① 作为非官方研究者组织的联合国人权小组委员会倡导从政府机构性质的人权小组委员会开始就正式认定企业的人权责任，尽管观点激进，但仍为日后企业社会责任和人权议题打下了坚实的基础。2005 年被选为联合国秘书长特别代表的 John Ruggie 负责企业和人权相关事务，企业社会责任和人权议题在以欧洲为中心的国际社会中正式被提上议事日程。② 在其主导下，联合国人权理事会于 2012 年 12 月将企业与人权论坛（Forum on Business and Human Rights）作为其下属机构，每年召开会议，以此展开关于企业社会责任和人权的多种多样的研究。

（4）人类安全与社会保障的人权问题

人类安全模式是将以国家为中心通过武器来保障的古典安全与社会中个人的实质性安全概念整合在一起。即使国家安全得到保障，如果自由之光仍然不能普照大地的话，或者如果人们感到生活不能有所保障之时，谈得上是真正意义上的安全吗？人类安全概念的问题意识就在于此。人类安全的基本出发点来自"穷则思变"的自由以及源自恐惧的自由。因此，人类安全的所谓"安全"被评价为一种在国家发展层面将社会与个人有机联结的人权社会发展论的理论形态。③

在人类安全模式提出之前，联合国的人权机构就已从人权角度分析社会保障问题。1952 年国际劳工组织（ILO）发布"社会保障最低标准协约"（Convention Concerning Minimun Standards of Social Security, No. 102）。2009 年联合国"2015 年未来发展进程团队"发布的报告显示，在 2007～2008 年全球金融危机期间，与社会保障服务缩减的社会中人们受到巨大冲击相反的是，社会保障制度得以加强的社会中民众受到的影响得以减轻。同年，联合国机构共同制定"社会保障最低线确保计划"，明确指出社会保障权利成为《全球

---

① "Norms on the Responsibilities of Transnational Corporations and Other Business Enterprises with Regard to Human Rights"（E/CN. 4/Sub. 2/2003/12/Rev. 2）.
② 2005 年企业和人权议题经过几番周折之后，终于在 2011 年的人权理事会上发布报告，题为 "Guiding Principles on Business and Human Rights: Implementing the United Nations ' Protest, Respect and Remedy' Framework"（Report of the Special Representative of the Secretary-General on the issue of human rights and transnational corporations and other business enterprises）（A/HRC17/31）.
③ United Nations Trust Fund for Human Security, "Human security in theory and practice"（2009）. http//hdr. undp. org/en/media/HS_ Handbook_2009.

人权宣言》等保障的普适性人权。①

若从社会质量框架来看人权社会发展论的话，正如图 8-1 象限中的社会凝聚和社会包容同样可见于图 8-2 的象限中一样，将两者统一为一体，处理多种少数群体的事宜和歧视问题。第三象限包含贫困在内的低度发展的议题也作为新内容被置于其中。因此所有议题都立基于人权问题，须国际社会协同合作，共同解决。

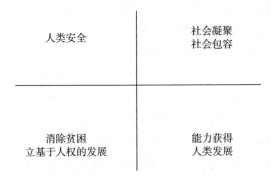

人类安全

社会凝聚
社会包容

消除贫困
立基于人权的发展

能力获得
人类发展

图 8-2　社会质量概念中的人权概念

5. 结论：作为新社会发展理论的人权理论

超越现代化理论和依附理论并且试图将社会发展理论化的社会质量理论，仍然不能完全说明诸如贫困与疾病、陷入低教育水平恶性循环的第三世界发展问题。以人权为基础的诸多发展研究开创了一种新的可能性。这种可能性体现在以下几点。第一，开始明确将尊重人权作为社会发展目标。尽管以社会质量理论为代表的社会发展理论已经与具有探讨基本性发展价值指向的现代化理论、依附理论同等重要，但其人权视角又是一种具有根本性和包摄性的新价值。第二，人权不仅包括公民政治权利，还包括经济、社会、文化权利。第三，社会质量理论与传统社会发展理论一样将国家作为社会发展的基本单位，但是人权发展理论将世界作为一个体系，前提假设为国家之间紧密

① UN System Task Team on the Post-2015 UN Development Agenda, Social Protection：A Development Priority in the Post.

联系、相互影响，因而认为人权发展理论是一种新的发展理论。第四，国际协同合作不仅是单纯的经济援助，还将发展的动机、动力、方法传授和培训等包括在内。

人权发展论目的在于，如何将以人权为中心的无数个议题与学理连接在一起，将其编织成一个强有力的分析框架。事实上将不同领域的人权议题统一成一个理论绝非易事。但是，正如现代化理论将不同学科领域包摄其内一样，如果从社会质量研究作为新社会发展理论仍处于构建理论框架初期这一点来看的话，我们有必要重视从人权社会发展理论角度将分散的各类议题加以综合的重要意义。

第九章　福利国家战略模式论

安祥薰

（首尔大学社会福祉学系教授）

1. 导言：社会质量与福利国家

最近国内外日益关注社会指标[①]，社会质量研究也积极研究社会指标。经合组织、欧盟等国际组织正试图超越将社会发展进步等同于经济增长的传统，特别是以 GDP 为标志的经济中心理论，并且正为设定一些能够测量综合性社会发展的标准做出不懈努力（김영미·최영준·안상훈，2010）。同时将政策配以社会发展指标，以努力推行"立基于经验证据"的政策原则，成为备受全世界关注之趋势（통계청，2009）。

此外，关于福利国家的研究也聚焦于测量福利国家效果的指标。[②] Harold L. Wilensky 等最先开展关于社会支出水平的研究，安德森关于非商品化或社会阶层化的研究都是此类倾向的典型代表（김상균 외，2011）。事实上，为何社会整体性发展的问题是一个充满哲学性、理念性的问题，对其答案的求解并不是一蹴而就的事情。尽管如此，事实上 20 世纪发达资本主义社会旗帜鲜

[①]　社会指标（social indicator）是指体现社会福利水平的指标，旨在把握诸如健康、教育、工作生活质量、闲暇活动、生活质量、家庭、社区等国民生活的整体福利状况（维基百科，김영미·최영준·안상훈，2010，再引用）。

[②]　至少实证分析关注这些测量指标。

明地将福利国家作为发展进步的核心议题。实际上福利国家制度对人们生活
产生何种影响的关注，也被比较社会政策学认定为基本的研究主题。

　　据此来看，福利国家制度与社会质量有着直接和间接的紧密联系。厘清
两者的关系有助于凸显社会质量研究所具有的现实意义。从实证层面看，两
者呈现归纳性的关系。若从关于社会信任的国别比较研究（이재혁，2006；
Fukuyama，1995）、关于整体性社会进步的国别比较研究（Yee and Chang，
2009），以及社会质量研究来看，基本上相关的所有变量局限于福利国家类型
论提及的国家集群。因此，事实上本章的内容可以被看作反思如何将理论与
实证结合分析社会质量与福利国家制度的构成方式。

　　本章的内容如下。首先，以福利国家战略类型的制度主义研究以及关于
资本主义的多样性研究，特别是艾斯平·安德森（Esping-Andersen）提出的
三类福利国家体制为中心展开讨论；其次，对作为制度主义核心命题的路径
依赖进行反思，然后梳理对制度主义模式化进行修正和调整的各类观点；再
次，对采用新变量类型化策略之后各个福利国家的制度在经济、社会、政治
方面表现出何种特点展开粗略的比较分析；最后，新型战略模式化意味着一
种全新的政策设计。因此，最后的部分将展望韩国福利国家的未来发展方向。

2. 形态各异的福利国家战略

　　1990 年，艾斯平·安德森的研究被认为在基于制度主义的福利国家研
究中书写了浓墨重彩的一笔。与既有的研究将福利国家的发展视为路径相
同不同的是，安德森认为各个国家存在实质上迥异的制度遗产，各个福利
国家也因循不同的路径依赖而表现出不同的特点。如果按此思路思考的话，
与将福利国家作为中心变量的做法相比，将不同路径类型化的做法在哪个
层面上起作用？安德森强调将福利国家战略类型化的做法至少有三点长处：
第一，化整为零，节约分析的时间和精力；第二，较易发现变化的因果关
系；第三，对福利国家相关的宏观水平的总体性变化建立一个假设，并据
此做实证分析。

　　安德森通过将福利资本主义进行制度主义的分析，将福利国家划分为自
由主义、保守主义、社会民主主义三种类型（Esping-Andersen，1990）。其类

型化研究的基础是作为不同类型的历史遗产的社会、经济、政治制度。但其计量性的两个标准指标可被概括为去商品化（decommodification）和社会分层（social stratification）。然而，安德森研究的基础还是制度主义，将现代资本主义改良策略的类型化研究脉络与比较政治经济学中的"资本主义多样性"观点进行有机结合。以往分析资本主义多样性的学者有一个共同点：聚焦于"生产的社会性体系"（Hollingsworth and Boyer，1997），进而形成关于组织化资本主义的新合作主义（neo-corporatist perspective）视角（Schmitter and Lembruch，1981；Lembruch and Schimitter，1982；Goldthorpe，1984），最后发展为分析资本主义多样性的比较政治学研究（Iversen et al.，2000；Hall and Soskice，2001；Berger and Dore，1996；Crouch and Streek，1997；Hollingsworth and Boyer，1997；Hollingsworth et al.，1994）。

研究的内容主要表现为多类型的资本主义，或多种福利国家。立基于制度主义的研究聚焦于特定国家内部的生产体系、劳资关系、社会安全体系或福利制度中体现的制度互补性（Huber and Stephens，2001）。因此制度主义认为，一个国家的政治、经济、文化、家庭等微观层面的制度在制度自身包含的治理形式中，存在一种特点迥异的制度之间的制度性合作（Hall，1999）。

但是，某个特定国家或国家群会通过持续地复制经验形成"雷同型制度"的特有制度形式（Berger and Dore，1996；DiMaggio and Powell，1983）。特别是在使世界体系东西方阵营关系缓和的经济全球化浪潮中，仍然存在特点迥异的制度性模式。以此来看，各类模式依然有自身的独特性。因此，资本主义的改良模式只能是区别不同的福利国家策略类型，然后进行学理性研究（안상훈，2002）。

总之，强调关注制度分期的比较政治经济学实际上预设了关于经济活动多样种类的二分法。代表理论为福特主义的生产与专业化生产（Piore and Sabel，1984）、盎格鲁－撒克逊资本主义与资本主义阵营（Albert，1991）、去规制的政治经济与制度化政治经济（Crouch and Streek，1997）、调控的市场经济与非调控的市场经济（Soskice，1991，1999）。

福利体系的研究也类似于关于生产体系的政治经济学研究。安德森在"国家－家庭－市场"的制度划分框架下对福利国家的类型进行划分的思路（Esping-Andersen，1990，1999），也类似于前面提及的多样化资本主义生产体系研究。安德森的理论明显不同于以前的福利国家收敛理论。尽管以前也有学者将福利国家体系和生产体系结合在一起。如 R. M. Titmuss 按照剩余模型、工业的绩效指向模型、制度化模型等，将福利国家进行分类（Titmuss，1974）。R. Mishra 通过将分化性多元主义福利国家与统合性合作主义福利国家进行区分，明确关注福利与经济的关系（Mishra，1984）。然而，制度主义认为将福利国家类型化提升到正式理论分析层面仍然要归功于安德森。

如前所述，安德森的三个福利国家类型（自由主义、保守主义、社会民主主义的福利体系）在去商品化效果以及劳动力市场阶层化等诸多层面上存在较大差异，并具有相互排斥的特点。

自由主义福利体系具有剩余性特征，通过以公共救助为中心的福利只能满足人们的部分需求，社会保险或社会服务体系不发达。这种体系被称为市场中心体系，人们通过公共体系未能得到满足的福利需求，只能求助于购买私人保险或私人服务才能得以满足。保守主义福利体系下的社会保障体系依据不同的产业部门进行划分，以劳动力市场中的贡献为中心，围绕作为综合性转移支出的社会保险建立社会保障体系。该体系具有传统的家长制特点，被视为男性赡养者模型。社会民主主义福利体系的特点是立基于普适主义公民权的社会保障体系。众所周知，此类体系最大的特点在于倡导性别平等、具有浓厚的工人运动传统。

发达资本主义国家在福利配合生产方面也存在差异，体现为三种体系，从根据福利国家和生产体系的多种变量来统计以观察产生何种差异来看，三种体系由于生产和福利及其相关变量的影响，表现出很大的概率性差异（안상훈，2005）。三种体系各具特色，有不同的生存策略。

如表 9 - 1 所示，自由主义福利体系中的福利国家规模较小，市场具有去规制性的特点，工人运动力量薄弱，因此，该体系可被视为一种资本优先的市场资本主义体制。在该体系中，由于福利水平较低，生产性福利方面的努力被视为非必要之举。此外，分配水平也相应较低。该体系的经济成就不多于其他两种体系。自由主义经济学强调的市场成就与政府失败理论在现实中仍然体现为海市蜃楼般的虚像，即自由主义福利体系不仅牺牲福利，还不能取得经济上的成功。

表 9 - 1   三类体系的特点概述

体系	社会民主主义	保守主义	自由主义
福利国家的规模			
社会保障支出水平	高	高	低
转移支付	中等	高	低
总税率	高	中等	低
市场规制			
平均赤字预算程度	高	中等	低
调整指数	高	高	低
劳资关系			
协同合作程度	高	高	低
工会组织率	高	低	低
与中央政府协商程度	高	低	低
生产性福利			
识字率	高	中等	低
积极的劳动力市场政策实施程度	高	低	低
公共雇佣水平	高	低	低
女性参与工作水平	高	低	低
非老人支出水平	高	中等	低
分配效果			
收入两极分化程度	低	中等	高
去商品化程度	高	中等	低
女性就业率	高	高	低
税收转移后基尼系数	低	中等	高

与福利国家相关的支出水平过高相反的是，保守主义福利体系中的分配效果在三种体系中处于中等水平。原因在于福利国家偏重于收入和捐赠联动的转移支付，通过产业成就维持地位。与市场规制水平较高的社会民主主义福利体系相比，保守主义福利体系的生产性福利水平较低。但是，产业调整与协作性劳资关系对经济产生了积极影响，即该体系在经济成就方面与其他两种体系并无较大差异，与社会民主主义福利体系的高福利水平相比，其福利支出水平处于中等水平。

社会民主主义福利体系的福利国家规模相对较大，在现金转移支付方面、提供多样化的社会服务方面做出了很大努力。为了维持福利国家体系，市场规制程度较高，劳资关系建立在强有力的工人运动和社会协作的基础之上。此外，与其他体系相比，为了彰显平等，其分配效果处于较高水平。尽管有如此高水平的市场规制和再分配政策，其经济成就也与其他体系相差无几。这种经济成就在合作主义的基础上促进了劳资之间合作协同关系的形成及产业的良性调整。原因在于，国家积极提高社会成员的受教育水平，采取积极的劳动力市场政策，努力提高女性在劳动力市场中的参与度，积极增进福利、提高生产水平，即在社会民主主义福利体系中，福利的目的拓展为以生产为中心。通过这种福利的拓展构建一种将优质的人力资源在劳动力市场中"人尽其才"的体系，促进产业的革新和生产水平的提高，最终达到福利和生产双赢的效果。三种体系分别以各自的方式将福利与生产结合在一起。从生产和福利的综合顺序来看，在被视为福利国家黄金期的 20 世纪 80 年代前后，社会民主主义福利体系的成就位居榜首，其次为保守主义福利体系和自由主义福利体系。

3. 制度主义的陷阱与政策指向的战略化

1） 路径依赖与体系变化的可能性

如前所述，福利资本主义多样性的观点已经有福利国家体系存在差异的定论。将福利资本主义从制度方面划分为不同的体系，尽管属于比较社会政策学的范畴，但制度主义分析的致命缺点在于脱离理论去分析政策。现有的社会学制度主义研究强调路径依赖，容易造成误解，即一个国家的经验能够适用于其他国家。

为了提炼出福利国家的持续可能性，对于制度主义的福利国家类型化问题，我们有必要建构一个迎合历史新拐点的新视角（Nee and Ingram，1998；Rothstein and Steinmo，2002；안상훈，2005）。这种新视角认为，所谓的某种制度如果经历了历史性重要变迁的话，就存在转变为新模式的可能性，形成摒弃制度主义决定论的契机。制度的依附性并非具有决定性，如果随时敏锐

觉察到新变化端倪的话，就要对可持续发展的福利国家的战略性因素进行学理分析。历史性拐点强调我们不再被动，而是积极地运用"存在即合理"的视角来研究福利国家制度，指引我们以一种积极的信念把握新契机，最终创建一种新的福利国家模式。

此外，韩国福利国家框架的构建依然任重道远。韩国经历了剧烈快速的政治社会变迁，因此我们摒弃错误的政策，努力制定一些可持续发展的战略进行改革。① 我们从发达国家的制度化经验可以提炼出增加可持续发展可能性的因素，再将各类因素进行重新组合，创建新的类型理论，此举意义重大。

制度性遗产自身虽然有较长的生命力，但也并非绝对之事。如果将其与确保制度可持续发展的经验性因素结合来看的话，就会转换为另一个问题：以何种方式来提炼促进制度可持续发展的因素？下面要讨论的新的分析策略是一种不管是三种还是四种类型都能分析的"作为整体的福利体系"。这种新视角对各种体系的长短之处进行梳理，分析某种特点是否能促进福利国家的经济、社会、政治可持续发展，采取的是一种可以创新固有模式的灵活的制度主义视角。

2) 变量指向的类型化策略

新的分析策略的出发点在于对福利国家概念的构想进行转换。首先运用聚焦于福利国家支出水平的产业化理论，以及关注制度主义遗产和路径依赖的体制论进行思考。从认识论的角度来看，福利国家比较论中以收敛论和扩散论为代表的两大策略采取中间立场。尽管所有的福利国家并非步调一致，但同时某种特定类型的福利国家会沿袭既有的制度路径，也具有被称为制度主义的被动性。

福利国家与生活问题紧密相关。我们应该放弃单纯描述社会质量的方法，通过积极推行提高生活水平的政策来深化我们的研究，其基本的原则在于立基于体系类型的比较分析，最终增加制度持续的可能性。这种新的分析方法

---

① 关于韩国福利国家特点的争论可以体现这一点。韩国福利国家体系可被视为西方发达福利国家的混合模式，同时也能看到其各方面的特点仍处在变化之中（김연명 편，2002）。如今的韩国在诸如宏观经济结构、产业特点、人口构成、文化发展方向等层面经历着决裂性的变迁。这种变迁体现在没有解决就业问题前提下的经济增长、女性参与的社会文化障碍、低生育率、高龄化等新的社会问题。因此，韩国福利国家体系已经到了非改革不可的重要时刻（안상훈，2005）。

成为转变韩国福利国家范式、提高社会质量的试金石。

对决定论的类型化进行修正的两种方法论策关注社会政策的构成内容，从收入保障扩展至生活保障来分析福利国家的安全网概念。在以社会政策的构成方式为基础提出新的类型化之前，我们有必要依据不同的项目对社会政策概念进行梳理（안상훈，2006）。本章梳理的社会政策的构成内容大致可分为"现金移转型"项目和"社会服务型"项目。前者是指年金保险、伤病保险等社会保险，儿童补贴等全民式补助，旨在向低收入阶层提供公共补助等收入保障性项目（안상훈 외，2011）。社会服务是指旨在解决照料（养老/育儿）、教育、居住、工作、医疗保健、环境等问题的公共服务，最终向受惠者传达的满足需求的机制是以无形的服务形态来体现的（안상훈，2006）。如果从社会政策手段包括现金移转和社会服务这一点来看的话，只局限于收入保障层面来说明福利国家目标的做法显得不合理（안상훈，2011a）。例如，新的分析方式在概念上的出发点是，福利国家的目标重新将收入保障与社会服务保障结合在一起。通过社会服务满足需求的方式比现金移转的方式更为有效，因此两者的构成比例受到更多的关注。[1]

生活保障构成方式将现金移转和社会服务结合在一起，立基于此的福利国家类型可以从概念层面划分为四种类型。如果根据社会服务和现金移转构成比例高低来划分福利国家的话，依据各种生活保障形态可分为"低－低""低－高""高－低""高－高"四种组合方式。但是，"高－低"的状况尽管在概念上存在，但事实上这一类型不可能完全反映现实。[2] 剩下的三种类型分别被称为社会服务和现金移转都处于较高水平的"社会服务统合型"，社会服务和现金移转都处于低水平的"公共救助型"，社会服务水平较低、现金移转水平较高的"社会保险型"，从安德森的类型学分析来看，依次对应社会民主主义、自由主义、保守主义。[3] 从预期成果层面来看，对制度主义进行修正将

---

[1]　关于社会服务的有效性，请参见安祥薰的文章（안상훈，2007）。

[2]　至少现在不存在完全没有现金移转只开展社会服务的策略（안상훈，2007）。

[3]　以1995年为基准，根据现金移转和社会服务将15个国家分为三种类型的分析结果，安祥薰的研究非常接近于安德森的类型化研究。但是从实际的分析结果来看，两者仍然存在差异。在安祥薰对于1995年前后的分析（안상훈，2005）中，自由主义的英国和社会民主主义的芬兰同属社会保险型；德国和北欧国家被划分为社会服务统合型。然而，从这些国家被分析的不同时间来看，存在类型不稳定的国家，因此也可将安德森的分类和安祥薰的分组分析视为同类研究。

术语变化之后，可以将福利国家分为北欧型、英美型、欧陆型。

4. 不同福利国家的成就

　　前文提及的新分析方式有利于为发展中国家提供相应的教训和经验。例如，为了创建可持续发展的韩国特色的福利体系，可以在成就层面将现有的福利发达国家类型进行比较。为此我们来考察一下在现金移转和社会服务构成层面进行分类的北欧型（社会民主主义）、英美型（自由主义）、欧陆型（保守主义），在经济、社会、政治层面取得了哪些成就。尽管福利国家在类型分类的时期和分类标准上存在差异，但在宏观的框架下仍然可以分为北欧型、英美型、欧陆型。

　　首先，从社会支出水平和国民承担水平来进行比较。如图 9－1 和图 9－2所示，社会支出水平和国民承担水平在宏观上显示出联动的效果。在这一点上表现出的是各个国家的福利体系至少可以被视作财政上的福利和国民承担保持长期平衡状态的模型。正如图 9－1 所示，瑞典等北欧型国家的社会服务统合型及法国等欧陆型国家的社会保险型社会支出规模庞大，美国等英美型国家的公共救助型社会支出水平相对较低。

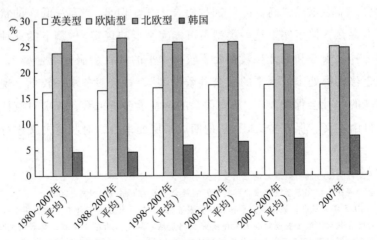

图 9－1　不同类型福利国家的社会支出占 GDP 的比重

资料来源：OECD，2009。

其次，我们在不同类型中比较分析以经济增长率、失业率、雇佣就业率等为代表的经济成就。特别是经济增长速度疲软的西方发达国家与后起之秀韩国相比，其经济增长率指标更为低下（안상훈，2011a）。

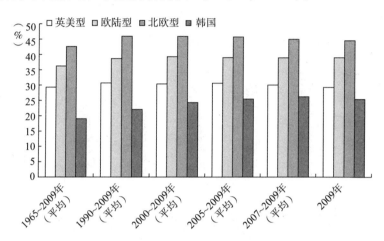

图 9 - 2　不同类型福利国家的国民承担比例

资料来源：OECD，2011。

如果所有类型的福利国家对生产都有负面影响的话，与英美型国家的公共救助型相比，高社会支出水平以及高国民承担水平国家的经济成就自然较低。与美国相比，瑞典或德国等国家的社会支出基本上是前者的 2 倍。这就印证了新自由主义经济学关于此类国家的低经济增长率、高失业率、低就业率的一般假设。这不仅局限于学术界，通过舆论媒体广泛传播之后，被称为"欧洲病"或"福利病"，又被凝练成"负面侵害性假设"的概念。图 9 - 3 大致从福利支出与经济成就关系方面勾勒出"欧洲病假设"的特点。

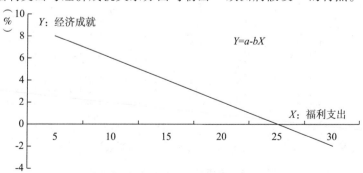

图 9 - 3　欧洲病假设：福利支出与经济成就的关系

首先来看经济增长率。就长期平均水平来看的话，英美型国家首屈一指，其次为欧陆型国家。但是，两者的经济增长率差异不超过 0.5 个百分点，从短期平均水平来看的话，反而是欧陆型国家的经济增长率不低于英美型国家（见图 9 - 4）。

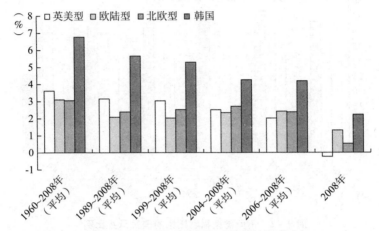

图 9 - 4　不同类型福利国家的经济增长率

资料来源：OECD，2010a。

失业率的状况以最长时段平均水平为指标来呈现，英美型国家最高，欧陆型略低（约低 1 个百分点）。尽管随着统计时间的不同数据有所变动，但最近英美型国家的失业率居高不下的趋势是显而易见的事实。北欧型国家的失业率处于较低水平（见图 9 - 5）。

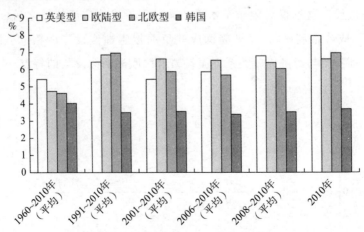

图 9 - 5　不同类型福利国家的失业率

资料来源：OECD，2012。

在雇佣就业方面，北欧型国家的雇佣就业率最高，欧陆型和英美型国家在不同时期表现出不同的特点（见图9-6）。女性雇佣就业率[1]也如此。北欧型国家的女性雇佣就业率最高（见图9-7）。正如现有的福利国家比较研究

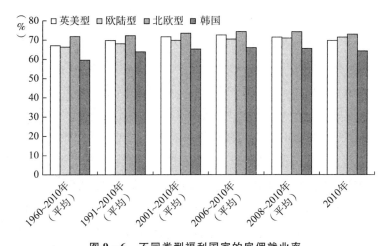

图9-6　不同类型福利国家的雇佣就业率

资料来源：OECD，2012。

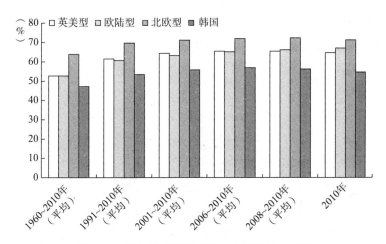

图9-7　不同类型福利国家的女性雇佣就业率

资料来源：OECD，2012。

---

[1]　最近北欧型福利国家的数据中，特别是女性雇佣就业率的重要性日益上升。在知识产业化或去工业化阶段，完整雇佣就业的凯恩斯主义消解之后，人们质问福利国家"是否能维持最高的雇佣就业水平"。因为某种福利国家的自身体系不可能完全维持工作收入以及纳税水平的持续性。

中也明确揭示的这一特征一样，福利国家作为社会服务的雇主①发挥了良性功能，特别是在作为社会服务工作核心的照料工作方面，北欧型福利国家的良性作用得以全面发挥。②

当我们从整体上考察经济成就和福利支出之间的关系时发现了一个饶有兴趣的事实，即尽管福利支出水平较低的英美型福利国家经济增长率较高，但事实上北欧型福利国家的经济增长率也不可小觑。一个决定性的证据说明高福利支出并非必然导致低经济增长。例如，与"欧洲病"或"福利病"相关的耳熟能详的一些假设显然站不住脚。不仅仅是经济增长率，在对作为其他经济成就指标的失业率进行比较时也得出同样结论。此外，当不同的雇佣就业率水平差异表现在"没有就业的经济增长"的状况中时，社会服务统合型福利国家则会采取强有力的应对措施。由此可见，不是在社会支出"总量"方面，而是在经济成就特别是工作岗位相关方面存在的差异也意义重大（안상훈，2011a）。

这种差异源于"社会服务与现金的相对性构成"。如图9-8和图9-9所示，丹麦、瑞典等北欧型福利国家，或者是美国等英美型福利国家的社会服务和现金的比重差异不大。与之相反，德国、法国等欧陆型福利国家的现金比重相对较高。以社会性支出的产生为例，比起主要使用现金发放性福利，均衡强化社会服务的策略有利于经济成就的可能性较大。

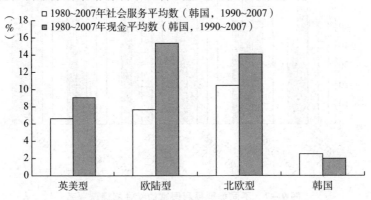

图9-8　不同类型福利国家社会支出的构成（长期平均水平）

---

① 在比较分析中，欧陆型福利国家的总支出类似于北欧型福利国家，通过现金支付大部分费用。
② 北欧型福利国家的福利策略比起现金收入更强调在女性主义的倾向下开展社会服务。各类社会服务使女性从照料义务中解放出来的人数倍增。原因在于：一方面，女性摆脱家长制下照料家人的强制性义务；另一方面，新型的付费性社会服务更易使人们参与经济活动。

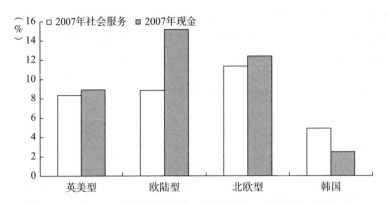

图 9 - 9　不同类型福利国家社会支出的构成 （最近数据）

资料来源：OECD，2009。

　　下面我们对社会性效果进行分析。显而易见的是，福利国家的积极目的并非在于提高经济成就。因此，毋庸置疑的是，与分配相关的指标，或政治性动议赋予福利国家的社会性效果指标更为重要。如图 9 - 10 所示，三种类型发达国家的税前基尼系数差异不大，但税后基尼系数体现了意义重大的差异。特别是从北欧型福利国家的数据中容易看出其自身可见的不平等已得以缓解。欧陆型福利国家也是税前基尼系数大于北欧型福利国家，但税后基尼系数也类似于北欧型福利国家，其不平等状况得以缓解 （안상훈，2011a）。

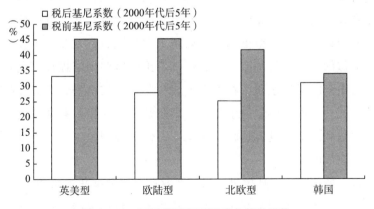

图 9 - 10　不同类型福利国家的基尼系数

资料来源：OECD，2010b。

　　众所周知，中产阶层希望经济社会冲突减少，经济上获得稳定感 （안상훈，2008）。由于资料的局限，我们只对 5 个国家进行比较，但这 5 个国家明确体

现不同类型福利国家中中产阶层比重的差异。瑞典等北欧型福利国家中的中产阶层规模最大，其次为法国、德国等欧陆型福利国家，英美型福利国家中的中产阶层规模最小（안상훈，2011a）（见图9-11）。

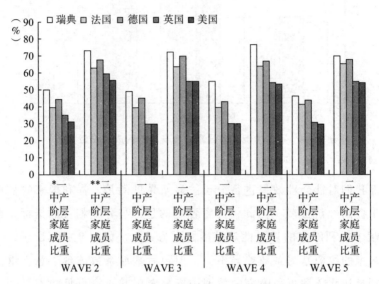

图9-11　不同福利类型的5国中产阶层比例

资料来源：LIS，1985-2000。

若从与分配相关的社会性效果来看，可以看出三种类型福利国家的社会性效果存在较大的差异。如果最基本的福利国家的目标在于分配状况的改善或者再分配的话，则北欧型福利国家取得了举世瞩目的成就。正如与欧陆型福利国家类似的欧洲其他国家一样，可以看出，这些国家提高福利水平的再分配或激活中产阶层等手段，在本质上建构起社会安全网，充分发挥福利国家的功能。此外，可以确定的事实是，只向贫困阶层提供剩余性公共救助政策的英美型福利国家，或者是韩国等国家，依靠福利国家进行再分配改革被视为不可能完成的任务。①

除了以上所述的社会性效果，为了考察社会服务强化策略的政治性效果，我们来考察一下不同类型福利国家的抗税水平。将抗税指标进行比较，重要的是，如果福利国家呈现持续发展可能性的话，通过社会整合扩大亲社会的

---

①　但绝对不是无条件地培育福利国家。我们在后面还要详述可持续发展的韩国特色福利国家建构的各类条件。

影响力来降低抗税水平，是一个重要的前提条件。

　　与安祥薰的研究（안상훈，2008：169）一致的是，对于以下重要问题的赞成与否，即关于保险医疗、退休后的收入保障、失业与就业等主要社会保险制度，国家增强其保障作用，我们可以以税收负担为前提来计算对此问题持赞成或反对态度的比例。为此，我们可以参考国际社会调查项目（International Social Survey Program，ISSP）开展的 2006 年 "政府作用" 调查资料，以及配合 ISSP 进行 "社会政策需求与认识" 研究的笔者的研究团队在 2010 年的韩国调查资料。所分析的对象国家除了欧陆型福利国家中的奥地利和比利时之外，将前述三种类型的国家和韩国都包括在内，计算出对于增强政府作用于社会保障三个领域持赞成与反对态度的各国民众比例，并用结合起来形成的赋值来分析抗税水平，以此赋值展现不同类型模式中的均衡状况（见图 9 - 12）。

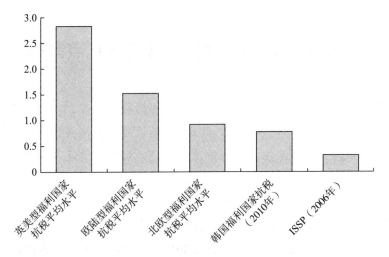

图 9 - 12　不同类型福利国家的抗税水平

资料来源：ISSP，2006；안상훈，2011a。

　　从分析结果可以看出不同体制存在较大的差异。北欧型福利国家的抗税水平最低，有意思的是，国民承担水平最低的英美型福利国家的抗税水平最高。[①]

---

① 韩国的情况是：由于进入 2010 年上半年后才正式开启福利政治的活性化时代，所以我们认为以前调查过的认识层面的结果意义不大。原因在于，针对 "福利国家带来的福祉是什么，以及我们要承担哪些" 等问题，一般国民不会为此问题苦恼，也不会深入思考，大部分人只选择 "标准答案"。我们之后收集的资料也可能出现与预想能够准确把握英美型福利国家的抗税水平完全不同的结果。

由此可见，抗税水平和国民承担水平能够对福利水平产生影响。尽管纳税较多，但如果福利能够同时跟进的话，抗税水平也会降低（안상훈，2011a）。特别是与现金、失业津贴等预留的或者潜在的现金给予相比，保育、教育、养老、医疗、居住等日常性、即时性的社会服务提供，由于能提高福利体感度，也会导致纳税多但抗税水平低的情况。总之，如果我们忽视福利国家模式，尤其是经济成就急转直下的话，我们就不得不担忧其带来的恶劣的社会效果。随之而来的事实是：在维持社会支出水平，以及保障再分配机制，培育中产阶层、纳税政治等方面都出现负面的社会效果，经济增长率就会如英美型福利国家一样长期低迷。同时特别需要指出的是，社会性支出水平较高且相差无几的北欧型福利国家也从另一角度体现了增加社会服务所带来的积极效果。

5. 结论：韩国福利国家建构的几点教训

福利的积极目的在于为民造福，作为幸福的前提条件，物质生活稳定的重要性毋庸置疑（정해식·안상훈，2011）。最近开展的调查显示，韩国民众因为收入两极分化而感到生活艰辛的比例提高，解决之道还是在于政府发挥作用（안상훈，2011b）。

如图9-13所示，关于人们对当下社会阶层结构的认识，我们用5分进行测量，[①] 对多个国家和地区的均值进行比较分析。韩国的得分情况：第一次调查（2006年）为2.28分，第三次（2010年）为2.35分，第四次（2012年）为2.15分，平均值为2.26分。韩国国民对于社会阶层存在负面的认识，与其他国家和地区的差距较大。与之相反的是，大部分国家和地区的民众对于未来持积极态度，国家之间的差异不大（안상훈，2012）。

此外，"收入分化程度很高"的得分越低，人们认为收入分化程度越高。韩国的均值为1.7分，与法国（1.44分）、葡萄牙（1.46分）、德国（1.63分）等国都处于低分状况，较之于其他国家，人们认为收入两极分化更为严

---

① 1分表示一个极端，即富人占少数、中产阶层占少数、穷人占大多数的社会；5分表示另一个极端，即富人占大多数，越到底层人口越少的极少数社会。

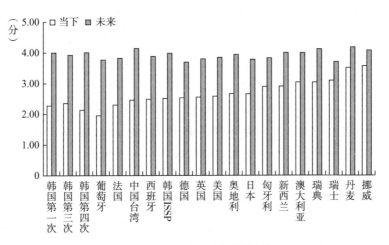

图 9-13　对社会阶层结构的认识

重。北欧型福利国家的得分较高，两类国家形成鲜明的对比。对于政府责任的认识，葡萄牙（1.61 分）、法国（1.85 分）、西班牙（2.04 分）、韩国（2分）强调政府的责任。相反，美国的平均分为 3.31 分，相比其他国家，美国人不同意政府对收入分化负责任的比例最高（안상훈，2012）。若从类似的调查结果来看，当问及"最近对生活进行思考就会感到生活很幸福吗"的问题时，韩国（77.2%）和意大利（65%）两国被访者的幸福感处于最低水平（안상훈，2012）。现有研究有个共同点：如果将国民自身最不幸的理由归结为社会经济保障消解等整体性福利水平降低带来的后果的话，今天福利国家之事变为政治性话题就并非偶然。那么，韩国进入福利国家新发展时代，还能通过类型化策略以及简略的实证分析对韩国福利国家进行讨论吗？

　　如前所述，在福利方面，尽管投入同样的资金，但经济、社会、政治效果存在各种差异。简言之，与提供现金为主的福利惠泽的福利国家策略相比，强化社会服务、确保支出结构上的均衡策略具有明显的优越性。如前所述，在韩国福利国家模式全面实施的过程中，重要的是作为旧时代产物的现金给予方式须超越政策制度性惯性。尽管很难说采用强化社会服务的策略比起其他发达国家模式更会朝着积极的方向发展，但是对韩国来说必须将经济和福利紧密结合，增加福利国家模式长期持续的可能性。下面我们将围绕社会服务策略分析怎样将生产和福利相结合的几个重要论据进行梳理。

　　首先，社会服务意味着代替国家或社会对家庭中的女性无偿提供与个人意愿无关的工作。福利国家模式从制度上消除了阻碍女性进入社会的障碍。接受教育的女性为此更容易进入社会，为提高女性雇佣就业率做出积极贡献。如果接受教育的女性无差别地进入劳动力市场的话，就会极大地提高社会宏观层面的生产率，[①] 成为福利直接促进生产的良性循环的基础部分。

其次，为了解决劳动力市场的问题，提倡将积极的政策以及就业和福利有机结合的社会服务，这一做法意义重大。特别是针对弱势群体的项目，有必要将以就业为中心的劳动力市场政策的引入，与解决个人多元化问题的附加性福利服务有机结合。特别是工作贫困等问题层出不穷，例如，旨在提供合理的现金补贴以及保障家庭生活的多种附加性社会服务，即药物滥用介入咨询、健康服务、子女教育服务等基础性服务更易促进职业训练，确保工作时间。尽管同样的资金用在这些领域，但是如果现金支付不能改变行为的话，那么具体的点对点福利服务，其良好的效果可想而知。

再次，必须提倡将福利与工作结合，提供社会服务的原因在于这样做能有效避免福利减少导致的贫困陷阱[②]以及防止福利消磨工作的动机。例如，在公共救助、消除福利死角地带的政策与收入所得税抵免制度（Earned Income Tax Credit，EITC）相结合的情况下，工作并不意味着不提供福利，而是增加一定的福利，以增强工作信心。此外，在向家庭主妇或者工作女性无差别地提供保育服务的情况下，也会产生消磨工作动机的效果。鉴于此，保育设施的分配朝着有利于双职工或者职业女性的方向进行调整和改革，将有助于提高女性的就业率。一个重要的事实是，不能忽略公共福利的一个基本原则，即在使用何种方式增进福利方面，利用财政手段才能保障福利持续的可能性（안상훈，2011a）。正如抗税水平的国际比较在某种程度上体现这一点一样，重要的是运用符合福利水平的手段公正合理地分配福利资金。为了获得福利，全体国民要做出必要的付出，并亲自参与到这些活动中来，同时要对国民承担义务的相关政策进行改革，以能力为标准公平分配福利，再加之国家信守对国民承担义务的承诺，这迈出了建构良性福利国家的第一步。其结果会使

---

① 再加上最近除发达国家外，韩国的大学入学率中女性的比例已高于男性。如果只是在教育上支持女性却阻碍女性就业的现实持续下去的话，教育投资就会完全变为"打水漂"，即不能收回的"失败的投资"，归结为生产性、市场性侵害的后果。

② 这种现象是指在可以工作赚钱的情况下，加之不缺乏公共救助，一个人不去工作，而是自甘贫困的现象。特别是在各类医疗、教育、居住等服务配套完整的情况下，个人还是选择贫困。

可持续发展的福利能够将基本权利与义务调适相宜，最终使福利真正成为送给穷人的"合理的礼物"。

最后，我们用发达国家的比较结果进行解释时需要注意的地方来结束本章的内容。前述通过比较不同类型福利国家产生的结果表明，北欧型福利国家的社会服务强化战略在经济、社会、政治方面获得的成就最高。尽管类型比较策略是以缓解制度主义决定论的批评为前提，但并非意味着我们可以盲目仿效其他国家的模式。一个不证自明的道理告诉我们，发达国家在建构其福利国家模式之时，也面临沧海桑田式的剧烈变迁，所以其模式不可能完全无条件地适用于其他国家。以北欧型福利国家为例，最为典型的瑞典模式就与造就韩国特色福利国家的当代韩国社会形式存在较大的差异。

从瑞典福利国家的黄金期（第一、第二次世界大战至 20 世纪 70 年代中期）特点来看，第一、第二次世界大战后才显现北欧的特殊之处，北欧型福利国家在战时实行非常体制，共同经历战争的经历轻易促进了同质的国民团结一心，建立在强有力的工会基础上的社民党，从 1931 年开始推行实用主义的连带政治，强调集权；与之相反，右派却常年处于内部分裂状态。

成为潮流、两极分化使得人们对福利国家的需求日益剧增；与之相反，社会矛盾加深，社会和解合议之路渐行渐远。工会内部也因不同的利害关系四分五裂，工会组织率处于较低水平。此外，偏重内部斗争的工人政党也无心关注福利国家的建构问题，与瑞典不同的是，韩国的左派内部反而四分五裂。

韩国经历的高速老龄化以及南北统一等韩国独特的问题也要求加速建构福利国家。从最近的研究结果来看，与国家统一的费用直接相关的是增加在韩原朝鲜居民福利的社会保障费用。从崔准旭（최준욱，2009）对德国式统一的前提条件的研究来看，德国退休国民基础生活保障制度所需资金相当于朝鲜 GDP 的 300%，相当于韩国 GDP 的 8%。

在老龄化的速度上，韩国与瑞典的情况也大相径庭。从表 9 - 2 中可以很容易看出韩国的老龄化速度已经到了爆表的程度。65 岁以上老年人口从 2000 年开始超过总人口的 7%，标志着韩国正式进入高龄化社会（aging society），预计 2018 年将会以 14% 的速度进入老龄社会（aged society）。老龄人口比例从 7% 上升到 14% 的时间仅为 18 年，预计不超过 8 年就会从 14% 上升到 20%（超高龄社会）。

表 9 - 2　人口老龄化速度的国际比较

国家	老龄化到达年份			上升需要的年数	
	7%	14%	20%	7%→14%	14%→20%
法国	1864	1979	2018	115	39
挪威	1885	1977	2024	92	47
瑞典	1887	1972	2014	85	42
澳大利亚	1939	2012	2028	73	16
美国	1942	2015	2036	73	21
加拿大	1945	2010	2024	65	14
意大利	1927	1988	2006	61	18
英国	1929	1976	2026	47	50
德国	1932	1972	2009	40	37
日本	1970	1994	2006	24	12
韩国	2000	2018	2026	18	8

资料来源：통계청, 2005；안상훈, 2011。

　　如果从最近韩国的福利政治问题爆发现象来看，确实出现了韩国特色福利国家模式扭曲现象。但是，政府的大政方针仍然受到脱离经济附属的社会增长优先论的制度惯性的影响，这种惯性力量正是北欧普遍主义的福利国家力量。尽管如此，政治工程学占优势的现实与福利国家事宜结合之后，福利持续可能性直转而下，背离了初衷。对于这种现象，不仅要提高社会质量，而且要将长期持续地调整韩国社会政策的方向作为韩国学术界的分内之事。这些分内之事应包括：运用公正手段调节福利的权利与义务的平衡关系，切实以正义理念改善福利给予和公民承担的制度体系，将预算监督放在福利改革的第一位。以上都是现今韩国学术界的历史使命。

第十章　社会质量研究与韩国社会发展[*]

李在烈

（首尔大学社会学系教授）

1. 关注 "好社会"

对于什么样的社会是 "好社会" 有很多争议，特别是韩国尽管实现经济高速增长和民主化，但两极化依然很严重，社会矛盾冲突纷至沓来。关于 "好社会" 的问题被认为是在认知层面上人们苦苦追问的问题。这种追问虽然不算是严格意义上经验科学的探究对象，但生活改善的话题也是人们不应回避的问题，在价值指向和理论层面应该给争论不休的 "好社会" 下一个定义。此外，被寄予希望的是将怎样打造 "好社会" 的问题集中在政策实践的努力上。

社会学领域对 "好社会" 回应最为强烈的是发展理论。现有的社会学理论将 "以好社会为目标的社会变迁" 定义为发展。20 世纪 60~70 年代，以历史与宏观比较分析为基础的发展理论被认为是在理念上坚持了保守主义的

---

[*]　本章的一部分经过修订与实证分析的补充，于 2015 年在《아시아리뷰》第 4 권　第 2 호（통권 9 통권），第 3~29 页发表了题为《사회의질，경생，그리고행복》（《社会质量，竞争和幸福》）的文章。

现代化理论与激进的依附理论，但是在关于社会变迁的方向方面引发了正式争论，之后将经济增长的发展作为主要衡量指标，两方为此达成共识（So，1990；김경동，2002）。

现代化理论的依据可以追溯到涂尔干或滕尼斯。涂尔干划分了"机械团结"和"有机团结"后，认为从前者到后者的变化是现代化。滕尼斯划分了"共同体社会"和"利益社会"后，认为前者是传统的，后者是现代的。这些都象征着区别于传统的"现代性"，从心理性、组织性、社会结构性要素进行探究这一点上看，研究方法实为一种功能主义方法，聚焦于立足于变迁的单向的线性发展。

各类现代化理论的共同点在于，运用比较一致的框架，分析从个体的心理或价值到宏观社会结构的诸多问题。原来所说的现代化是 18 世纪以后西欧发生的宏观的社会变迁。但是，社会变迁的地域被限定于西欧，在科学进步与物质条件上的改善、经济增长、民主主义扩展等方面进步明显的西欧发达国家与不发达国家，象征着两个不同范畴的国家，并且认为（西欧的）发达国家向不发达国家提供帮助，使得整个人类可以获得由经济增长与民主主义扩展、科学与产业发展等产生的利益。

如前所述，将发展理解为现代化，可以追溯到启蒙主义的进步概念。其背后的前提基础在于一种笃信自然科学和科学技术能够促进社会发展的社会工程学概念。同时，现代化话语体系中的各国之间存在非常大的发展差距，也需要分析探讨其原因何在：主要是在市场结构、技术、人力资本与物质资本等要素上的缺陷与不足，还有价值观与态度等根本的文化原因（Inkeles and Smith，1974）。

当今社会与历史上现代化论的预测大相径庭。扩大与发达国家的贸易，却没有促进物质的增长，有学者不禁反思，发展就是经济规模的扩张吗？这种经济活动的扩大促进了国家的自律与独立等，但在促进经济增长方面备受批判。因此，依附理论不再关注某个国家的内部因素，转而关注该国所处的世界体系中对其产生影响的外部效果。例如，南美国家低度发展的原因并不在于国家的内部因素，而在于与欧洲的关系的不平等。总体而言，依附理论主要聚焦于地缘政治学因素（Wallerstein，1974）。

尽管决定发展的各类因素之间的差别很大，但现代化理论和依附理论共同的不足在于，将经济增长视为衡量发展的最终尺度，将经济增长作为发展的指标来看待。两者都脱离不了经济增长的社会是"好社会"的假设，所以都会受到以经济为中心的批判。

2. 经济增长能否打造好社会

对上述经济中心的思考方式加以诟病的正是伊斯特林（Richard A. Easterlin）。第二次世界大战之后美国的人均收入持续提高，但是有幸福感的公民的比例只维持在30%左右，而且比例未有明显变化，因此伊斯特林想要说明其原因，经济学家称之为"伊斯特林悖论"（Easterlin Paradox）（Easterlin，1974）。当然，人们一般只关注国家层面的经济增长和国民感受到的幸福感平均水平之间的关系，但是个体的收入和幸福之间也很难说是没有关系的。因为在一个国家中，收入越高的人群感受到的幸福感越高。但是，在经济增长持续的背景下市民社会的平均幸福感尚未提高的话，以经济增长为主的国家政策是否正确，关于这个观点，伊斯特林提出的问题意义重大。

虽然在20世纪60年代韩国的人均收入为100美元左右，2000年代中后期已达2万美元，可以说韩国已加入发达国家的行列。尽管各机构判断发达国家的标准略有不同，但依据主流标准，韩国已经进入"发达国家"的行列。韩国也是被称为发达国家组织的经合组织（OECD）的成员之一，预期寿命与识字率以及学校的升学率等，在联合国开发计划署（UNDP）的人类发展指标（Human Development Index）测定的发展水平中也位列世界第12名。韩国无论从哪个方面看都已经在世界受到了发达国家的待遇。但是，在韩国政界，对于"发达化"的话题也是意见纷纭。发达化论者认为，韩国目前还不是发达国家，可以通过发达化迈入发达国家行列，大多数公民也认为韩国还不是发达国家。

人均收入1万美元以下与以上的国家和地区在经济增长与幸福感的关系上存在本质的区别。通过图10-1可以理解它们之间存在的关系。在笔者看来，存在人均收入1万美元以下的国家/地区群，也存在人均收入1万美元以上的国家/地区群。幸福感与收入的关系在人均收入1万美元以下的国家/地区群里的差距很大，在人均收入1万美元以上的国家/地区群中的差距非常小。在同一人均收入群中体现出幸福感两极分化的特点，在这一点上，很明显地存在一个以 1 万美元为基准的边际点。

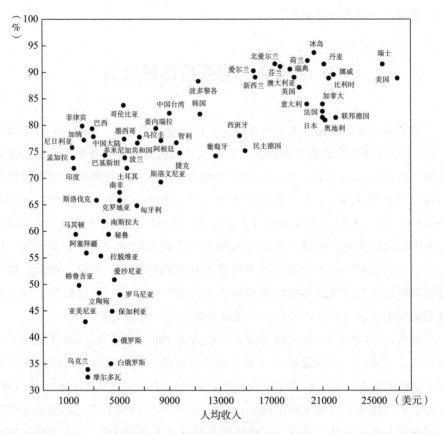

图 10 – 1　收入与幸福感之间的关系

资料来源：Inglehart and Klingermann，2000。

3. 从物质财产到地位财产

问题是：如何解释这种转换？为什么经济增长、收入的增加与幸福感提高之间存在负相关关系？对此最有说服力的解释是 Fred Hirsch 所提的概念（Hirsch，1976）。他将物质财产（material good）与地位财产（positional good）区分开来。物质财产是指在意识上为了满足最基本的欲求，获得饮食、住房、衣服等生存所需要的最基本的物质财富。与之相反，地位财产因比较缺乏，被称为根据是否存在替代品，或是依据人们的欲求，相对取决于价值性的财富或服务。

围绕物质财产的竞争可以通过增加物质提供来缓解。但是，相对于物质财产，地位财产认为等级序列比较重要，所以围绕地位的竞争至少在短期内会有零和博弈的特征。而且，地位财产内在地包含了经济意义上的地租和准地租的意义。

如前所述，韩国的经济高速增长期是物质财产增加的时期。对于经历了饿肚子痛苦的一代人，高速的经济增长带来的结果是明确而强有力的：给予吃不饱穿不暖的社会以丰富的食物与可以温暖身心的居所。就算是在那个吃不饱穿不暖的社会上的普通人，也因为周围环境的变化，生活条件随之改善，人们满怀希望地认为明天会更好。

相反，高速增长期结束之后，基本物质方面的需求都已经得到满足，舒适的环境、更加方便的居所、更安定的职位、更好的大学教育等欲求也逐渐受到重视。比起绝对拥有权，地位更注重与其他人的比较。例如，在汽车普及率比较低的国家，如果自己拥有汽车的话，即使是道路比较狭窄，对于可以顺畅地通行的车辆，使用者的效率也会非常高，但是在同样的条件下，车辆增加之后，反而出现交通堵塞，车辆使用者不得不支出更多的费用。环境的舒适度也是相对的。在人员稀少的郊外虽然可以舒适地生活，但是周边地区被过度开发使得居住者增加的话，舒适度自然下降。其实在过去60年韩国社会发展过程中，人们在物质上的需求得到满足后，围绕着地位财产的竞争会呈现饱和状态，各类问题纷至沓来。

以韩国的升学率为例，如果跟30年前做一个比较的话，升学率从25%提高到了85%。如此快速上升的升学率在世界上几乎独一无二。虽然升学率有明显的提高，但是大学入学考试的竞争比任何时期都要激烈。再加上大学毕业人数激增，求职更成为一件不易之事，特别是为了进入大型企业的青年之间的竞争更是日益激烈。因此，青年失业率的原因是大多数青年谋取高薪岗位的欲求积压。相反，低学历劳动力的供应较少，为了雇用外国廉价劳动力，中小企业之间的竞争也非常激烈。

住宅普及率也是典型的例子。虽然韩国已经达到110%的住宅普及率，但是年轻人想买房这件事，特别是在首尔或大城市买房，被认为是几乎不可能的。社会性稀缺（social scarcity）大致可以分为两个非常不同的类型。所谓的直接性稀缺是指纯粹意义上的财物或服务缺乏；相反，附带性稀缺是指自身的满意度是由其他人得到财物或服务的程度决定的。如果交通堵塞意味着物理拥塞的话，围绕好职位与名牌大学入学的过度竞争则意味着社会阻滞。

如果对社会阻滞放任不管的话，社会竞争会愈演愈烈从而降低社会质量。我们为此需要探索更多的解决方案。方案之一是强化筛选。拥有特殊资格的人员，可以进入有特权的地区，导致在进入特权地区的资格证上的激烈竞争。具有代表性的例子是，之前非均等化时期初中、高中的入学考试制度。但是，韩国选择的政策是分阶段选拔，并最大限度地延长选拔时间。大学毕业后在围绕好工作产生的竞争中，人们只能采用一局定胜负的方式才能立足。在此问题的应对上，德国的对策是将初中、高中的学生分为将进入高中学校的学生与将进入职业教育学校的学生。减少竞争的第二个方案是采用混合征税的方式，使得进入特权地区与获得特殊地位的人承受更多的税务负担。对靠近城中心的车多征税，用于改善交通基础设施，在土地投资费用超额时，将投资后收益回流到国库进行二次分配，这种税种被称为"超额利益土地税"（超土税）。

虽然经济快速增长、民主化不断扩展，但是市民社会的幸福感不升反降，对制度与政党的信任度降低，社会冲突严重，体现出经济增长过程中当竞争对象从物质财产转换为地位财产时出现的丰裕悖论。将丰裕悖论与韩国社会现实相结合之后，最显著的表现是从饥饿社会演变为愤怒社会（전상인，2008）。愤怒的症状有诸多表现形态。最突出的表现形态当属对他人的不信任、不满和不安。

如果工作职位低下的群体长时间积累压力，社会愤怒就会深化。例如，韩国的低工资劳动者比例是 25.7%，大大高出经合组织国家 16.3% 的平均水平。正式员工与非正式员工之间的差距不仅体现在劳动时间上，还存在非常大的身份差距。老人贫困率为 45.1%，是经合组织国家 13.5% 的平均水平的 3 倍多，100 名老人中就有 4 人每月用不到 78 万韩元维持生活。[①] 然后每 10 万人中就有 31 人自杀，是经合组织国家 13 人的平均水平的 2 倍多。韩国最近的投票率为 46%，也是经合组织国家的最低水平。人们常说"20 多岁的年轻

---

① OECD，《OECD 2014 韩国经济报告书》，http：//www. keepeek. com/Digital-Asset-Management/oecd/economics/oecd-econmic-surveys-korea-2014_ eco_ surveys_ kor-2014-en#page6。

人因就业和前途而担忧，30 多岁的中年人因居住问题而不安，40 多岁与 50 多岁的中老年人因养老问题而焦虑"，大规模事故与灾难频频发生，非正式员工数量激增，房价暴涨，不信任与社会矛盾激增，人们对于只专注于政治权力斗争的汝矣岛（韩国国会所在地）政治怨声载道，社会上的愤怒不断积累。

回顾过去的韩国现代史，时代精神比较鲜明。所谓的时代精神是社会成员整体有默契地达成的共识，共同盼望向往怎样的价值观与什么样的社会。在 20 世纪六七十年代的经济高速增长期，"好好过日子"成为当时支配性的经济价值。1987 年之后，"民主化"成为时代精神。但是在年人均收入超过 2 万美元的 2010 年，韩国却失去了明确的时代精神。作为应对之策，有人提出实现更高水平的经济增长，也有人提出促进民主主义发展，但是作为针对不信任、不满和焦虑不安的时代的对策，显得力不从心。此外还有一个对策是"发达化"。但是，发达化将被立为标杆的发达国家作为前提，可以被认为具有"被落后的后进国家永远追赶"的意义。对此，也有人将成为发达国家作为方案。诸如 GDP 或军事的硬实力与被称为软实力的信息能力、技术能力、道德资源、文化魅力、制度灵活性等，该社会包容程度与社会信任水平必须得到提高，否则很难解决问题（김진현，2008）。实际上，一则报道软实力的新闻可以促进社会效率的提高。所谓的软实力包括对弱者的照顾、公平、开放、系统规制，将四个要素综合起来加以指数化之后称为"先进的基础指数"（《매일경제신문》，2011 年 3 月 29 日）。用该指数与经合组织 30 个国家进行了比较，韩国名列倒数第一，综合排名第 28 位。特别是在体现政府领导层地位高、责任重的义务感方面，韩国排名倒数第一。

4. 好社会的概念化

经济增长若像前述般反而会将降低幸福感的丰裕悖论变为现实，回到之前提到的问题，不得不再问一次：发展是什么？对现有的发展理论进行整体性反思并加以整合的金璟东指出单靠经济增长无法解决"发展的核心价值"问题，并认为可以将"好社会"概念加以具体化（김경동，2002：92~94）。他认为构成好社会的生活价值可以分为两种一般价值：一种是"生活质量的提高"；另一种是"生活机会的扩大"。他将生活质量提高的价值分为两个层

面：①在身体需求得到满足后，需要改善客观性条件；②为了更好地生活，需要心理和精神层面的愉快生活和幸福感。在这里，所谓的客观性条件是最低限度的物质者资源及其背后的经济基础的充裕程度，主观性条件是指美好生活在于精神愉悦和满满的幸福感。另外，生活机会的扩大与资源的分配相关。在此可将生活机会一分为二：①社会不平等、排斥、歧视等与分配正义有关的社会正义层面；②作为人类可以享受的最基本的自由与选择权（见图 10-2）。

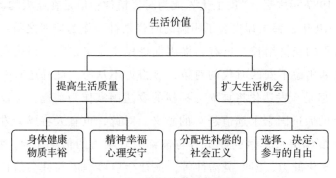

图 10-2　发展的核心价值体系

资料来源：김경동，2002。

　　金璟东关注的发展价值旨在形成好社会的制度层面和结构层面，也包括宏观层面和微观层面。与大部分社会研究一样，他也以社会研究模式为基础展开自己的议论。

　　像这样将价值指向划分为诸多层面时，需要了解 George Ritzer 划分的客观、主观指向的层面与宏观、微观层面交叉形成的四分象限。George Ritzer 在宏观和客观象限关注官僚制、技术、语言等系统论的分析对象，在微观和客观象限关注人类行为与互动交往的规则性等经济学、技术性的分析对象。宏观、主观象限包括文化、规范、价值等具有构建论性质并且可以从文化论视角进行分析的对象；微观、主观象限则成为研究个体心理过程的心理学研究对象（Ritzer，1981）。如果将金氏的发展价值套用 George Ritzer 的框架，所谓好社会就是指社会在系统层面和生活世界层面都得以强化和改善的产物。其中系统是指对生活机会产生重大影响的因素，生活世界是指对提高生活质量产生影响的因素。

　　直到最近，一些研究不是将数量增长，而是将质量上的发展，或有关社会品格作为关注点，分为两个方面。一是以综合个人水平的发展来衡量社会整体水平的研究；二是同时关注个人层面，以及一定的独立性层面的社会性水平。前者的代表性研究是生活质量研究，后者的代表性研究是社会凝聚、社会资本等可以分析具体的社会性的研究，又可细分为可持续性、人类发展、社会质量等可以全面衡量社会性的研究方法（Noll，2002）（见图 10 - 3）。

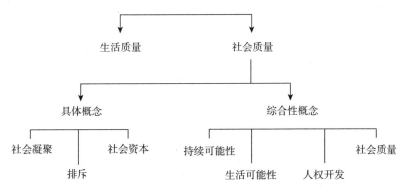

图 10 - 3　生活质量与社会质量的多种概念

资料来源：Noll，2002。

　　在这里受到特别关注的社会质量是以提高个人自身的福利或个人潜能的条件为基础，同时可以参与社会经济、文化共同体的生活（Beck et al.，1997）。根据最初对社会质量加以界定的贝克及其同事的观点，社会质量的定义与金璟东或 George Ritzer 的问题意识相同，包含客观层面与结构层面、宏观层面与微观层面等所有层面的多层次概念。

5. 社会质量与社会理论

　　欧洲对社会质量的关注与 20 世纪 80 年代新自由主义浪潮激荡的时代背景息息相关。随着福利国家数量的增加，为了治愈福利国家病，雨后春笋般扩散的新自由主义以里根经济学与撒切尔主义为代表。但是，由于宣扬打着市场复活口号的新自由主义政策，美国和欧洲的市场竞争产生的两极分化更甚，随着以经济增长为中心的政策地位更加稳固，社会政策成为经济政策的附属物，人们不禁担忧经济和工具性价值加快了共同体的解体。1997 年 6 月

10 日，欧洲 1000 多名知识分子齐聚阿姆斯特丹发布了《欧洲社会质量阿姆斯特丹宣言》。在宣言中，他们希望在取得经济成功的同时在社会正义与公民社会参与方面也得到保障，关键在于提高社会质量。依据这个宣言，社会质量应该保障欧盟各国国民：

- 避免暴力和生态威胁发生的安定生活；
- 合理的居住与供热、衣服与饮食；
- 合理的医疗与社会服务；
- 根据自己的想法进行生育，有充裕的时间抚养孩子以及与家庭成员相处；
- 向所有劳动者提供社会生活所需足够的收入；
- 由于健康或年龄原因无法工作时，提供保障性收入；
- 向残疾人、高龄者、少数族群、移民等提供可以在社区定居的机会；
- 维持人们的亲密感，且在危机状态下维持生计，也可以提供预防社会风险的社会保障制度；
- 提供终身教育与培训的机会；
- 平等的税收制度；
- 消除因国籍、年龄、性别、种族、宗教、政治观念、婚姻地位、性取向等不同而遭到的歧视。

同时，欧盟向成员国提出：①各国国民应该享有上述的基本权利，欧洲的民众为此应该知道谁对这些相关政策负政治上的责任，应该废除失灵的政策；②民主政策需要在各个层面做出决定；③全球化经济体系中的欧洲各国应认识到对周边弱小国家负有社会责任。

另外，欧盟提出：①所有欧洲的政策应研究对社会包容的影响；②设计出欧盟社会的整体性统计指标；③应明确社会层面上的政策目标，引进量化的管理方法，报告目标的达成程度；④政策制定者、科学家以及全体民众参与其中，最终产生了高扬社会质量理念的新议程。

类似的宣言意味着提出了努力提高社会质量的核心价值。构成社会质量的核心概念是"社会性"的再发现。何为社会性？这个包含古典社会学问题意识的概念，比起"个人的心理"更偏向于社会存在的"人与人之间的关系"。社会性有存在论上的依据，比起以自我利益最大化的个人为前提的功利主义更注重社会关系，与关系论的立场较为接近。这种关系论的例子，我们在强调信任的社会资本论或通过他人的社会认定实现自我的 Axel Honneth 的认同理论、在个人主义化偏向于反思现代性的贝克（Ulrich Beck）的社会风险理论中都可以找到。社会性被"再发现"的原因在于社会科学中的社会性经常被遗忘。特别是西方社会科学中的后现代主义将所有东西视为解构的对象，此外 20 世纪 80 年代以里根经济学、撒切尔主义为主的新自由主义的思维框架是功利主义，立基于利己主义的经济学思维主宰了整个社会科学界。

社会学对于构成社会质量的社会性有以下三个命题：第一，所谓的社会性是指，个人以其社会性存在不断自我实现的过程与经历了互动交往后形成的集体认同的过程，社会性就产生于二元之间的依赖性（微观 - 宏观或社会性的构成）；第二，现实生活中这种关系的特点在于权利、地位、能力等方面不可忽视的个人之见的偏差（不平等、机会结构等）；第三，社会性的特点、内容、形态和结构等取决于系统和生活世界之间横向的张力，以及个人和社会之间纵向的张力（Beck et al.，1997）。

对于何为社会质量、社会质量的分析方法以及传统生活质量的分析方法之间的差异，详见本书第一章丘惠兰撰写的《社会质量：理论与方法》。丘惠兰系统地梳理了当前的社会质量文献后，发现了社会质量研究方法的核心。那么，社会性构成与内在的张力和再生产是通过何种方式被认知的？是否可以用具体的方法论加以分析？所以，从狭义上看，很难用客观和因果的经验分析方法来分析其机制，在这一点上，我们需要一种综合性、系统性的分析方法。另外，社会性是反映社会现实复杂性的概念，因其具有实践性和参与性效果，被用来研究妥协、协商、协议制度的互动过程。所以，比起根据个人的意图就可以还原的合理性的选择模式，更需要重视感性认知以及动机层面，并且采用总体性维持关系论的视角，为此，其前提在于行动者在权利、地位、信息等方面必须保持平衡。

学界关注社会性也体现在认为关系性也是自我实现的重要形式这一点上。自我实现体现了个人的独立性同时也促进了利己主义发展，所以需要在本质上区别好与不好的利己主义。另外，在强调民主主义的规范与价值时，不应该以正式制度为中心，而应重视人权、人道主义的连带意识、社会正义、地区本土性等全球化层面，立基于理解他文化的包容性也非常重要。

图 10-4 大致整理了上述内容，图中提到了系统制度与生活世界之间的关系，还有宏观社会发展与微观社会发展之间的紧密关系等。图 10-4 中的横轴是互动交往的领域。生活世界中的各种矛盾冲突与因果关系受到系统的影响，制度的转换过程可被视为政治参与或社会认同的过程，系统/制度在日常生活中被接纳的过程是，异质性被整合形成妥协的过程，系统的合理性体现在日常生活中。如前所述，可将之理解为制度圈与个体之间的互动交往。正如前述一样，系统体制内和体制外之间也被理解为一个相互作用的过程。在此框架下，当市民社会或在野党人士参政时，同样需要在包括非政治圈的市民社会或社会运动人士在内的全社会认同基础上获得合法性。

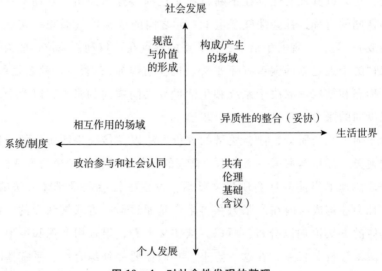

图 10-4 对社会性发现的整理

在此过程中最重要的是互相沟通。通过沟通可以缓解和协调不同性质的个人之间的利害关系与权力的欲求和矛盾等问题。

图 10-4 的纵轴表现的是社会性构成的场域。社会的价值与规范等是通过微观层面的个人之间的互动表现的，同时，个人的行为或价值受到宏观结构的影响。也许能够表现这种双重关系的是吉登斯的结构化理论。结构在规则方面制约个体的同时，也能作为资源推动个体的行动，所以被认为是双重的。具有代表性的例子体现在语言方面。如果使用相同的语言，肯定要有应遵守的语法体系，这可以被理解为妨碍学习其他语言的制约因素。但是，可

以理解语言规则的个人可以自由表达丰富的意义，这一点被认为是重要的资源。同样，社会规范尽管在微观层面上是个体之间选择和行为的结果和体现，但同时也具有对个体选择产生影响的规范性强制力，在这一点上也是二元双重的关系。

根据以上所述，社会质量的分析方式与生活质量的分析方式存在很大差异。正如丘惠兰在本书第一章中提到的，生活质量研究试图将构成生活质量与社会质量的各种因素机械地加以综合，社会质量研究在理论背景下，试图将各因素进行有机的整合。另外，在生活质量研究中，个人以满足自身所期待的欲求为目标；在社会质量研究中，个人在社会过程中以通过自我实现获得共同体的认同感为目标。所以两种研究在个人与个人行为上分别存在不同的前提。以个人为基本单位进行分析与测量是生活质量研究的重点，社会质量研究则是以个人之间的互动交往为重点。

6. 通过实证分析体现社会质量分析框架的适用性

若考虑所有因素的话，为了使社会质量研究意义最大化，需要在四个层面上对所指向的规范与其组成因素以及对其进行保障的现实条件做出考虑。欧洲社会学家所提出的规范性质的价值，其属性在于作为分配性正义的均衡性、连带感、平等性价值以及人类的尊严，如果观察每个构成要素的话，人类安全、社会认同、社会反应以及个人的能力之间息息相关。作为确保每个个体价值与资源分配的具体条件的社会经济保障、社会凝聚、社会包容和社会赋权都应得到保障。

这样一来，通过社会质量理论框架分析韩国的现实情况是否非常合适呢？本书的第一部分从社会经济保障、社会凝聚、社会包容、社会赋权四个领域对韩国现实进行分析来研究其可用性（见图 10 - 5）。

第一，所谓的社会经济保障，是以人类的生活为基础，以消耗最少资源来保障物质生活，以在环境方面不会受到威胁等为衡量的尺度。从贫困、疾病与灾害、失业中获得安全，才能满足社会经济保障的条件。可以满足这样的基础要求的社会是"安全社会"，未能达到要求的社会为"风险社会"，客观层面上的"安全与风险"是主观层面上的"安心与不安"。在本书第二章中，南恩瑛运用社会风险（social risk）概念分析了韩国社会的社会经济保障面临的风险。社会风险是指对生活条件造成威胁的事件或状况，在过去传统的工业社会风险是指失业、疾病、老年贫困等，最近，不规则的生命历程与家庭结构的不稳定以及劳动力市场的灵活化等风险形态在不规则变化中。

南恩瑛认为，由于雇佣环境恶劣与工作、家庭对立的不平等及雇佣市场的两极化等，低学历、低收入群体或青年群体和老年群体经常面临传统的社会风险，新社会风险则不论阶层和年龄广泛蔓延，即韩国无论是在经济上还是社会上正步入更加高风险的社会。

第二，社会凝聚表现出人们的认同与价值规范的享有程度，与社会团结和连带感有关。对不特定多数的信任、对制度与机构的信任、利他心、公民意识、宽容度等都可以成为判断的标准。可以维持社会凝聚的社会被称为"信任社会"，社会规范没有一致性、只存在利己竞争的社会则是"不信任社会"。文化脉络也非常重要。在韩国的文化背景中，特殊主义性质的关系较为发达，对关系较近群体的信任与对陌生人的信任之间的差异非常大。北欧社会规则的普遍性和清廉指数的信任度很高，因此韩国与北欧社会在普遍主义、亲疏的信任差距方面存在非常不同的特点。

在本书第三章，丁海湜与安祥薰划分了社会凝聚的多个层面之后，将其与社会整合结合起来衡量社会凝聚。特别是将具有积极特性的社会资本及具有负面特性的社会排斥和不平等与其他国家的指标进行比较，韩国社会凝聚处于非常低的水平，即韩国具有非常明显的不信任社会的特征。

第三，社会包容是普遍性的人权概念的运用程度，即无论社会成员的价值和信念是什么，该成员会以本身是社会成员的身份，平等地接触社会的各种制度，平等地获得机会。与"包容社会"相反的是"排斥社会"或"歧视社会"。

在本书第四章，丁炳恩研究了韩国内部社会排斥的具体程度。虽然男女之间的歧视逐渐式微，但是绝对水平上的差距这一触目惊心的现实受到了更多的关注。在雇佣方面，正式职员与非正式职员之间的差距已经不再是劳动时间的问题，即使劳动时间相同，在补偿方面也会受到身份差距的影响，这一点严重妨碍了社会包容。

第四，赋权是个人可以发挥力量或能力的程度。这一概念可以体现个人

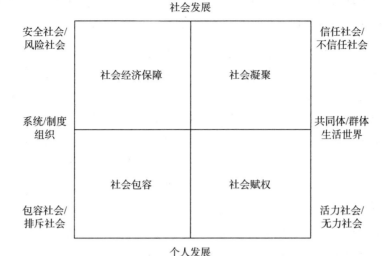

图 10－5　构建社会质量的领域（EFSQ 模型）

是否可以发挥自身的能力，是否参与了决定自身命运的公共事宜。可以较好地发挥个人赋权能力的社会是"活力社会"，相反则是"无力社会"。

在本书第五章，比起个人赋权金珠贤更关注社会赋权。通过市民社会的民主参与和管理提高自主性，提高决策的参与度至关重要。在社会学上，这样的政治赋权对于深陷民主化悖论的韩国有着非常重大的意义。通过民主化推动了制度上的民主主义，对于政治的冷漠越来越严重。对于投票参与率在OECD 国家中最低的韩国来说，增强社会赋权是决定韩国发展的重要因素之一。

第一部分的四篇文章都是以欧洲社会质量研究的四个领域作为前提。微观－宏观的纵轴与划分系统/制度与生活世界的横轴交叉之后得到四个领域——社会经济保障、社会凝聚、社会包容、社会赋权。另外，各个有意义的概念化与现实分析也在一定程度上取得了成功。

相反，第二部分的四篇文章的内容是将社会质量概念用于韩国社会，通过分析不同的主题，直面社会质量框架存在的问题，并提出相关的改善建议。

在第六章，丁珉秀使用"地域社会能力"的概念对社会质量进行分析和反思。欧洲已经开始研究，地域社会是社会质量可以尝试用各种分析方法来进行观察的单位。通过个人之间的团结与凝聚实现集体行动，决定社区的命运，同时，变迁的社区共同体是作为个体重要的环境和资源来运转的。丁珉秀通过分析具体的资料发现地域社会内部居民发挥的公民能力决定了地域社会的健全性，同时对社会质量的提高起到了决定性作用。

在第七章，赵炳熙分析了适用于医疗领域的社会质量分析框架：纵轴是宏观层面的公共卫生质量与微观层面个人健康水平提高之间的阻抗关系，横轴是医疗制度和健康共同体两个极端之间的张力与均衡的概念化。其结果是用与图 10 - 5 一样的方法分为四个领域，分别是：①国家公共卫生资金筹措的医疗保障体系；②医生与患者之间的信任体系；③阶层之间的健康分化；④危险认知与主观的健康水平提高。按这样的划分，韩国的健康水平在客观上非常高，但主观上的健康水平并不是很理想。医疗保险或医疗制度虽然在表面上得以改善，但是在质量方面，个人需要承担的医疗费用过高，享受的服务质量很低，阶层与年龄健康不平等，医疗机构的使用也不平等。赵炳熙发现，患者对于医生的信任度尽管较高，但和人与人之间的基础信任相比，对于医生和医院不分离产生的信任更为强烈。况且围绕着健康风险的反思并没有达到成熟的水平，所以对疾病的过度恐惧很容易扩散，关于疾病歪曲的认知也随之而加深。

在第八章，郑镇星在对有关社会质量话语依据现有的发展理论做出评价后，提出了新社会发展论的人权发展论的可能性。这也是社会质量的四个领域采用了人权角度的意义所在。过去，第一代人权概念强调的是法律面前人人平等、身体的自由活动、财产权等公民社会政治方面的权利，第二代人权概念是经济、社会、文化方面的人权受到重视，特别是劳动与市场保障以及维持适当的生活水平的权利，进而追求身体与精神上最大限度的健康的权利、受教育的权利等。到了第三代人权概念之后，通过国际层面的合作与沟通提出了发展权、环境权、和平权等，最具代表性的是发展权。使用社会质量框架，比起停留在传统意义上的人权概念，更应该增加发展扩大人类安全与人类发展（赋权）、扶贫与以人权为本的发展（包容与凝聚）等范畴。

在第九章，安祥薰研究的是社会质量与福利国家类型论之间的关系。在分析研究了艾斯平·安德森提出的福利资本主义的制度主义后，笔者通过社会质量研究从现有的类型论推导出赋予福利国家新方向的含义，即将英美型、欧陆型、北欧型福利国家与韩国在以下几点进行比较：福利支出与经济成就、雇佣效果、不平等、抗税等。研究的结果是，福利支出较高的北欧型福利国家经济成就反而更高，不平等程度较低，抗税现象也较少。韩国兴起的福利政治会成为韩国型福利国家发展的拐点，在此情况下，提高社会质量会成为促进福利国家可持续发展的捷径。

以上实证研究发现的有趣事实是，社会质量研究框架与帕森斯（Talcott Parsons）提出的社会系统分析模型有类似的不规则结构。被称为 AGIL 模型的帕森斯系统理论的所有子系统［适应、达鹄（目标达成）、整合、维模］都达到了以功能为目的的目标。各系统都需要这种功能。比如，虽然企业是负责适应的最具有代表性的系统，但该系统被分成 A - G - I - L，负责达成目标的政党的次级功能也被分成 A - G - I - L。跟此非常相似的第二部分的所有研究虽然存在程度上的差异，地域社会、公共卫生与健康、人权和福利等主题都处于不同的领域，但是仔细观察的话，仍然可以发现由保障性 - 凝聚性 - 包容性 - 赋权性构成以及都是分形结构的相似点。

但是社会科学所面临的重要的问题之一是概念的可行性与可靠性问题。特别抽象的哲学层面的概念，很难在社会现实中进行可以观察操作的界定。欧洲的社会科学家提出的规范与思想层面的社会质量概念，只能确保条件性因素（conditional factors）的具体化。具有规范性的理念层面的话语是具有抽象性与整体性的，所以为了在现实中将可测量的概念操作化，不可将重点放在概念的一致性与测量的可能性上。

然而通过这样的研究，可以了解欧洲学者选择的分析框架具有多层次性，非常难以操作化。欧洲学者为了测量社会质量，在已经划定的四个领域中选定了 95 个指标（van der Maesen et al.，2005）。然后，对与各领域相关的重要指标进行了详细的解释。比如，从社会经济保障来看，为了享受人生，最低限度的客观性条件是金融资源、居住与环境、健康、工作岗位、教育等。可以保障社会包容的条件是多形态的公民社会权、劳动市场的参与、公共与私人服务的福利服务连接网络等。社会凝聚的衡量指标为信任、综合性的规范与价值、社会网络、认同等。社会赋权的条件有知识智力的基础、劳动力市场的参与、享受多种制度惠泽的权限、个人关系等。

但是仔细检查指标的话，会发现存在许多问题。第一个问题是，过度化的理论指向使得被操作化的概念之间重复叠加。这些概念都是演绎而来的，比如，社会网络是测量社会凝聚的指标，也是社会包容的指标，同时还用于测量社会赋权方面。工作岗位与劳动力市场是社会经济保障的条件，同时也是社会包容、社会凝聚的主要条件。另外，与概念操作之间的非对称使话语变得更加混乱，增加了实证分析的难度。究其原因，作者想在过度推理的系统中找到原因。换言之，在概念与理论方面越是追求一致性，在该分析框架方面越脱离现实的相容性。所以，我们不得不将适当范围内的归纳分析结合起来。这种操作化的困难在于测量产生了一系列问题，尤其是在生成宏观与微观层面互动交往指标时遇到的问题。多层次的实证分析与多元回归分析一样，需要多层次的指标，但是他们的研究没有给出明确的分析。所提出的95个指标都是宏观方面的指标，只能把个人的特征转换为地域社会、国家等宏观层面的指标进行测量。例如个人之间在平均收入、收入分配上的不平等等，都被转换为宏观的指标。所以，测量相同可变因素之间的不同范围时指标是被重叠使用的。

第二个问题是社会质量概念偏于欧洲化。欧洲国家的社会质量水平高于世界平均水平，所以会理所当然地倾向于支持社会质量的传统法治主义，即高水平的国民收入、高水平的民主主义及较高的清廉指数与法制主义都被视为理所当然的基础。但是，这些被欧洲国家视为理所当然的问题，对其余的发展中国家或在文化方面存在明显差异的东亚国家来说是严重的问题，最具有代表性的问题是制度的清廉指数与法制主义。

对于这些问题的应对之策，如本章所述，社会质量的实证研究需要将分析框架设为宏观。如前所述，即使经济增长、民主化得到发展，但对充满冲突与不信任、焦虑不安程度较高的社会来说，也与社会问题形成了鲜明的对比，从而看出社会质量可以促使社会进步，也可以是测量"好社会"的概念性方案。但是为了达成目标，需要经历实证分析，确保概念的单一层次性与简单性。所以，笔者认为要用社会性测量社会质量，需要做以下工作：①不区分宏观微观，代之以测量宏观社会水平的指标；②将极为抽象、全面的社会质量概念的使用，只限于现实生活中的社会政策对象。因此，社会质量可被定义为"可以掌控社会上各种风险的社会制度的能力与公民能力的综合体"，可以应对社会风险的能力分为提供社会保护（以宏观和制度性的过程为媒介）和增强个人的风险复原力（大致是最终回归到个人能力的表现）。

一个社会的制度力量是可以通过福利制度提供社会保护及增强个人复原力的教育与工作。在这里，测量福利制度能力的变量为贫困率、公共社会支出、工会组织率、公共年金替代率等，教育与工作提供能力的二级指标为男女性的雇佣率、公共教育支出、以及高等教育毛入学率等。

公民力量是社会成员认为处于共同的规则之内，测量相互团结程度的社会凝聚与为了解决自身的问题参与政治的比例。具体而言，构成前者的要素有新闻自由、政府效能、互联网用户比例、清廉指数、管理意识、性别赋权、一般信任等；构成后者的要素有制度公信力、选民投票率、民间组织参与率、民主主义水平等（Yee and Chang，2011）。

诸如此类修正过的框架与最初的分析框架相比，不变的部分是生活世界（见图 10 - 6）。社会学家诺斯（D. North）认为制度是"规定人与人之间互动交往作用的正式的制约或比赛规则"（North，1990）。如果经济制度是指对于经济性奖励、决定人们达成契约和进行分配的财产权或进入壁垒的话，政治制度则是指决定政治性奖励或政治权利分配的政府形态等。

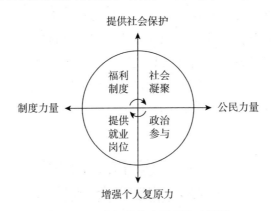

图 10 - 6　修订的社会质量构建要素

问题是，规则如何形成文化、规则如何运行等已成为特殊性问题。大部分国家在宪法规定方面几乎没有差别，但是实质的系统运行存在非常大的差距。例如，美国的宪法与南美国家的宪法非常相似，但是在实际运行中，形成了两种完全不同的形式，消除正式制度与非正式惯行之间的巨大差距才是重点。

Daron Acemoğlu 划分了正式权利与实质性权利。正式权利是基于政治制度产生的权利。例如，政党和议员依据选举获得议席的权利。相反，实质性权利是由经济、军事或治外法权决定的，尽管最极端的例子是引发内战的叛军的权利，但是和平时期发挥作用的群体的威胁也被称为实质性权利。所以，实质性权利被称为通过集体行动得以实现的权利（Acemoğlu et al.，2005；Acemoğlu and Robinson，2006）。金璟东强调需要区分现代化与本土化，被视

为具有代表性的新现代化学家。引发社会变动的是"享用特权的少数人群"与"有相对剥夺感的多数人群"之间的权利冲突（김경동，2002）。他认为能使权利斗争引发的制度僵化产生改变的社会就是好社会，并将制度和生活世界之间的张力称为"结构性灵活状态"。

总而言之，无论是现代化理论还是依附理论都没有解决问题，应该通过制度是否有效运行，是否持续发挥结构上的灵活性，同时追溯化解社会冲突的根源，探寻是否能实现社会整合的答案。制度以什么样的形式运行，对财产权的保护、法律体制、腐败、政治精英等将产生非常大的差异。该差异持续地对经济增长或社会发展产生影响。

Daron Acemoğlu 将经济制度主导一个国家的原因归结为，经济制度使相异的群体和个人得到一定的优惠，从结果看是造成了社会矛盾，特别是在社会冲突过程中依据政治制度进行规制的正式权利，受到集体行动、暴力，或是更为极端的武力的挑战，进而被强制破坏，抑或是在破坏之前就先行创新改变。从长远看，触发了经济制度与规则的变化，其结果是形成了新的政治权利分配，从而重新产生新社会冲突的场域。

7. 经合组织国家的社会质量
与福利国家类型的比较

笔者采用图 10－6 中提出的替代性概念框架，将韩国的社会质量水平与其他发达国家做比较，由此推出今后社会发展的内容。为此，所使用的资料与表 10－1 相同。具有代表性的宏观指标取之于经合组织国家，并且使用了世界价值观调查的问卷与各大陆指标的调查资料。

表 10－1　社会质量构建指标与出处

	指标	年份	来源
1	男性就业率	2008	OECD，2008
2	女性就业率	2008	OECD，2008
3	公共教育支出		

	指标	年份	来源
4	大学入学率	2009	Upper Secondary Graduation Rate, OECD Education at a Glance 2011
5	相对贫困率	2007	OECD
6	公共社会支出	2007	OECD, Net Public Social Expenditure
7	工会组织率	2008~2010	OECD
8	年金收入替代率		OECD
9	言论自由	2011	Freedom House
10	政府效能	2010	Worldwide Governance Indicators 2008
11	互联网用户比例	2010	International Telecommunication Union
12	腐败认知指数	2010	Transparency International
13	自由度	2011	Freedom House
14	性别赋权	2009	UNDP
15	一般信任	2007~2009	European Value Survey 2008, Latinobarometro 2009, Asian Barometer Round 2 (2007)
16	制度公信力	2007~2010	Eurobarometer 74.2 (November-December 2010), Latinobarometro 2009, Asian Barometer Round 2 (2007)
17	选民投票率（国会议员选举）	2007	IDEA
18	组织参与度	2005~2006	WVS 2005, Euro Barometer (2006)
19	民主主义满意度	2007~2010	Eurobarometer 73.4 (May 2010) Latinobarometro 2009, Asian Barometer Round 2 (2007)

构建社会质量指标须按以下步骤进行。首先，输入各国构建社会质量的指标后，将各变量取值标准化，最大值为100，最小值为0。再根据李在烈与张德镇的研究（Yee and Chang，2011），为提高各领域的分数，计算变量的算术平均数以及不同二级领域的分数。结果见表10-2。

从结果看，经合组织国家中社会质量最高的国家是丹麦，其次是冰岛、瑞典、挪威、芬兰等北欧国家，德国位居第14位，意大利位居第22位，希腊位居第26位。

韩国的社会质量在所对比的30个经合组织国家中位居第28位。从4个二级领域看，风险复原力位居第18位，相对而言是较好的排位，但社会凝聚位居第23位，福利保障与政治赋权都位居第29位，公共制度赋权位居第28位，公民社会能力位居第 27 位。

表 10 – 2　经合组织国家的社会质量（标准化的数值，2011）

国家（排名）		社会质量指标	公共制度赋权	风险复原力	福利保障	公民社会能力	社会凝聚	政治赋权
1	丹麦	90.0	86.9	87.8	86.0	93.2	96.9	89.4
2	冰岛	85.9	84.1	93.6	74.6	87.8	92.2	83.3
3	瑞典	80.9	76.3	73.8	78.8	85.5	95.5	75.5
4	挪威	80.8	73.2	83.3	63.1	88.4	94.2	82.7
5	芬兰	75.6	72.6	72.2	73.0	78.7	95.3	62.0
6	荷兰	68.0	59.7	58.3	61.2	76.3	89.7	63.0
7	奥地利	68.0	59.2	50.8	67.7	76.7	73.1	80.3
8	卢森堡	67.9	52.7	39.8	65.5	83.1	79.3	86.9
9	瑞士	66.1	63.3	79.2	47.3	68.9	86.1	51.7
10	新西兰	63.7	58.7	82.5	35.2	68.7	86.1	51.4
11	澳大利亚	60.7	48.6	63.2	33.9	72.8	81.2	64.4
12	比利时	60.5	53.2	45.5	61.7	67.5	76.3	58.6
13	英国	56.7	55.2	65.6	44.8	58.2	75.6	40.9
14	德国	55.5	49.6	53.3	45.6	61.4	77.5	45.3
15	加拿大	55.0	49.7	60.5	38.8	60.4	81.6	39.2
16	爱尔兰	51.3	47.7	68.1	27.1	54.9	70.0	39.8
17	法国	48.9	47.3	40.0	54.7	50.4	67.5	33.3
18	西班牙	48.8	48.1	49.9	46.4	49.4	62.9	35.9
19	美国	48.5	38.9	57.4	20.3	58.2	72.0	44.3
20	葡萄牙	48.2	55.8	69.1	42.4	40.7	55.7	25.6
21	捷克	48.0	51.8	55.1	48.6	44.1	55.7	32.6
22	意大利	46.6	51.7	45.4	58.0	41.4	41.8	41.1
23	日本	46.5	45.9	64.7	27.1	47.0	61.7	32.3
24	匈牙利	44.1	53.2	47.2	59.2	35.0	45.9	24.1
25	斯洛伐克	43.3	43.2	43.5	43.0	42.8	51.6	33.9
26	希腊	40.6	50.0	43.5	56.5	31.2	36.2	26.3
27	波兰	39.4	39.1	44.6	33.6	39.7	50.7	28.7
28	韩国	33.8	33.0	51.8	14.3	34.5	52.3	16.8

国家（排名）		社会质量 指标	公共制度 赋权	风险 复原力	福利 保障	公民社会 能力	社会凝聚	政治赋权
29	墨西哥	16.0	21.1	38.2	4.0	10.9	9.8	12.1
30	土耳其	15.6	12.1	6.6	17.6	19.2	8.4	30.0

首先，如果将全世界最高的社会质量之一的瑞典与韩国进行比较的话，会突出韩国是一个多么需要改善的国家。图 10 - 7 中国家之间的四边形面积大小是根据标准化分数测量的社会质量之间的差距。瑞典的社会质量指标得分是 80.9 分，韩国却只有 33.8 分，与瑞典的社会质量差距特别明显的部分是政治赋权与福利保障，分别差了 60 分左右。如果在风险复原力与社会凝聚层面来看分数的话，其差距缩小到 20~50 分。

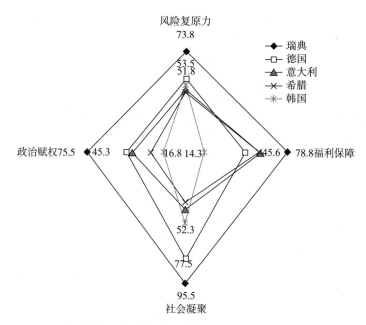

图 10 - 7　韩国、瑞典、德国、意大利、希腊的社会质量比较

德国与韩国之间的差距没有像韩国与瑞典之间的差距那么大。德国的 4 个二级领域之间很平衡，是瑞典的缩小模式。在风险复原力方面，德国与韩国之间的差距甚微，但是在政治赋权与福利保障方面存在 30 分左右的差距，在社会凝聚方面相差 25 分左右。所以对韩国来说，比起瑞典，德国更可以作为韩国的模仿标杆。

另外，意大利、希腊与韩国有一些相似的特性。韩国在风险复原力与社会凝聚方面领先于意大利和希腊，在政治赋权、福利保障方面落后于意大利与希腊。

从交叉角度来构建制度赋权的社会保障（福利）与风险复原力（教育与工作）。如图 10 - 8 所示，韩国的情况是对社会风险的保障能力非常低，从教育与工作入手来增强个人的风险复原力相对而言是成功的典范。与希腊和意大利进行比较，韩国通过提供教育与工作增强个人的风险复原力，而福利所发挥的保障功能确实很脆弱。相较于德国，韩国在风险复原力方面与其很相似，但在提供福利方面落后于德国。与瑞典进行比较，韩国通过福利提供保障、通过提供教育与工作增强风险复原力都处于落后状态。

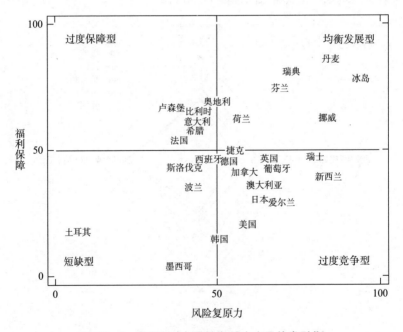

图 10 - 8　福利保障与风险复原力交叉的类型化

总体上，在福利保障与风险复原力方面都处于优势的均衡发展型的国家有丹麦、冰岛、挪威、芬兰、瑞典等北欧国家；相反，在福利保障与风险复原力方面都比较缺乏的国家有土耳其、墨西哥、波兰、斯洛伐克等。希腊、意大利等南欧国家的风险复原力指数比较低，属于福利保障水平较高的过度保障型国家。另外，美国与日本、英国、澳大利亚、新西兰等的福利保障指数较低但风险复原力指数较高，是典型的过度竞争型体系。

　　构建社会质量的 4 个二级领域，即福利所提供的保障，通过提供教育与工作增强的风险复原力，社会凝聚，还有政治赋权之间的关系（见表 10 - 3），与福利保障有着最强相关关系的领域是政治赋权（$r = 0.7285$），其次是社会凝聚（$r = 0.6071$）。通过提供教育与工作增强的风险复原力与社会凝聚的相关性较高（$r = 0.7772$），其次是政治赋权（$r = 0.5200$）。这到底意味着什么呢？决定一个国家福利水平的因素不能单纯是经济成就。民主主义水平越高，对制度的信任度越高，各种选举中的投票率越高，组织活动频繁的国家的公共支出越高，工会组织率越高，相对贫困率越低。

表 10 - 3　社会质量 4 个二级领域之间的关系

	福利保障	风险复原力	社会凝聚	政治赋权
福利所提供的保障	1.0000			
风险复原力（通过提供教育与工作）	0.4034 *	1.0000		
社会凝聚	0.6071 **	0.7772 **	1.0000	
政治赋权	0.7285 **	0.5200 **	0.7688 **	1.0000

注：* 表示显著值为 0.05 的显著水平；** 表示显著值为 0.01 的显著水平。

　　在这一点上值得关注的是以社会凝聚与政治赋权为代表的公民社会能力与福利所提供的保障之间的关系。从社会质量的角度观察的话，一个社会的制度性保障水平，与人们在生活世界中形成的共同体水平之间，应是相互呼应相互作用的。所以最理想的是，需要同时发展多样性市民社会的能力，以在社会中实行一种管理有序、良性发展的福利制度。

　　研究图 10 - 9 中福利保障与公民社会能力的相关性，会发现一个有趣的关系。墨西哥、土耳其等之前公民社会能力很低，政府对福利的投资也很低，属于典型的福利缺乏的国家。丹麦、瑞典和芬兰等都有较高水平的公民社会能力，同时也发展了与之相应的福利制度。在公民社会能力与福利保障的发展方面，两类国家群在一定程度上维持着平衡。

　　相反，还有一类不能维持平衡的国家群。与公民社会能力相比，希腊与意大利过度发展福利制度。韩国、日本、美国、澳大利亚、新西兰等福利制度的发展还不能达到管理公民社会能力发展的水平。但是希腊与意大利的金

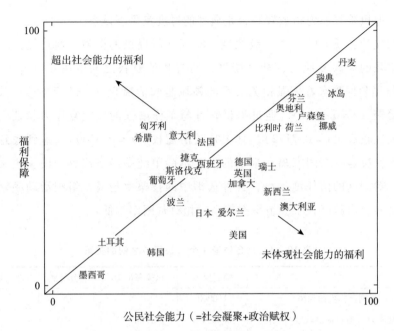

图 10-9　社会赋权与福利保障

融危机引发财政危机的最大原因，在于运营制度的治理方法上或政治赋权上过度的福利制度发展。德国的情况是在社会赋权范围内未出现过度的福利支出，这意味着在运营方面减少了福利制度的财政支出。

可以清晰地反映治理水平的是透明度。将透明度设为横轴，福利支出设为纵轴，形成对比图（见图10-10）。从图10-10中可以看出福利支出与社会赋权支出的关系。瑞典与德国维持着较高透明度的同时福利支出也较高，被称为"透明的福利国家"。

在经合组织国家中，透明度排名最低的是墨西哥、土耳其等国家，福利制度水平也很低，改善社会不平等的赋权制度水平非常低。比透明度水平更加受人瞩目的是意大利和希腊过高的福利支出。所以，福利支出会在个人所得税与合理性方面引发争论。另外，在福利制度的效率上也存在很多问题，福利支出的增加在财政危机与合理性上又会引发更多的争论。在此分析中，以韩国透明度来看的话，福利支出属于过低的类型。

通过以上的分析可以得到以下结果。第一，意大利和希腊是以福利保障为主来增强风险复原力，而非通过增加教育和工作岗位。与社会赋权相对应，过度的福利支出是不合理的。第二，从瑞典与德国的情况来看，通过增加福

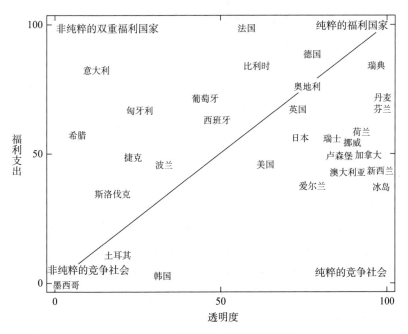

图 10 - 10 透明度与福利国家类型

利支出来增加教育与工作岗位，然后再通过教育、工作岗位增强风险复原力，从两个方面在制度上维持着平衡的状态。在瑞典，高水平的福利制度与风险复原力维持着平衡的状态，相对于瑞典，德国维持着比较低水平的平衡状态。同时，在瑞典，福利支出与该社会的治理方式相呼应，所以可以一直持续这种状态，从德国的情况来讲，与治理方式相比，福利支出较低。

从韩国的情况来看的话，在两个方面都存在非常不平衡的状态。第一，比起福利所提供的保障，教育与工作岗位对个人风险复原力的增强产生了巨大的影响，形成过度竞争型社会，缺乏解决社会不平等与贫困问题的制度。

第二，就算是考虑了韩国的政府管理能力、社会信任、政治参与水平等，目前还不具有管理福利支出的能力。与意大利和希腊相比，两国的福利支出并不很大，所以不会有财政危机，但与管理能力比起来福利支出也不是很多，所以会产生一系列难以解决的问题。

社会质量的比较研究明确展现了各国处理社会风险的方式或在福利政策上的差距。第一，有着良好的福利制度、丰富的教育机会与工作岗位的瑞典会给遭遇失败的人提供很多再次挑战的机会。所以青年可以果断大胆地创业。

相反，福利制度保障较弱的韩国的青年，却急着避开风险。由于韩国社会无法容忍失败，所以众多青年创业的企业家精神逐渐式微。第二，透明度较高与福利支出较多的瑞典，实行公平且具有普遍性的福利制度。相反，韩国的透明度较低，福利支出也较少。所以，如果透明度未得以大幅度提高的话，福利财政的增加会导致财政危机，就像南欧不公正的双重福利一样。第三，在社会质量高的社会，不平等现象较少，而且社会成员之间的信任度也高，因而可以和谐共生地发展。可是，相对而言，不平等现象严重而且信任度低的韩国更接近弱肉强食的生活方式。

发达国家的收入水平比现在的韩国更低的时候，公民社会能力却很高。如表 10 - 4 所示，人均收入突破 2 万美元的年份，瑞典是 1988 年，德国是 1991 年，比 2007 年达到 2 万美元的韩国领先了约 20 年。因此，将目前韩国的社会质量与现在的瑞典和德国相比较，不如与 1988 年的瑞典和 1991 年的德国进行比较更有公正性。比较的结果显示，国民收入超过 2 万美元的时候，瑞典的福利以及安全保障已经是韩国的 5.7 倍，德国是韩国的 3.1 倍。尤其是瑞典的公共社会支出是韩国的 4 倍，德国是韩国的 3 倍。在所得税方面，瑞典是韩国的 8 倍，德国是韩国的 4 倍。可是从风险复原力观察的话，韩国的地位并不亚于当时的瑞典和德国，大学入学率也远远高于两国。

表 10 - 4　相同水平 GDP 国家（韩国、瑞典、德国）的社会质量比较

国家	韩国	瑞典	德国
年份	2007	1988	1991
人均 GDP（元）	22892.7	23047.9	22734.1
福利以及安全保障	—	5.7 倍	3.1 倍
基尼系数	2.11	4.9	3.37
公共社会支出	7.85	30	23.4
工会组织率	9.06	81.45	35.99
所得税	4.68	36.57	18.45
风险复原力	—	1.0 倍	0.8 倍
男性就业率	71.63	82.49	77.61
女性就业率	53.58	78.51	56.31
公共教育支出	3.852	—	4.317
大学入学率	56.02	22.07	19.54

续表

国家	韩国	瑞典	德国
年份	2007	1988	1991
社会凝聚	—	2.0 倍	1.4 倍
言论自由	3.33	12.5	6.25
政府效能	1.29	2.19	2.09
互联网用户	75.93	—	0.25
透明度	5.1	8.71	8.13
权利	6.5	7	6.5
性别赋权	0.51	—	—
一般信任	51.77	78.87	56.13
政治赋权	—	2.2 倍	1.5 倍
政治参与	0.089	0.261	0.149
选民投票率	59.98	85.96	77.76

资料来源：박기웅，2010。

在可以被认为是公民社会能力的社会凝聚或政治赋权上，韩国在很大程度上落后于瑞典和德国。尤其是在言论自由、政府效能、透明度、一般信任、政治参与以及选民投票率等方面，明显落后于两国。

8. 寻找适合于韩国的福利模型

韩国的经济结构在很大程度上具有对外依赖性，需要适应变化非常快的技术，同时特殊之处在于一直开拓国外市场。美国与日本都在很大程度上依赖国内市场，可以通过内部竞争提高整体的经济水平，所以即使存在不平等因素也是情有可原的。劳动力市场的灵活性、产品市场的创新性及以短期合同关系为主的市场化等，都是提高效率与体系安全性、具有战略性的制度，都可理解为各类政策之间存在相互的连贯性和依赖性。

韩国比较特殊，在经济方面对贸易的依赖程度可以说世界第一，人口较多且维持着这种对贸易的依赖程度的国家有瑞典、德国等。两国都有强大的内部调适系统。在这里指的内部调适系统由较低的基尼系数体现出来，通过强有力的收入再分配政策与福利政策，减少市场中的不平等。教育与培训更加重视经验，考虑到以长期雇佣才能形成投资，雇佣稳定性相对来讲比较高。另外，在企业的管理方式上通过与当事人协议进行调整。宏观经济政策与工资政策也是通过各产业之间以及全国层面上的调控进行调适。这种调适过程，决定了可以适应快速市场变化的内部调整系统的作用方向与水平。核心是培训可以适应劳动力的快速市场变化，出台从各方面规避社会风险的精确、积极的劳动力市场政策。

在图10-11中，韩国是对外依赖型+内部调整的经济性质，与瑞典、德国非常相近，其意义何在呢？以韩国之前成功发展的战略来看，形成不亚于德国、瑞典的调节性经济，具有较强控制力的国家主导的工业化，以及官僚经济的衍生物。从结果来看的话，与欧洲的调整经济非常相似，但是韩国不是通过各民间机构与市民社会具有自发性的产业形成与协作发展的管理方式，而是政府自上而下的国家治理方式。

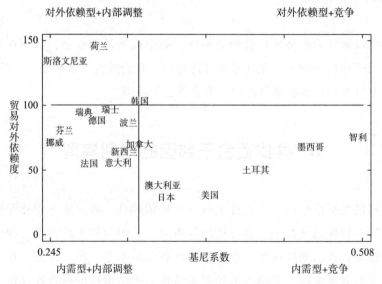

图 10-11　贸易对外依赖度与基尼系数方面韩国在全球的位置

特别是在政党结构与政治过程中出现了明显的差异。欧洲福利国家以明确的政策导向与理念为主，然后在各类政党主导的合作过程中形成对应社会风险的系统，韩国还是以政府为主导，对社会风险进行防范并对福利进行投资。图10-12显示了公共社会支出占GDP的比重和新社会风险管理支出占

GDP 的比重之间的关系。这里的新社会风险管理支出是：①积极的劳动力市场政策；②现金与实物形态的家庭支援；③对高龄者的实物补贴；④公共补贴（Bonoli，2007：508）。韩国不仅公共社会支出占 GDP 的比重非常低，新社会风险管理支出占 GDP 的比重也非常低。所以，需要决定今后福利应该往什么方向发展。

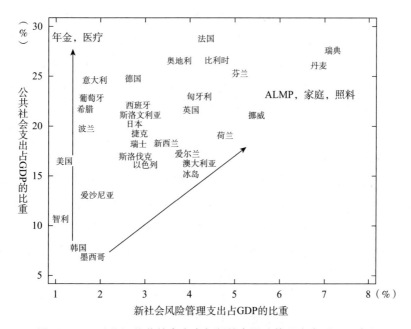

图 10－12　（总）公共社会支出与新社会风险管理支出（2007 年）

　　欧洲各国保持较高水平的对外依赖度，同时着力于在调适经济框架下维持重商主义的强大竞争力，但须与之相配的是社会安全网和福利投资，以及积极的劳动力市场政策。但是如前所述，目前韩国的不平等指数持续升高，如果维持目前状态的话，韩国很可能会脱离对外依赖型调节性经济国家的范畴。由于社会纠纷与调整费用的上升，韩国很有可能难以维持对外依赖型经济。尤其是新自由主义竞争理论快速扩散，再将已经纳入全球化经济增长体系的韩国大企业加以考虑的话，很难实现之前的高速增长期的重商主义官僚经济所带来的经济效益。

　　为此我们统一的选择是通过提高体制内部调节效率和制度创新，以最大限度地提高系统的灵活度和风险复原力。为此需要积极大胆地对福利进行投资，为了提高该投资的效率，需要有透明、效率高的福利传送体系与积极的劳动力市场政策。

但是目前韩国的福利支出在经合组织国家中属于最低水平。此外，也不存在旨在增加福利投资的社会协议过程。脆弱的政党政治和制度系统难以保障福利－劳动－教育的联合体系，成为很难活跃投资和难以提高生产性复原能力的重要原因。

经历了财政危机的意大利、希腊、西班牙、葡萄牙等南欧国家，与成功克服了财政危机并且拥有强大适应力与国家竞争力的丹麦、瑞典等北欧福利国家相比，两种类型国家差异的本质何在！最大的差异是以何种社会风险作为目标与怎么支出福利费用。南欧大部分国家的福利支出并不亚于北欧福利国家，它们将传统社会风险的预防工作集中在医疗保险与养老金方面。相反，北欧福利国家在各种社会风险预防工作方面，将大量预算积极投入劳动力市场，并有效执行预算。

韩国快速反应并分析新社会风险的多种要素。在传统风险的预防工作还不很充分的情况下，还需要面对新社会风险。瑞典与德国的模式成为韩国学习的榜样。瑞典是最理想的学习对象，但是从多种制度特性与路径依赖来看的话，瑞典模式不能适应韩国的现实土壤。比起瑞典，德国更适合作为韩国的榜样。但是，韩国要担心的是不要重蹈希腊和意大利的覆辙。从社会质量方面来看的话，在维持韩国目前的社会凝聚与政治赋权的同时增加福利支出，比起德国与瑞典很可能会步希腊和意大利的后尘。

作者简介

李在烈（이재열，第十章）

本科毕业于韩国首尔大学社会学系，于本校获得硕士学位，获得美国哈佛大学社会学博士学位。现任首尔大学社会学系教授。历任翰林大学社会学系教授，华盛顿州立大学访问教授，首尔大学社会发展研究所所长，韩国社会学会理事。最近的学术旨趣聚焦于"从经济增长型社会向成熟型社会发展"，继而开展社会质量研究。代表著作为关注韩国社会网络的"三部曲"——《韩国社会的连接网研究》（2004）、《韩国社会的变迁与连接网》（2006）、《网络社会的结构与论争》（2007）。最近论著为 *Social Capital in Korea：Relational Capital*，*Trust and Transparency*（2015）、《您是中产阶层吗?》（2015，合著）。

郑镇星（정진성，第八章）

毕业于韩国首尔大学社会学系，于本校获得硕士学位，获得美国芝加哥大学社会学博士学位。现任韩国首尔大学社会学系教授。历任首尔大学社会发展研究所所长，韩国女性学会会长，韩国社会学会会长，首尔大学人权中心第一负责人，联合国人权理事会咨询委员。研究方向为人权、性别、历史与日本社会研究。特别是针对日军慰安妇问题、日韩国人与跨国婚姻等问题持续开展学术性和实践性活动。主要著述为《现代日本社会运动论》(2001)、《日军性奴制度》(2004)、《从人权角度读懂东亚》(2010,合著)、《人权社会学》(2013,合著)。

丘惠兰（구혜란，第一章）

毕业于韩国梨花大学社会学系，于本校获得硕士学位，获得美国芝加哥大学社会学系博士学位。历任成均馆大学东亚学术院以及韩国社会科学资料院院长。现任首尔大学社会发展研究所研究教授。主要研究方向为社会科学方法论和国际比较研究。主要论文为《群体间风险认识的差异》(2010)、《地域社会的质量水平与差距》(2013)、《公共性降低风险水平吗？——以经合组织国家为中心》(2015)。

南恩瑛（남은영，第二章）

毕业于韩国首尔大学社会学系，在本校相继获得社会学硕士和博士学位。现任首尔大学亚洲研究所选任研究员，并任亚洲研究所学术期刊《亚洲评论》责任编辑。主要研究方向为社会阶层、消费社会学。主要论著为：《金融危机之后阶层的两极分化》(2009)、《韩国中产阶层的消费文化：以文化资本与社会资本的含义为中心》(2010)、《韩国社会变迁与中产阶层的消费文化》(2011)、*Class, Cultural Capital and Cultural Consumption: Exploring the Effects of Class and Cultural Capital on Cultural Taste in Korea*(2011,合著)、《幸福感、社会资本、闲暇：以关系型闲暇与志愿服务活动的含义为中心》(2013)、*Social Risks and Class Identification after the Financial Crisis in Korea*(2013)、《分享的社会科学》(2014,合著)、《韩国、德国、意大利的亲福利态度比较研究：以制度的影响为中心》(2014,合著)。

丁海湜（정해식，第三章）

毕业于韩国首尔大学社会福利学系，在本校获得博士学位。现任韩国保健社会研究院社会政策研究本部社会统合研究中心副研究员。主要研究领域为社会保障、比较社会政策、社会整合等。主要论著为《意大利年金改革的政治与工会的作用》（2008，合著）、《韩国退休年金制度引进研究》（2009，合著）、《社会质量底层领域之间的关系研究：以社会经济保障与社会凝聚为中心》（2011，合著）、《经合组织主要国家的社会质量水平比较研究》（2013）。

安祥薰（안상훈，第三章、第九章）

瑞典乌普萨拉大学社会政策学博士。现任韩国首尔大学社会福祉学系教授。2013 年兼任第 18 届总统职务接管委员会雇佣福祉分会接管委员，并历任总统直属国民经济咨询委员会民生经济分会委员长以及社会保障委员会委员。持续关注韩国的社会保障问题，通过国家间社会政策比较方法论，展开对福利国家战略与福利政策、福利治理等主题的探索和研究。最近致力于两个主题的研究：一是在社会经济的框架内灵活运用高科技重新建构社会服务传输体系；二是探索处于福利国家转换时期的韩国如何制订多元政策主体参与的社会调和方案。主要论著为《现代韩国福利国家的制度转换》（2010）、*Dynamic Cleavages of Welfare Rights and Duties' in Public Attitude towards Old-Age Pensions*：*A Comparative Study*（2014，合著）。

丁炳恩（정병은，第四章）

毕业于韩国延世大学社会学系，在本校获得硕士和博士学位。历任韩国女性政策研究院客座研究员，翰林大学高龄社会研究所选任研究员，成均馆大学调查研究中心研究教授。现任首尔大学社会发展研究所选任研究员。主要研究方向为人权社会学、残疾人社会学、社会经济。主要论著为《韩国社会质量与福利体系》（2013）、《残疾儿童的文化艺术：权利利害与实态报告》（2013）、《人权社会学》（2013）、《荷兰洪水风险克服与公共性：1953 年大洪水与双重学习的进展》（2015）、《岁月号向我们发问：灾难与公共性的社会学》（2015）。

金珠贤（김주현，第五章）

获得韩国首尔大学社会学硕士和博士学位，在日本早稻田大学完成博士后课程。曾任首尔大学社会发展研究所研究教授，现任忠南大学社会学系教授。主要研究方向为老年社会学、人口学、老人福利、社会政策。代表性论文为《年龄主义测量尺度开发与合理性研究》（2012）、《韩国与日本的年龄主义结构与影响要素比较》（2013）。此外，将韩国质量研究与德国进行对比治理研究，代表论文为《社会质量与社会合议指向性的效用：以德国的经济危机克服为例》（2013）；还开展东亚四国工作与家庭矛盾关系的对比研究，代表论文为 "Do Part-Time Jobs Mitigate Workers' Work-Family Conflict and Enhance Wellbeing? New Evidence from Four East-Asian Societies"（2015）。

丁珉秀（정민수，第六章）

毕业于韩国延世大学社会学系和法学系，于首尔大学卫生保健研究生院获得卫生保健学博士学位，在美国哈佛大学完成博士后课程。历任美国哈佛丹娜法伯癌症研究院（Dana-Farber Cancer Institute）研究委员。现任同德女子大学卫生保健管理学教授。主要研究方向为人口群体的健康水平、疾病、健康行动等多元社会因素如何产生影响。代表论文为："Does Community Capacity Influence Self-rated Health? Multilevel Contextual Effects in Seoul, Korea"（2013），"Effect of Information Seeking and Avoidance Behavior on Self-rated Health Status Among Cancer Survivors"（2013），"Associations Between Health Communication Behaviors, Neighborhood Social Capital, Vaccine Knowledge, and Parents' H1N1 Vaccination of Their Children"（2013），"Contextual Effects of Community Mobilization and Communication Capacity as a Positive Factor for Self-rated Health Status: A Multi-level Analysis"（2014）。

赵炳熙（조병희，第七章）

毕业于韩国首尔大学社会学系，于本校获得硕士学位，同时获得美国斯坦福大学社会学硕士学位，在威斯康星麦迪逊大学获得社会学博士学位。历任启明大学社会学系教授，现任首尔大学卫生保健研究生院卫生保健社会学教授。兼任亚洲社会质量财团会员，历任社会政策学会会长，韩国艾滋病防治联盟副会长，韩国统计厅国家统计委员会社会统计分会委员。主要关注医疗职业、健康风险、补充与代替医疗（complementary and alternative medicine）、社会资本等。长期致力于探索一种能够对社会进行身体性、精神性、社会性健康的评价方法，以及提高整体健康水平的方案。最近跳出卫生保健领域思考社会整合与冲突的问题。主要论著为《疾病与医疗的社会学》（2006）、《性欲与风险研究》（2008）。

参考文献

第一章 社会质量理论与方法

서울대학교 사회발전연구소. 2009. 「사회의 질 (Standard Questionnaire for Social Quality)」. 조사자료.

소비자보호원. 1999. 『IMF 전후 소비생활 변화 비교』.

이희길 · 심수진 · 박주언 · 배현혜. 2013. 「국민삶의질측정 2013」. 통계청.

통계청. 2002 – 2011. 「경제활동인구조사 근로형태별 부가조사」.

한국노동연구원. 2011. 「비정규직 노동 통계」.

Afsa, Cédric et al. 2008. "Survey of Existing Approaches to Measuring Socio-economic Progress." Joint Insee-OECD document prepared for the first plenary meeting of Commission on the Measurement of Economic Performance and Social Progress CMEPSP.

Alkire, Sabina. 2008. "The Capability Approach to the Quality of Life." Working paper prepared for the Working Group "Quality of Life". Commission on the Measurement of Economic Performance and Social Progress.

Bandura, R. 2008. "A Survey of Composite Indices Measuring Country Performance: 2008 update". UNDP/ODS Working paper.

Beck, W., Keizer, M., van der Maesen, L., and D. Phillips. 2001a. "General Paper on Behalf of the First Plenary Meeting of the Network 'Indicators Social Quality'. " *European Foundation on Social Quality*.

Beck, W. , van der Maesen, L. , Thomese, F. , and A. Walker. 2001b. "Social Quality: A Vision for Europe. " Kluwer Law International.

Berger-Schmitt, R. and H. Noll. 2000. "Conceptual Framework and Structure of a European System of Social Indicators. " EU Reporting working paper no. 9.

Bilsky, W. and K. A. Jehn. 2002. "Organizational Culture and Individual Values: Evidence for a Common Structure. " In Myrtek, M. Ed. , *Die Person im Biologischen und Sozialen Kontext*. Göttingen: Hogrefe. http://miami. uni-muenster. de/servlets/DerivateServlet/Derivate-1535/Bilsky_ Jehn. pdf.

Caldwell, D. and C. O'Reilly. 1990. "Measuring Person-job Fit Using a Profile Comparison Process. " *Journal of Applied Psychology*, 75: 648 – 657.

Chang, L. and T. Jacobson. 2010. "Measuring Participation as Communicative Action: A Case Study of Citizen Involvement in and Assessment of a City's Smoking Cessation Policy-making Process. " *Journal of Communication*, 60: 660 – 679.

Cobb, C. 2000. "Measurement Tools and the Quality of Life. Redefining Progress. " San Francisco. http://www. econ. tuwien. ac. at/hanappi/lehre/pee/measure_ qol_ Cobb. pdf.

Delhey, J. , P. Böhnke, R. Habich and W. Zapf. 2001. "The Euromodule: A New Instrument for Comparative Welfare Research. " WZB Working paper, NO. FS Ⅲ 01 – 401.

Diener, E. 2000. "Subjective Well-being: The Science of Happiness and a Proposal for a National Index. " *American Psychologist*, 55: 34 – 43.

Diener, E. and Eunkook Suh. 1997. "Measuring Quality of Life: Economic, Social, and Subjective Indicators. " *Social Indicators Research*, 40: 189 – 216.

Dittmann-Kohli, F. and Westerhof, G. J. 1997. "The SELE-sentence Completion Questionnaire: A New Instrument for the Assessment of Personal Meaning in Research on Aging. " *Anuario de Psicologia*, 73: 7 – 18.

Dolan, Paul and Mathew White. 2006. "Dynamic Well-being: Connecting Indicators of What People Anticipate with Indicators of What They Experience. " *Social Indicators Research*, 75: 303 – 333.

Easterlin, R. 1973. "Does Money Buy Happiness?" *The Public Interest*, 30: 3 – 10.

Erikson, Robert. 1974. "Welfare as a Planning Goal." *Acta Sociologica*, 17: 273 – 288.

Erikson, Robert. 1993. "Descriptions of Inequality: The Swedish Approach to Welfare Research." In M. Nussbaum and A. Sen. (eds.) *The Quality of Life*. Oxford: Clarendon Press: 67 – 87.

Farrell, G. et al. (eds.). 2008. "Well-being for All: Concepts and Tools for Social Cohesion." *Trends in social cohesion* no. 20. Council of Europe Publishing.

Gasper, D., van der Maesen, L., Truong, T, and A. Walker. 2008. "Human Security and Social Quality: Contrasts and Complementarities." Institute of Social Studies Working paper no. 462.

Gordon, D., van der Maesen, and H. Verkleij (eds.). 2005. "Indicators of Social Quality: Applications in Fourteen European Countries." *The European Journal of Social Quality*, 5: Issue 1and 2.

Jacobson, Thomas. 2004. "Measuring Communicative Action for Participatory Communication." Presented at the 54th Annual Conference of the International Communication Association, May 27 – 31. New Orleans.

Keizer, M. and J. Hamilton. 2002. "Guidelines for National Explorations." ENIQ document no. 6.

Noll, H. 2002. "Towards a European System of Social Indicators: Theoretical Framework and System Architecture." *Social Indicators Research*, 58: 47 – 87.

——. 2004. "Social Indicators and Quality of Life Research: Background, Achievements and Current Trends." In Genov, Nicolai ed. *Advances in Sociological Knowledge Over Half a Century*. Wiesbaden. pp. 151 – 181.

O'Reilly, C., Chatman, J. and Caldwell, D. F. 1991. "People and Organizational Culture: A Profile Comparison Approach to Assessing Person-organization Fit." *Academy of Management Journal*, 34: 487 – 516.

OECD. 2008. *Handbook on Constructing Composite Indicators: Methodology and User Guide*. OECD.

Robeyns, I. 2005. "The Capability Approach: A Theoretical Survey." *Journal of Human Development*, 61: 93 – 117.

Robeyns, I. and R. J. van der Veen. 2007. "Sustainable Quality of Life: Conceptual Analysis for a Policy-relevant Empirical specification. " *Bilthoven and Amsterdam*: *Netherlands Environmental Assessment Agency and University of Amsterdam.*

Stiglitz, J. E. , Sen, A. , and J. Fitoussi. 2009. Report by the Commission on the Measurement of Economic Performance and Social Progress.

van der Maesen, L. 2009. "The Experimental Urban Space of Laak Noord of the Cith of the Hague as Part of the Dutch Delta Metropolis: An Adequate International Frame of Reference?" EFSQ working papers. no. 2.

——. 2010. "Justice, Migration and Sustainable Urban Development: The Case of Laak North, Neighbourhood of the City of the Hague. " EFSQ working paper. no. 6.

van der Maesen, L. and A. Walker. 2002. "Social Quality: The Theoretical State of Affairs. " *European Foundation on Social Quality.*

——. 2005. "Indicators of Social Quality: Outcomes of the European Scientific Network. " *Europena Journal of Social Quality*, 5: 8 – 24.

Veenhoven, R. 2002. "Why Social Policy Needs Subjective Indicators. " *Social Indicators Research*, 58: 33 – 45.

Walker, Alan. 2009. "The Social Quality Approach: Bridging Asia and Europe. " *Development and Society*, 38 (2): 209 – 235.

Walker, A. 2011. "Social Quality and Welfare System Sustainability. " *International Journal of Social Quality*, 11: 5 – 18.

Wallace, C. and P. Abbott. 2007. "From Quality of Life to Social Quality: Relevance for Work and Care in Europe. " CALITATEA VIETII. XVIII. no. 1 – 2: 109 – 123.

Yee, J. and D. Chang. 2011. "Social Quality as a Measure for Social Progress. " *Development and society*, 402: 153 – 172.

第二章　社会风险视野中社会经济保障

구해근 . 2007. 「세계화 시대의 한국 계급 연구를 위한 이론적 모색」. 《경제와 사회》, 76 (겨울): 255 – 327.

금재호. 2007. 「청년실업의 현황과 원인 및 대책」.《사회과학논총》, 9:
　　27 - 54.

금재호·조준모. 2005. 「고용불안전성의 동대적 변화에 대한 연구」. 한
　　국경제학회 공동학술대회 발표논문.

기든스, 앤서니 (Anthony Giddens). 2004.『노동의 미래』. 신광영 옮김.
　　을유문화사.

김영란. 2005. 「한국의 신빈곤현상과 탈빈곤정책에 관한 연구」.《한국
　　사회복지학》, 572: 41 - 69.

——. 2006. 「새로운 사회적 위험과 여성빈곤 그리고 탈빈곤정책」.《한
　　국사회학》, 402: 189 - 226.

김영순 외. 2007. 「복지국가유형별 사회서비스의 발전과정과 시사점」.
　　《보건복지포럼》, 한국보건사회연구소.

김우영. 2003. 「우리나라 근로자의 직업 안정성은 감소하고 있는가?: K-
　　HPS 와 KLIPS 를이용한 외환위기 전후의 상용직 근로자의 직업안정
　　성 비교분석」. Working Paper Series, 한국 노동패널연구 2003 - 2006.

남은영. 2009. 「외환위기 이후 계층의 양극화: 변화된 일상과 소비생활」.
　　《조사연구》, 101: 1 - 32.

남재량. 2005. 「고용불안의 실태와 원인」.《노동리뷰》, 77: 83 - 102.

남재량·류근관·최효미. 2005. 「고용불안계층의 실태 및고용정책과제」.
　　한국노동연구원정책연구.

남재량·김태기. 2000. 「비정규직, 가교인가 함정인가?」.《노동경제논집》,
　　제232호.

남재량·류근관·최효미. 2005. 「고용불안계층의 실태 및 고용정책과제」.
　　한국노동연구원 정책연구.

남찬섭·허선. 2005. 「한국사회 빈곤대책의 개선방향 참여연대 토론회」.
　　빈곤문제 해결어떻게 할 것인가.

놀테, 파울 (Paul Nolte). 2008.『위험사회와 새로운 자본주의』. 윤종석 옮
　　김. 도서출판 한울.

류정순. 2005. 「빈곤의 여성화 추이」. 한국여성학회 추계학술대회 발표
　　논문

미시라, 라메시 (Ramesh Mishra). 2002.『지구적 사회정책을 향하여』.

이혁구 . 박시종옮김 . 성균관대학교출판부 .

서동희 . 2009. 「새로운 사회적 위험과 사각지대의 여성복지」. 《한국콘텐츠학회 논문지》, 93 : 320 - 358.

서울대학교 사회발전연구소 . 2007. 「외환위기 10 년 국민의식」. 조사자료 .

——. 2009. 「사회의 질 (Standard Questionnaire for Social Quality)」. 조사자료 .

성명재 . 2009. 「소득분배동향 고찰」. 《재정포럼》, 10 : 27 - 50.

성재민 · 정성민 . 2011. 「2011 KLI 비정규직 노동통계」. 한국노동연구원 .

소비자보호원 . 1999. 「IMF 전후 소비생활 변화 비교」.

송다영 . 2008. 「「일 과 가족 양립을 위한 가족지원 서비스 발전방안에 관한 연구」. 《사회복지정책》, 34 : 7 - 33.

송다영 · 장수정 · 김은지 . 2010. 「일가족양립갈등에 영향일 미치는 요인분석 : 직장내 지원과 가족지원의 영향력을 중심으로」. 《사회복지정책》, 37 (3) : 27 - 52.

송호근 . 2002. 「빈곤노동계층의 노동시장 구조와 정책」. 《한국사회학》, 361 : 23 - 50.

신경아 . 2007. 「산업화이후의 일-가족 문제의 담론적 지형의 변화 」. 《한국여성학》, 232 : 6 - 45.

양소남 · 신창식 . 2011. 「어 린 자녀를 둔 일하는 어머니의 일가족양립 고충」. 《보건사회연구》, 313 : 70 - 103.

에스핑안데르센, 요스타 (Gosta Esping-Andersen) (편) . 1999. 『변 화 하 는 복지국가』. 한국사회복지연구회 옮김 . 인간과 복지 .

에스핑안데르센, 요스타 . 2006. 『복지체제 의위기와 대응』. 박시종 옮김 . 성균관대학교출판부 .

유경준 . 2008. 「빈곤감소적 성장 : 정의와 한국에의 적용」. 정책연구시리즈 2008 - 03. 한국개발연구원 .

윤홍식 . 2006. 「새 로 운 사회적 위험과 한국사회복지의 과제 : 사적 [가족] 영역으로부터의 접근」. 사회복지학회 학술대회 발표문 .

이병희 . 2009. 「일자리 위기와 근로빈곤」. 《보건복지포럼》. 한국보건사회연구원 .

이재열 . 2007. 「한국사회의 질의 변화와 전망」. 『외환위기 10 년, 한국사회 얼마나 달라졌나』. 서울대학교출판부 .

이진숙·최원석. 2011. 「기혼 직장여성의 일―가족양립갈등 경로에 관한 연구」. 《아시아여성연구》, 501: 169－198.

임현진 외. 2002. 『한국사회의 위험과 안전』. 서울대학교 출판부.

임현진·이세용·장경섭 (편). 1997. 『한국인의 삶의 질: 신체적·심리적 안전』. 서울대학교 출판부.

장수정·송다영·김은지. 2009. 「일가족 양립 정도에 대한 인식: 집단간 비교 분석을 중심으로」. 《한국사회복지학》, 612: 349－370.

전병유. 2000. 「경제위기 전후 고용안정의 변화」. 한국노동연구원.

정운찬·조흥식 (편). 2007. 『외환위기 10 년, 한국사회 얼마나 달라졌나』. 서울대학교출판부.

정진성 외. 2010. 『한국사회의 트렌드를 읽는다』. 서울대출판문화원.

주정. 2008. 「새로운 사회적 위험 속에서의 국가의 역할」. 《복지행정논총》, 181, 65－88.

통계청. 2002－2011. 「경제활동인구조사 근로형태별 부가조사」.

──. 2003－2012. 「고용동향조사」.

──. 2008－2009. 「사회조사」.

──. 2010. 「사회조사를 통해 본 우리나라 부부의 자화상」.

──. 2011. 「2011 통계로 보는 여성의 삶」.

──. 2012. 「고용통계」.

──. 2014. 「2014 통계로 보는 여성의 삶」.

한국노동연구원. 2011. 「KLI 비정규직 노동통계」.

한상진. 2008. 「위험사회 분석과 비판이론」. 《사회와 이론》, 12: 37－72.

헤럴드경제. 2013. "사실상 백수 20－30 대 '쉬었음' 인구 10 년새 2 배↑".

황덕순. 2010. 「최근의 실업자 증가 동향분석」. 《노동리뷰》, 4: 37－48.

Atkinson, A. B. 1983. *The Economics of Inequality*. Oxford University Press.

Barnett, R. C. and Rivers, C. 1996. *She Works, He Works: How Two Income Families are Happy, Healty, and Thriving*. Cambridge, Harvard University Press.

Beck Wolfgang, Laurent J. G. van der Maesen, and Alan Walker. 2001. "Theorizing Social Quality: The Concept' Validity." *Social Quality: A Vision for Europe* ed. by Wolfgang Beck et al.

Beck Wolfgang, Laurent J. G. van der Maesen, Fleur Thomese and Alan Walker. 2001a. "Reflections on the Social Quality Initiative." *Social Quality*: *A Vision for Europe* ed. by Wolfgang Beck et al. Kluwer Law International.

——. 2001b. "Introduction: Who and What Is the European Union For?" *Social Quality*: *A Vision for Europe* ed. by Wolfgang Beck et al. Kluwer Law International.

Berhardt, Annette, Martina Morris, Mark S. Handcock, and Marc A. Scott. 1999. "Trend in Job Instability and Wages for Young Adult Men." *Journal of Labour Economics*, 17S4: S65 ~ S90.

Bislev Sven. 2004. "Globalization, State Transformation, and Public Security." *International Political Science Review*, 253: 281 ~ 296.

Erikson and Goldthorpe John H. 1992. *The Constant Flux*: *Class Mobility in Industrial Societies*. Clarendon Press.

Esping-Andersen, G. 1990. *The Three World of Welfare Capitalism*. Polity Press.

——. 1999. *Social Formation of Postindustrial Economics*. Oxford University Press.

——. 2001. "A Welfare State for the 21st Century." in *The Global Third Way Debate* ed. by Anthony Giddens, Polity.

——. 2002. *Why We Need a New Welfare State*. Oxford University Press.

European Quality of Life. 2009.

Furstenberg Frank F. and Mary Elizabeth Hughes. 1995. "Social Capital and Successful Development among At-Risk Youth." *Journal of Marriage and the Family*, 573: 580 – 592.

Giddens Anthony. 2007. *Europe in the Global Age*. Polity Press.

Giddens Anthony, Patrick Diamond and Roger Liddle. 2006. *Global Europe, Social Europe, Polity Press*.

Greenhaus, J. H. and Beutell, N. J. 1985. "Sources of Conflict Between Work and Family Role." *The Academy of Management Review*, 101: 76 – 88.

Hammer L. and C. Thompson. 2003. "Work-Family Role Conflict, a Sloan Work and Family Encyclopedia." *Sloan Work and Family Research Network*.

Jaeger, David A. and Ahn Huff Stevens. 1999. "Is Job Instability in the United States Falling? Reconciling Trends in the Current Population Survey and Panel Study of Dynamics." *Journal of Labor Economics*, 17S4: S1 – S28.

Marks, S. K., Huston, T. L., Johnson, E. M., MacDermid S. M. 2001. "Role

Balance Among White Married Couples. " *Journal of Marriage and the Family*, 634: 1083 – 1098.

McKinnon Roddy. 2002. "Social Risk Management: A Conceptual Fallacy of Composition. " *Risk Management*, 42: 21 – 31.

Neubourg, Chris D. and Christine Weigand. 2000. "Social Policy as Social Risk Management. " ISSA Paper Helsinki.

Neumark, David, Daniel Polsky, and Daniel Hansen. 1999. "Has Job Stability Decline Yet? New Evidence for the 1990s. " *Journal of Labor Economics*, 17S4: S29 – S64.

OECD Factbook. 2011.

Philips David and Yitzhak Berman. 2001. "Definitional, Conceptual and Operational Issues. " *Social Quality: A Vision for Europe* ed. by Wolfgang Beck et al. Kluwer Law International.

Room. 1990. "'New Poverty' in the European Community. " *Policy and Politics*.

Shavit, Yossi and Hans-peter Blossfeld (eds.). 1993. *Persistent Inequality: Changing Educational Attainment in Thirteen Countries.* Colo, Westview Press.

Standing Guy. 2001. "Social Quality from Basic Security: A Redistributive Strategy. " *Social Quality: A Vision for Europe* ed. by Wolfgang Beck et al. Kluwer Law International.

Taylor-Gooby P. 2004. "New Risks and Social Change. " *New Risks, New Welfare* ed. by P. Taylor-Gooby. Oxford University Press.

Therborn Göran. 2001. "On the Politics and Policy of Social Quality. " *Social Quality: A Vision for Europe* ed. by Wolfgang Beck et al. Kluwer Law International.

Voydanoff, P. 2005. "Social Integration, Work-Family Conflict and Faciliation, and Job and Marital Quality. " *Journal of Marriage and Family*, 673: 666 – 679.

Williams, J. 2000. *Understanding Gender: Why Family and Work Conflict and What To Do About It.* Oxford University Press.

第三章　社会凝聚：旨在提高现实和水平的战略

고형면. 2009. 「사회적 응집을 통해서 본 한국 사회의 질」. 《사회와

역사》, 제82호, 393 – 423쪽.

노대명·강신욱·전지현. 2010. 「한국 사회통합지표 연구」. 사회통합위원회.

노대명·이현주·강신욱·강은정·전지현·이은혜. 2009. 『사회통합을 위한 과제 및추진전략』. 한국보건사회연구원.

박병진. 2007. 「신뢰형성에 있어 사회참여와 제도의 역할」.《한국사회학》, 413: 65 – 105.

박종민·김왕식. 2006. 「한국에서 사회신뢰의 생성」.《한국정치학회보》, 402: 149 – 169.

박통희. 2010. 「대인신뢰에 대한 가치관과 단체참여의 영향: 어떤 가치관과 단체참여가 사회적 자본을 배태시키나?」.《한국행정학보》, 44 1: 67 – 97.

박희봉. 2009. 「사회자본 불신에서 신뢰로, 갈등에서 협력으로」. 조명문화사.

안상훈. 2000. 「복지정치의 사회적균열구조에 관한 연구–계급론의 한계와 새로운 분석틀」.《한국사회복지학》, 43: 193 – 221.

——. 2003. 「친복지 동맹의 복지지위균열에 관한 정치사회학적 비교연구: 스웨덴의 경험과 한국의 실험」.《사회복지연구》, 21: 79 – 104.

——. 2011. 「사회서비스형 복지국가전략의 지속가능성」.《경제논집》, 50 3: 263 – 293.

유석춘·장미혜·배영. 2002. 「사회자본과 신뢰: 한국, 일본, 덴마크, 스웨덴 비교연구」.《동서연구》, 141: 101 – 135.

이재열. 1998. 「민주주의, 사회적 신뢰, 사회적 자본」.《사상》, 여름호: 65 – 93.

이재혁. 2006. 「신뢰와 시민사회」.《한국사회학》, 405: 61 – 98.

이태진·김태완·김소현·김성철·김문길·우선희·박은영. 2008. 「사회현황 및 사회정책지표 체계개발에 관한 연구」. 한국보건사회연구원·보건복지가족부.

이희길·신지성. 2010. 「사회지표 개편 기초연구 I : 사회통합 social cohe-sion 을 중심으로」. 통계개발원.

장용석·박명호·강상인·오완근·이영섭·한상범·박찬열·정명은·박나라. 2010. 『한국경제·사회 선진화의 조건 (II) – 통합사회지표』.

경제·인문사회연구회.

정해식·안상훈. 2011. 「사회의 질 하위 영역간의 관계에 관한 연구: 사회경제적 안전성과 사회적 응집성을 중심으로.」《사회복지연구》, 422: 205 – 233.

차미숙·임은선·김혜승·윤윤정·이현주·강신욱·전지현·박수진. 2011. 『사회통합을 위한 지역적 대응과제』. 국토연구원.

Ahn, S.-H. 2000. *Pro-welfare Politics: A Model for Changes in European Welfare States.* Uppsala: Univesitetstryckeriet.

Beck, W. , Laurent J. G. van der Maesen, and A. Walker. 1997. *The Social Quality of Europe.* Hague: Kluwer Law International.

Beck, W. , Laurent J. G. van der Maesen, F. Thomese, and A. Walker. 2001. *Social Quality: A Vision for Europe.* Hague: Kluwer Law International.

Berger-Schmitt, R. 2000. "Social Cohesion as an Aspect of the Qaulity of Societies: Concept and Measurement. " Eureporting Working Paper, 14.

——. 2002. "Considering Social Cohesion in Quality of Life Assessments: Concept and Measurement. " *Social Indicators Research*, 581 – 3: 403 – 428.

Berman, Y. and D. Phillips. 2004. "Indicators for Social Cohesion. " *The European Network on Indicators of Social Quality.* Amsterdam.

Coleman, J. 1988. "Social Capital in the Creation of Human Capital. " *American Journal of Sociology*, 94: 95 – 120.

Council of Europe. 2005. *Concerted Development of Social Cohesion Indicators: Methodological Guied.* Belgium: Council of Europe Publishing.

EVS. 2010. " European Values Study 2008, 4th wave, Integrated Dataset. " GESIS Data Archive, Cologne, Germany, ZA4800. Data File Version 2. 0. 0 2010 – 11 – 30 doi: 10. 4232/1. 10188.

Fukuyama, F. 1995. *Trust: The Social Virtues and the Creation of Prosperity.* New York: The Free Press.

Healy, T. 2002. "The Measurement of Social Capital at International Level. " *Social Capital: The Challenge of International Measurement Series of the Organisation for Economic Co-operation and Development OECD.* Paris: OECD.

ISSP Research Group. 2008. "International Social Survey Programme: Role of Government IV-ISSP 2006. " GESIS Data Archive, Cologne. ZA4700 Data file Version 1. 0. 0, doi: 10. 4232/1. 4700.

——. 2012. "International Social Survey Programme: Social Inequality IV-ISSP 2009. " GESIS Data Archive, Cologne. ZA5400 Data file Version 3. 0. 0, doi: 10. 4232/1. 11506.

Jenson, J. 1998. "Mapping Social Cohesion: The State of Canadian Research. " *CPRN Study*, 3.⟩

Koster, F. and Bruggeman, J. 2008. "The Institutional Embeddedness of Social Capital: A Multi-level Investigation Across 24 European Countries. " *Policy and Politics*, 36 (3): 397 – 412.

Kumlin, S. and B. Rothstein. 2005. "Making and Breaking Social Capital. " *Comparative Political Studies*, 384: 339 – 365.

OECD. 2005. *Society at a Glance 2005: OECD Social Indicators*. Paris: OECD Publications.

——. 2007. *Society at a Glance 2005: OECD Social Indicators* (2006 edition). Paris: Publishing.

——. 2009a. *Society at a Glance 2009: OECD Social Indicators*. OECD Publications.

——. 2009b. 『한눈에 보는 사회: 2009 OECD 사회지표』. OECD 대한민국정 책센터.

——. 2009c. *OECD Factbook 2009: Economic, Environmental and Social Statistics*. OECD Publishing.

——. 2011. *How's Life?: Measuring Well-being*. OECD Publishing.

Putnam, R. 1993. "The Prosperous Community: Social Capital and Public Life. " *The American Prospect*, 13: 35 – 42.

Ritzen, J. and Woolcock, M. 2000. "Social Cohesion, Public Policy, and Economic Growth: Implications for Countries in Transition. " *Annual Bank Conference on Development Economics*.

Rothstein, B. and D. Stolle. 2008. "The State and Social Capital: An Institutional Theory of Generalized Trust. " *Comparative Politics*, 404: 441 – 459、502.

Rothstein, B. and E. M. Uslaner. 2005. "ALL FOR ALL: Equality, Corruption, and Social Trust. " *World Politics*, 581: 41 – 72.

Stiglitz, J. E. , A. Sen and J. -P. Fitoussi. 2009. "Report by the Commission on the Measurement of Economic Performance and Social Progress. "

Uslaner, E. M. 2002. *The Moral Foundations of Trust.* Cambridge University Press.

van der Maesen, L. J. G. and A. C. Walker. 2005. "Indicators of Social Quality: Outcomes of the European Scientific Network. " *European Journal of Social Quality*, 51/2: 8 – 24.

van Oorschot, W. and Arts, W. 2005. "The Social Capital of European Welfare States: The Crowding out Hypothesis Revisited. " *Journal of European Social Policy*, 15 (1): 5 – 26.

Walker, A. and A. Wigfield. 2004. "The Social Inclusion Component of Social Quality. " *The European Network on Indicators of Social Quality.*

Walker, A. C. and L. J. G. Van der Maesen. 2004. "Social Quality and Quality of Life. " In W. Glatzer, V. Below and M. Stofferegen (eds.), *Challenges for Quality of Life in the Comtemporary World.* The Hague: Kluwer Academic Publishers: 13 – 31.

WVS. 2009a. "World Values Survey 2005 Official Data File v. 20090901. " World Values Survey Association.

——. 2009b. "World Values Survey 1981 – 2008 Official Aggregate v. 20090901. " World Values Survey Association.

第四章 社会包容与社会排斥

강신욱. 2006. 「사회적 배제 개념의 정책적 적용을 위한 이론적 검토」. 《동향과 전망》, 66: 9 – 31.

강신욱 외. 2005. 「사회적 배제의 지표개발 및 적용방안 연구」. 한국보건사회연구원.

김광웅·이봉근, 2011. 「북한이탈주민의 '사회적 배제'에 관한 실증연구」. 《북한연구학회보》, 15 (1): 1 – 36.

김교성·노혜진. 2008. 「사회적 배제의 실태와 영향 요인에 관한 연구 – 퍼지 집합이론을 이용한 측정과 일반화선형모델 분석」. 《사회복지정책》, 34: 133 – 162.

김동기·이웅 . 2012a. 「장애인 사회적 배제 개념화 연구」. 《한국장애인복지학회》, 17 : 129 – 147.

김안나 . 2007a. 「유럽연합 (EU) 의 사회적 배제 개념의 한국적 적용 가능성 연구」. 《유럽연구》, 25 (1) : 351 – 379.

김안나 . 2007b. 「한국의 사회적 배제 실태에 관한 실증적 연구」. 《사회이론》, 가을/겨울 : 227 – 254.

김안나 외 . 2008. 「사회통합을 위한 사회적 배제계층 지원방안 연구 : 사회적 배제의 역동성 및 다차원성 분석을 중심으로」. 한국보건사회연구원 .

김태수 . 2009. 「한국에서의 사회적 배제 지표의 개발 시론 : 외래인을 중심으로」. 서울행정학회 동계학술대회 발표논문집 .

류지웅 . 2006. 「북한이탈주민의 사회적 배제 연구 : 소수자의 관점에서」. 한국학중앙연구원 한국학대학원 박사학위논문 .

문진영 . 2004. 「사회적 배제의 국가간 비교연구 – 프랑스, 영국, 스웨덴을 중심으로」. 《한국사회복지학》, 56 (3) : 253 – 277.

신명호 외 . 2003. 『 ‘사회적 배제’의 관점에서 본 빈곤층 실태 연구』. 국가인권위원회 .

심창학 . 2001. 「사회적 배제 개념의 의미와 정책적 함의 : 비교 관점에서의 프랑스를 중심으로」. 《한국사회복지학》, 44 : 178 – 208.

심창학 . 2003. 「빈곤문제해결을 위한 새로운 패러다임 : 사회적 배제 극복정책의 국가별 비교」. 《유럽연구》, 18 : 209 – 238.

유동철 . 2011. 「장애인의 사회적 배제와 참여 – 장애인차별금지법 제정과정을 중심으로」. 《한국사회복지학》, 63 (1) : 217 – 239.

윤성호 . 2005. 「한국노동빈민의 빈곤과 사회적 배제의 관련성에 관한 실증적 연구」. 《한국사회보장연구》, 21 (1) : 149 – 176.

윤진호 외 . 2004. 『선진국의 빈부격차와 차별 시정을 위한 국가행동계획 사례연구』. 국회환경노동위원회 .

김동기·이웅, 2012b. 「교환이론관점에서 장애인 사회적 배제 고찰 : 에머슨의 교환연결망 이론을 중심으로」. 《한국사회복지조사연구》, 33 : 201 – 227.

이재열 . 2015. 「사회의 질 연구와 한국사회발전」. 『한국 사회의 질 : 이론에서 적용까지』. 한울.

이정우. 2009. 「빈곤과 사회적 배제의 정치경제학」. 《황해문학》, 가을호: 18 – 38.

이정욱. 2010. 「프랑스 무슬림 이민자의 사회적 배제에 관한 연구」. 《프랑스문화연구》, 1 (1): 319 – 345.

이정은·조미형. 2009. 「사회적 배제 집단의 잠재적 유형 분류 및 성별과 학력에 따른 차이 분석」. 《사회복지정책》, 36 (3): 79 – 103.

장지연·양수경. 2007. 「사회적 배제 시각으로 본 비정규 고용」. 《노동정책연구》, 7 (1): 1 – 22.

정병은. 2013. 「사회의 질과 인권침해 (차별) 경험의 국제비교」. 한국사회학회 전기한국사회학대회 발표논문.

정진성 외. 2010. 『사회의 질 동향 2009』. 서울대학교출판문화원.

──. 2011. 『2011 국민인권의식조사』. 국가인권위원회.

Alvey, Simon. 2000. "Social Exclusion and Public Sector Housing Policy in Scotland." *International Journal of Sociology and Social Policy*, 20 (5/6): 72 – 94.

Beck, Wolfgang, Laurent J. G. van der Maesen, and Alan Walker. 1997. "Theorizing Social Quality: The Concept's Validity." In Beck, van der Maesen and Walker (eds.), *The Social Quality of Europe*. The Hague: Kluwer Law International.

Berghman, J. 1995. "Social Exclusion in Europe: Policy, Context and Analytical Framework." In Room, G. (ed), *Beyond the Threshold: The Measurement and Analysis of Social Exclusion*. Bristol: Policy Press. pp. 10 – 28.

Berman, Y. & D. Phillips. 2000. "Indicators of Social Quality and Social Exclusion at National and Community Level." *Social Indicators Research*, 50: 329 – 350.

Bhalla, A. S. & F. Lapeyre, 1997. "Social Exclusion: Towards an Analytical and Operational Framework," *Development and Change*, 28.

Bhalla, A. S. & F. Lapeyre. 1999. *Poverty and Exclusion in a Global World*. Palgrave.

Bradshaw, J., J. Williams, R. Levitas, C. Pantazis, D. Patsios, P. Townsend, D. Gordon, and S. Middleton. 2000. "The Relation between Poverty and Social Exclusion in Britain." Paper prepared for the 26th General Conference of The

International Association for Research in Income and Wealth Cracow, Poland.

Burchardt, T., J. Le Grand, and D. Piachaud (BLP). 1999. "Social Exclusion in Britain 1991 – 1995." *Social Policy and Administration*, 33 (3): 227 – 244.

Pierson, John, 2001. *Tackling Social Exclusion. Routledge.*

Robinson, P. and Oppenheim, C. 1998. *Social Exclusion Indicators: A Submission to the Social Exclusion Unit.* London: Institute for Public Policy Research.

Silver, H. 1994. "Social Exclusion and Social Solidarity: Three Paradigms." *International Labour Review*, 133 (5 – 6): 531 – 578.

Walker, Alan. 2009. "The Social Quality Approach: Bridging Asia and Europe." *Development & Society*, 38 (2): 209 – 235.

Wallace, Claire and Pamela Abbott. 2007. "From Quality of Life to Social Quality: Relevance for Work and Care in Europe." *Calitatea Vietii Revista de Politici Sociale*, 18 (1 – 2): 109 – 123.

Yee, Jaeyeol and Dukjin Chang. 2011. "Social Quality as a Measure for Social Progress." *Development and Society*, 40 (2): 153 – 172.

第五章　社会赋权

김수정. 2008. 「빈곤가정 아동, 청소년의 자아탄력성 및 사회적 지지가 임파워먼트에 미 치는 영향: 결식아동, 청소년을 중심으로」. 《한국아동복지학》, 제25 호, 9 ~ 38 쪽.

박원우. 1997. 「임파워먼트: 개념정립 및 실천방법 모색」. 《경영학연구》, 제26 호, 115 ~ 138 쪽.

변영순. 1992. 「힘을 북돋아 줌 (Empowerment) 의 개념 분석에 관한 연구」. 《간호과학》, 제4 권, 41 ~ 50 쪽.

보그트 (JudithF. Vogt) ·머렐 (KennethL. Murrell). 1995. 「경영혁신 임프워먼트: 세계 화를 위한 자율경영전략」. 김성구옮김. 서울: 고려원.

안정옥. 2009. 「사회적 역능성 지표와 사회의 질: 복지체제의 탈상품화 모델에 대한 함의」. 《사회와 역사》, 제81 집, 169 ~ 211 쪽.

양난주. 2007. 「사회정치적 임파워먼트와노인복지: 개념화, 지표개발및적용」. 《사회복지연구》, 35: 239 – 266.

양옥경·최명민. 2005. 「사회복지실천모델의 재검토: 전통모델과 임파워먼트모델 (Empowerment Model) 의 재검토」. 《한국사회복지학회》, 2005년도 추계공동학대회술, 111 ~ 142 쪽.

여성가족부. 2005. 「UNDP Human Development Report」.

이태진 외. 2009. 「지표로 보는 우리나라의 사회현황과 사회정책의 실태와 동향」. 보건 복지부 발간자료. 한국보건사회연구원.

장성희. 2008. 「사회적 관계망이 중년기혼여성의 임파워먼트 수준에 미치는 영향에 관한 연구」. 호남대학교 사회복지학과 석사학위논문.

정진성 외. 2010. 『사회의 질 동향』. 서울대학교출판문화원.

조권중. 2011. 『활력도시사회를 위한 시민역량제고 (Citizen Empowerment) 정책연구』. 서울시정개발원.

Alsop, Ruth and Nina Heinsohn. 2005. "Measuring Empowerment in Practice: Structuring Analysis and Framing Indicators." World Bank Policy Research Working Paper.

Bebbington, Anthony, Scott Guggenheim, Elizabeth Olson, and Michael Woolcock. 2004. "Exploring Social Capital Debates at the World Bank." *Journal of Development Studies*, 405: 33 – 64.

Browne, C. V. 1995. "Empowerment in Social Work with Older Women." *Social Work*, 40: 358 – 364.

Gutierrez, L. M. 1990. "Working with Women of Color: An Empowerment Perspective." *Social Work*, 352: 149 – 153.

Herrmann, P. 2003. *Social Quality and the Conditional Factor of Social Empowerment* (3rd draft). Amsterdam: EFSQ.

——. 2005. "Empowerment: The Core of Social Quality." *European Journal of Social Quality*, 5: 289 – 299.

Markstrom, C. A., S. K. Marshall, and R. J. Tryon. 2000. "Resiliency, Social Support, and Coping in Rural Low-Income Appalachian Adolescents from Two Racial Groups." *Journal of Adolescence*, 236: 693 – 703.

Moore, M. 2001. "Empowerment at Last?" *Journal of International Development*, 13/ 3: 321 – 329.

Ortiz-Torres, B. 1994. *The Ecology of Empowerment for At-risk Youth*. Ph. D. dissertation. New York University.

van der Maesen, Laurent J. G. and Alan C. Walker. 2005. "Indicators of Social Quality: Outcomes of the European Scientific Network." *European Journal of Social Quality*, 5: 292 – 302.

World Bank. 2002. "Empowerment and Poverty Reduction: A Source Book (draft)". http://siteresources, worldbank, org/.

第六章 社区能力

유승현. 2009. 「건강증진을 위한 지역사회 기반 참여연구의 적용 방안」. 《보건교육·건강증진학회지》, 제261 호, 141 – 158 쪽.

이명순. 2008. 「건강증진을 위한 지역사회 주민참여 전략 및 방법 개발 연구」. 성균관대학교 사회의학교실.

이수철. 2010. 「일상의 연대와 도시 공동체의 조건: 성남시민의 결사체 참여 경험을중 심으로」. 연세대학교 대학원 사회학과 박사학위논문.

정민수. 2008. 「한국 시민사회단체의 연대활동에 대한 네트워크적 접근」. 《시민사회와 NGO》, 제62 호, 135 – 174 쪽.

정민수·길진표·조병희. 2009. 「지역사회 기반 조직을 이용한 지역사회역량의 측정과건강증진 기획: 서울시 S 구를 중심으로」. 《보건교육·건강증진학회지》, 제263 호, 35 – 48 쪽.

정민수·정유경·장사랑·조병희. 2008. 「지역사회 기반 참여연구 방법론」. 《보건교육·건강증진학회지》, 제251 호, 83 – 104 쪽.

정민수·조병희. 2007. 「지역사회역량이 주민 건강수준에 미치는 영향: 2006 년 서울시도 봉구 주민 건강행태조사를 중심으로」. 《보건과 사회과학》, 제22 호, 153 – 182 쪽.

——. 2012. 「개인 및 조직 수준에서의 지역사회 역량 측정과 주관적 건강수준과의 관 계 분석: 서울시 D 구와 Y 구의 비교」. 《보건교육·건강증진학회지》, 제29 호, 39 – 57 쪽.

정민수·조병희·이성천. 2007. 「지역사회 자발적 결사체의 연결망과 지역사회역량: 서울시 도봉구와 강동구의 비교를 중심으로」. 《보건행정학회지》, 제174 호, 54 – 81 쪽.

최종렬·황보명화·정병은 . 2006. 「일반화된, 너무나 일반화된 호혜성?: 울산 주전동 어촌 계의 사회자본」.《한국사회학》, 제404호, 48 – 97 쪽 .

Antonucci, T. C. , H. Akiyama, and J. E. Lansford. 1998. " Negative Effects of Close Social Relations. " *Family Relations*, 47: 379 – 384.

Baker, H. R. 1989. "Extension Linkages with Community Development. " In Donald, J. Blackburn (eds.), *Foundations and Changing Practices in Extension*. Ontario: University of Guelph.

Barett, L. , R. C. Plotnikoff, K. Raine, and D. Anderson. 2005. "Development of Measures of Organizational Leadership for Health Promotion. " *Health Education and Behavior*, 322: 195 – 207.

Beck, W. , Laurent J. G. van der Maesen, and F. W. Thomese. 2001. " Social Quality: A Vision for Europe. " *The Hague*. Kluwer Law International.

Blaxter, L. and C. Hughes. 2000. "Social capital: A Critique. " In Thompson J. (eds.), *Stretching the Academy: The Politics and Practice of Widening Participation in Higher Education*. Leicester, NIACE, 2000.

Boone, J. 1989. " Philosophical Foundations of Extension. " In Donald, J. B. (eds.), *Foundations and Changing Practices in Extension*. Ontario: University of Guelph.

Burg, M. M. and T. E. Seeman. 1994. "Families and Health: The Negative Side of Social Ties. " *Annals of Behavioral Medicine*, 16: 109 – 115.

Butterfoss, F. D. 2007. *Coalitions and Partnerships in Community Health*. San Francisco: Jossey-Bass.

Carlson, E. D. , J. Engebretson, and R. M. Chamberlain. 2006. " Photovoice as a Social Process of Critical Consciousness. " *Qualitative Health Research*, 166: 836 – 852.

Chaskin, R. J. , P. Brown, S. Venkatesh, and A. Vidal. 2001. *Building Community Capacity*. NY: Aldine Transaction.

Chipuer, H. M. and G. M. H. Pretty. 1999. "A Review of the Sense of Community Index: Current Uses, Factor Structure, Reliability, and Further Development. " *Journal of Community Psychology*, 276: 643 – 658.

Cohen, S. , W. J. Doyle, D. P. Skoner, B. S. Rabin, and J. M. Gwaltney. 1997. "Social Ties and Susceptibility to the Common Cold. " *Journal of the American Medical Associations*, 277: 1940 – 1944.

Contra Costa Health Service. 2006. *Healthy Neighborhood Project: A Guide for Community Building and Mobilizing for Health.* Contra Costa County, California, USA.

Crisp, B. R. , H. Swerissen, and S. J. Duckett. 2000. "Four Approaches to Capacity Building in Health: Consequencies for Mmeasurement and Accountability. " *Health Promotion International*, 152: 99 – 107.

Elster, J. 1983. *Explaining Technical Change: Studies in Rationality and Social Change.* NY: Cambridge University Press.

Fagg, J. , S. Curtis, S. A. Stansfeld, V. Cattell, A. M. Tupuola, and M. Arephin. 2008. "Area Social Fragmentation, Social Support for Individuals and Psychosocial Health in Young Adults: Evidence from a National Survey in England. " *Social Science & Medicine*, 66: 242 – 254.

Fleishman, J. A. , C. D. Sherbourne, S. Crystal, R. L. Collins, G. N. Marshall, M. Kelly, S. A. Bozzette, et al. 2000. "Coping, Conflictual Social Interactions, Social Support, and Mood among HIV-infected Persons. " *American Journal of Community Psychology*, 284: 421 – 430.

Freire, P. 1970. *Pedagogy of the Oppressed.* NY: Seabury.

Giddens, A. 1976. "Functionalism: Apres la lutte. " *Social Research*, 43: 325 – 366.

Gittell, R. and A. Vidal. 1998. *Community Organizing: Building Social Capital as a Development Strategy.* CA: Sage.

Goodman, R. M. , M. A. Speers, K. McLeroy, S. Fawcett, M. Kegler, E. Parker and S. R. Smith, et al. 1998. "Identifying and Defining the Dimensions of Community Capacity to Provide a Basis for Measurement. " *Health Education and Behavior*, 253: 258 – 278.

Israel, B. A. , B. Checkoway, A. Schulz, and M. Zimmerman. 1994. "Health Education and Community Empowerment: Conceptualizing and Measuring Perceptions of Individual, Organizational, and Community Control. " *Health Education Quarterly*, 21: 149 – 170.

Israel, B. A., E. Eng, A. J. Schulz and E. A. Parker. 2005. "Introduction." In
    B. A. Is rael, E. Eng, A. J. Schulz and E. A. Parker (eds.), *Methods in*
    Community- Based Participatory Research for Health. CA: Jossey-Bass.

Israel, B. A., J. Krieger, D. Vlahov, S. Ciske, M. Foley, P. Fortin and J. R.
    Guzman, et al. 2006. "Challenges and Facilitating Factors in Sustaining Com-
    munity-based Participatory Research Partnerships: Lessons Learned from the
    Detroit, New York City and Seattle Urban Research Centers." *Journal of Ur-*
    ban Health, 836: 1022 – 1040.

Jewkes, R. and A. Murcott. 1998. "Community Representatives: Representing the
    'Community'?" *Social Science and Medicine*, 467: 843 – 858.

Jung, M. 2011. "The Relations of Community Capacity and Health Behavior A-
    mong Seoul Residents: A Multi-level Study of Contextual Effects Using Commu-
    nity Capacity Indicators." [Ph. D. dissertation] Graduate School of Public
    Health, Seoul National University.

Jung, M. and H. S. Rhee. 2013. "Determinants of Community Capacity Influencing
    Residents' Health Status in Seoul, South Korea." *Asia-Pacific Journal of Pub-*
    lic Health, 25: 199 – 208.

Jung, M. and K. Viswanath. 2013. "Does Community Capacity Influence Self-rated
    Health? Multilevel Contextual Effects in Seoul, Korea." *Social Science & Med-*
    icine, 77: 60 – 69.

Kretzmann, J. P. and J. L. McKnight. 1990. *Mapping Community Capacity*. IL: Cen-
    ter for Urban Affairs and Policy Research: Northwestern University.

Kretzmann, J. P. and J. L. McKnight. 1993. *Building Communities from the Inside*
    Out: A Path Toward Finding and Mobilizing a Community's Assets. IL: Center
    for Urban Affairs and Policy Research: Neighborhood Innovations Network,
    Northwestern University.

Laverack, G. 2005. "Evaluating Community Capacity: Visual Representation and
    Interpretation." *Community Development Journal*, 413: 266 – 276.

Laverack, G. and N. Wallerstein. 2001. "Measuring Community Empowerment: A
    Fresh Look at Organizational Domains." *Health Promotion International*, 162:
    179 – 185.

Mattesich, P. , M. Murray-Close, and P. Monsey. 2005. *Collaboration: What Makes It Work-A Review of the Research Literature on Factors Influencing Successful Collaboration*. MN: Amherst H, 2nd edition.

McMillan, D. W. and D. M. Chavis. 1986. "Sense of Community: A Definition and Theory." *Journal of Community Psychology*, 141: 6 – 23.

Minkler, M. 2005. *Community Organizing and Community Building for Health*. NJ: Rutgers University Press, 2nd edition.

Minkler, M. and N. Wallerstein. 2003. *Community-Based Participatory Research for Health*. CA: Jossey-Bass.

Minkler, M. , N. Wallerstein, and N. Wilson. 2008. "Improving Health Through Community Organization and Community Building." In K. Glanz, B. K. Rimer and K. Viswanath (eds.), *Health Behavior and Health Education*. CA: Jossey-Bass, 4th edition: 287 ~ 312.

Narayan, D. and M. F. Cassidy. 2001. "A Dimensional Approach to Measuring Social Capital: Development and Validation of a Social Capital Inventory." *Current So ciology*, 492: 59 – 102.

Pearce, J. , P. Raynard, and S. Zadek. 1996. *Social Auditing for Small Organization: A Work Book for Trainers and Practitioners*. London: New Economic Foundation.

Poole, D. L. 1997. "Building Community Capacity to Promote Social and Public Health: Challenges for Universities." *Health and Social Work*, 223: 163 – 175.

Provan, K. G. , L. Nakama, M. A. Veazie, N. I. Teufel-Shone, and C. Huddleston. 2003. "Building Community Capacity Around Chronic Disease Services Through a Collaborative Interorganizational Network." *Health Education and Behavior*, 30: 646 – 662.

Putnam, R. 1993. "The Prosperous Community-Social Capital and Public Life." *American Prospect*, 13: 35 – 42.

Rahim, M. S. and S. Asnarulkhadi. 2010. "Community Development Through Community Capacity Building: A Social Science Perspective." *Journal of American Science*, 62: 68 – 76.

Rubin, J. and S. Rubin. 2007. *Community Organizing and Development*. MA: Allyn and Bacon, 4th edition.

Sanders, I. T. 1958. "Theories of Community Development." *Rural Sociology*, 23: 1 - 12.

Smith, M. B., Y. J. Graham, and S. Guttmacher (eds.), 2005. *Community-Based Health Organizations: Advocating for Improved Health*. SF: Jossey-Bass.

Walter, C. 2005. "Community Building Practice." In Minkler, M. (eds.), *Community Or ga nizing and Community Building for Health*. NJ: Rutgers University Press, 2nd edition: 66 ~78.

Wang, C. C. , S. Morrel-Samuels, P. M. Hutchison, L. Bell, and R. M. Pestronk. 2004. "Flint Photovoice: Community Building Among Youths, Adults, and Policy Makers." *American Journal of Public Health*, 946: 911 –913.

Winer, M. and K. Ray. 1994. *Collaboration Handbook: Creating, Sustaining, and Enjoying the Journey*. MN: Amherst H. Wilder Foundation.

Woolcock, M. 1998. "Social Capital and Economic Development: Toward a Theoretical Synthesis and Policy Framework."

第七章　健康与医疗

강영호·김혜련. 2006. 「우리나라의 사회경제적 사망률 불평등: 1998 년도 국민건강영 양조사 자료의 사망추적 결과」. 《대한예방의학회지》, 제 392 호, 115 - 122 쪽.

국민건강보험공단. 2005. 「암 치명률의 불평등 연구」.

보건교육포럼. 2009. 「학교의 효과적인 신종플루 예방과 보건교육 발전을 위한 정책토론회」. 자료집.

서울대학교 사회발전연구소. 2009. 「안전한 생활환경에 대한 인식조사」.

장지연·부가청. 2007. 「우리나라 중노년 인구의 건강상태: 주관적 건강상태의 국가 간비 교연구 시론」. 《한국인구학》, 제302 호, 45 - 69 쪽.

조병희. 1994. 『한국의사의 위기와 생존전략』. 명경.

——. 2008. 『섹슈얼리티와 위험연구』. 나남.

——. 2009. 「광우병 사례를 통해 본 한국인의 질병인식」. 《보건과 사회과학》, 제25 호, 129 - 152 쪽.

——. 2010a. 「신종 플루의 사회학」. 《황해문화》, 제 66 호, 291 – 303 쪽.

——. 2010b. 「건강불평등」. 통계청 (편). 『한국의 사회동향』. 201 – 207 쪽.

——. 2011. 「의사신뢰의 구성요인」. 《보건과 사회과학》, 제 29 호, 127 – 150 쪽.

질병관리본부. 2010. 「2008 년 국민건강영양조사」.

통계청. 2014. 「2013 년 사망원인 통계」.

한국보건사회연구원. 2007. 「국민건강영향조사 제 3 기 조사결과 심층분석 연구: 건강면접 및 보건의식 부문」.

황치성. 2009. 「수용자의 신종 플루에 대한 인식과 미디어 이용」. 《미디어인사이트》, 13 호. 한국언론재단.

Ahern, M. and M. S. Hendryx. 2003. "Social Capital and Trust in Providers." *Social Science and Medicine*, 57: 1195 – 1203.

Calnan, M. W. and E. Sanford. 2004. "Public Trust in Health Care: the System or the Doctor?" *Quality and Safety in Health Care*, 13: 92 ~ 97.

Crawford, R. 2004. "Risk Ritual and the Management of Control and Anxiety in Medical Culture." *Health, An Interdisciplinary Journal of the Social Study of Health, Illness and Medicine*, 84: 505 – 528.

Gilson, L. 2003. "Trust and the Development of Health Care as a Social Institution." *Social Science and Medicine*, 56: 1453 – 1468.

Hall, M. A., F. Camacho, E. Dugan, and R. Balkrishnan. 2002. "Trust in the Medical Profession: Conceptual and Measurement Issues." *Health Services Research*, 375: 1419 – 1439.

Kuhlmann, E. 2006. "Traces of Doubt and Sources of Trust: Health Professions in Uncertain Society." *Current Sociology*, 544: 607 – 620.

Lindstrom, M. 2004. "Social Capital, the Miniaturization of Community and Self-reported Global and Psychological Health." *Social Science and Medicine*, 59: 595 – 607.

Luhmann, N. 1979. *Trust and Power*. Chichester: Wiley.

——. 2000. "Familiarity, Confidence, and Trust: Problems and Alternatives." Diego Gambetta (ed.). *Trust: Making and Breaking Cooperative Relations*. pp. 94 – 107.

Luzio, G. 2006. "A Sociological Concept of Client Trust." *Current Sociology*, 544: 549 – 564.

Mechanic, D. 1996. "Changing Medical Organization and the Erosion of Trust." *Mil bank Quarterly*, 742: 171 – 189.

OECD. 2015. *OECD Health Data 2015*.

Rosenthal, M. 2006. "Disappointed Expectations and Disrupted Trust: The Patient's Experience of Problems with Health Care." Paper presented at the annual meeting of the American Sociological Association, Montreal Convention Center, Montreal, Quebec, Canada.

van Doorslaer, E. et al. 2000. "Equity in the Delivery of Health Care in Europe and the US." *Journal of Health Economics*, 19: 553 – 583.

Wallis, P. and B. Nerlich. 2005. "Disease Metaphors in New Epidemics: The UK Media Framing of the 2003 SARS Epidemic." *Social Science and Medicine*, 60: 2629 – 2639.

第八章　人权与社会发展

김경동. 2002. 『한국사회발전론』. 집문당, 59 – 108 쪽.

마크스 (Stephen P. Marks) · 안드레아센 (Bard Andreassen). 2010. 「서론」. 보르 안드레아센 · 스티븐 마크스 편. 『인권을 생각하는 개발 지침서』. 후마니타스.

박찬운. 1999. 『국제인권법』. 도서출판 한울.

센, 아마르티아 (Amartya Sen). 1999 · 2001. 『자유로서의 발전』. 박우희 옮김. 서울: 세종연구원.

센굽타, 아준 (Arjun Sengupta). 2010. 「개발권의 정의와 실천.」 보르 안드레아센 · 스티븐 마크스 편. 인권을 생각하는 개발 지침서. 후마니타스.

이주영. 2012. 「인권 기반 사회정책 수립을 위한 원칙과 가이드라인.」 제3회 인권도시 포럼 발표문.

임현진. 2006. 「한국의 발전경험과 대안모색: 새로운 발전모델을 찾아서」. 《한국사회학》, 제40집 제1호, 1 – 41 쪽.

한센 (Jakob Kirkemann Hansen) · 사노 (Hans-Otto Sano). 2010. 「권리에 기초한 접근법 의 함의」. 보르 안드레아센·스티븐 마크스 편. 『인권을 생각하는 개발 지침서』. 후마니타스.

Beck, Wolfgang, Laurent J. G. van der Maesen, Fleur Thomese, and Alan Walker. 2001. "Introduction: Who and What Is the European Union For?" In Beck et al. (eds.), *Social Quality: A Vision for Europe.* Kluwer Law International: 1 – 16.

Booth, David. 1994. "Rethinking Social Development: An Overview." In David Booth (ed.), *Rethinking Social Development.* Essex: Longman Scientific & Technical.

Diamond, Patrick. 2006. "Social Justice Reinterpreted: New Frontiers for the European Welfare State." In *Global Europe Social Europe.* Polity Press.

Evans, Peter. 2002. "Collective Capabilities, Culture, and Amartya Sen's Development as Freedom." *Studies in Comparative International Development* 37 (2): 54 – 60.

Phillips, David and Yitzhak Berman. 2001. "Ch. 8 Definitional, Conceptual and Operational Issues." In Wolfgang Beck et al. (eds), *Social Quality: A Vision for Europe.* Kluwer Law International.

Phillips, David. 2008. "Social Quality, Quality of Life and Human Development." In *National Taiwan University "Social Quality Seminar in Asia"*: 37 – 80.

Robeyns, Ingrid. 2006. "The Capability Approach in Practice." *Journal of Political Philosophy* 14 (3): 351 – 376.

Sassen, Sakia. 1998. *Globalization and Its Discontents.* New York: The New Press.

Sen, Amartya. 2002. "Response to Commentaries." *Studies in Comparative International Development* 37 (2): 78 – 86.

Skocpol, Theda. 1978. *State and Social Revolution: A Comparative Analysis of France, Russia and China.* Cambridge: Cambridge.

So, Alvin Y. 1990. *Social Change and Development.* Newbury Park: Sage Publication.

Walby, Sylvia. 2005. "Measuring Women's Progress in a Global Era." *International Social Studies Journal*, 57 (June): 371 – 387.

Weissbrodt, David. 2008. *The Human Rights of Non-citizens.* OUP Oxford.

Weissbrodt, David and Muria Kruger. 2003. "Norms on the Responsibilities of Transnational Corporations and Other Business Rnterprises with Regard to Human Rights." *The American Journal of International Law* 97 (4): 901 –922.

第九章　福利国家战略模式论

김상균 외. 2011. 『사회복지개론』. 파주: 나남출판.

김연명 편. 2002. 『한국 복지국가 성격논쟁 I』. 서울: 인간과 복지. 177 –207 쪽.

김영미·최영준·안상훈. 2010. 「한국의 복지지표체계 개발에 관한 연구」. 《보건사회연구》, 30 (2), 219 –253 쪽.

남상호·최병호. 2011. 「국민부담과 공공사회지출의 적정수준: 복지국가 유형별 접근」. 《재정정책논집》, 13 (1), 3 –49 쪽.

안상훈. 2002. 「세 가지 복지자본주의에서의 생산적복지, 그 성적표: 복지국가의 경제적 효과와 평등전략의 차이에 관한 체제론적 비교연구」. 《한국사회복지학》, 제49 호, 162 –189 쪽.

——. 2005. 「생산과 복지의 제도적 상보성에 관한 연구: 선진자본주의 국가를중심으로」. 《한국사회복지학》, 57 (2), 205 –230 쪽.

——2006. 「사회서비스투자국가로의 전환논리: 하나의 비교사회정책학적 서설」. 2006 한국사회복지학회추계공동학술대회자료집.

——. 2007. 「세계화 시대, 생산적 보완성이 높은 복지전략에 관한 비교 사회정책연구: 사회서비스형 복지국가전략의 경제적 성과를 중심으로」. 《사회복지연구》, 제32 호, 131 –159 쪽.

——. 2008. 「유럽의 복지국가와 중산층, 한국에의 교훈」. 한국사회학회 편. 기로에 선 중산층: 현실진단과 복원의 과제. 서울: 인간사랑.

——. 2011a. 「사회서비스형 복지국가전략의 지속가능성」. 《경제논집》, 50 (3), 263 –293 쪽.

——. 2011b. 「사회정책 욕구 및 인식조사」. 서울대학교 사회정책연구그룹.

이재혁. 2006. 「신뢰와 시민사회」. 한국사회학, 40 (5), 61 –98 쪽.

——2012. 「복지정치활성화과정에서의국민인식변화연구」. 《재정포럼》,

189: 61 – 73.

정해식·안상훈. 2011. 「사회의 질 하위 영역간의 관계에 관한 연구: 사회경제적 안전성과 사회적 응집성을 중심으로」. 《사회복지연구》, 42 (2), 205 – 233 쪽.

최준욱. 2009. 「남북한 경제통합이 재정에 미치는 영향」. 《재정포럼》, 제 158 호, 6 – 18 쪽.

통계청. 2005. 「세계 및 한국의 인구현황」. 《세계인구의 날》 관련 보도 자료.

——. 2009. 「OECD 세계포럼의 이해: 제 1 권 역대 주요 발표문 발췌·요약집」.

Albert, M. 1991. *Capitalisme Contre Capitalisme*. Paris: Seuil.

Berger, S. and R. Dore (eds.). 1996. *National Diversity and Global Capitalism*. Ithaca, NY: Cornell University Press.

Crouch, C. and W. Streek (eds.). 1997. *Political Economy of Modern Capitalism: Mapping Convergence and Diversity*. London: Sage.

DiMaggio, P. and W. Powell. 1983. "The Iron Cage Revisited: Institutional Isomorphism and Collective Rationality in Organizational Fields." *American Sociological Review*, 48: 147 – 160.

Esping-Andersen, G. 1990. *The Three Worlds of Welfare Capitalism*. Princeton: Princeton University Press.

——. 1999. *Social Foundations of Postindustrial Economies*. Oxford: Oxford University Press.

Fukuyama, F. 1995. *Trust: The Social Virtues and the Creation of Prosperity*. New York: The Free Press.

Goldthorpe, J. H. (eds.). 1984. *Order and Conflict in Contemporary Capitalism*. Oxford: Claredon Press.

Hall, P. A. and D. Soskice (eds.). 2001. *Varieties of Capitalism: The Institutional Foundations of Comparative Advantage*. New York: Oxford University Press.

Hall, Peter. 1999. "The Political Economy of Europe in an Era of Interdependence." In Herbert Kitschelt et al. (eds.), *Continuity and Change in Contemporary Ca pitalism*. Cambridge University Press: 135 – 163.

Hollingsworth J. R. and R. Boyer. 1997. "Coordination of Economic Actors and So-
cial Systems of Production. " In J. R.

Hollingsworth and R. Boyer (eds.). *Contemporary Capitalism: The Embeddedness
of Institutions.* New York: Cambridge University Press.

Hollingsworth J. R. , P. C. Schmitter, and W. Streek (eds.). 1994. *Governing Cap-
italist Economies: Performance and Control of Economic Sectors.* New York: Ox-
ford University Press.

Huber, E. and J. D. Stephens. 2001. *Development and Crisis of the Welfare State: Par-
ties and Policies in Global Markets.* Chicago: The University of Chicago Press.

ISSP (International Social Survey Programme). 2006. *Database: Role of Govern-
ment.* Survey IV. http://www. issp. org.

Iversen, T. , J. Pontusson, and D. Soskice (eds.) . 2000. *Unions, Employers,
and Central Banks: Macroeconomic Coordination and Institutional Change in
Social Market Economies.* New York: Cambridge University Press.

Lembruch, G. and P. C. Schmitter (eds.) . 1982. *Patterns of Corporative Policy-
Making.* London: Sage.

LIS (Luxembourg Income Study). 1985 – 2000. *Database: Luxembourg Income Stud-
y.* Survey II (1985), III (1990), IV (1995), V (2000). http://www.
lisdata center. org.

Mishra, R. 1984. *The Welfare State in Crisis: Social Thought and Social Change.*
Brighton: Harvester.

Nee, V. and P. Ingram. 1998. "Embeddedness and Beyond: Institutions, Ex-
change, and Social Structure. " In M. C. Brighton and V. Nee (eds.), *The
New Institutionalism in Sociology.* Stanford: Stanford University Press.

OECD. 2009. "Database: Social Expenditure Statistics Database. " Paris: OECD.
http://www. oecd. org/social/expenditure. htm.

——. 2010a. "Database: National Accounts Statistics Database. " Paris: OECD.
DOI: 10. 1787/na-data-en.

——. 2010b. "Database: Social and Welfare Statistics Database. " Paris: OECD.
DOI: 10. 1787/socwel-data-en.

——. 2011. "Database: Tax Statistics Database. " Paris: OECD. DOI: 10. 1787/

tax-data-en.

——. 2012. "Database: Employment and Labour Market Statistics." Paris: OECD. DOI: 10. 1787/lfs-data-en.

Piore, M. J. and C. F. Sabel. 1984. *The Second Industrial Divide*. New York: Basic Books.

Rothstein, B. and S. Steinmo. 2002. "Restructuring Politics: Institutional Analysis and the Challenges of Modern Welfare States." In B. Rothstein and S. Steinmo (eds.), *Restructuring the Welfare State*. New York: Palgrave Macmillan.

Schmitter, P. C. and G. Lembruch (eds.). 1981. *Trends Toward Corporatist Intermediation*. Beverly Hills, CA: Sage.

Soskice, D. 1991. "The Institutional Infrastructure for International Competitiveness: A Comparative Analysis of the UK and Germany." In A. B. Atkinson and R. Brunetta (eds.), *Economies for the New Europe*. London: Macmillan.

——. 1999. "Divergent Production Regimes: Coordinated and Uncoordinated Market Economies in the 1980s and 1990s." In H. Kitschelt et al. (eds.), *Continuity and Change in Contemporary Capitalism*. Cambridge: Cambridge University Press.

Titmuss, R. M. 1974. *Social Policy: An Introduction*. London: Allen & Unwin.

Yee J. and D. Chang. 2009. "Social Quality as a Measure for Social Progress." Paper presented at the 3rd OECD World Forum.

第十章　社会质量研究与韩国社会发展

김경동. 2002. 『한국사회발전론』. 집문당.

김진현. 2008. 「대한민국 근대화혁명의 승화」. 《선진화정책연구》, 1권 1호 3–21쪽. 《매일경제신문》. 2011. 3. 29. "［view point］'善인프라' 왜 중요한가".

박기웅. 2010. 「사회의 질 영역의 시기별 변화에 대한 분석: OECD 국가의 시계열 데이터를 중심으로 1990–2007」. 미발표논문.

이재열. 2007. 「외환위기 10년, 한국사회의 질은 어느 수준까지 왔나」. 정운찬·조홍식 편. 『외환위기 10년, 한국사회 얼마나 달라졌나』. 서울대학교 출판부.

——. 2013. 「사회의 질 비교를 통해 본 한국형 복지모델: 독일, 스웨덴 복지는 우리가 따라가야 할 표본인가?」. 최병호 외. '한국형 창조복지의 탐색을 위한 기초연구'. 한국보건사회연구원 수시보고서 2013 - 11.

전상인. 2008. 「앵그리 시대의 사회갈등과 사회통합」. 철학문화연구소. 《철학과 현실》, 76 호, 30 - 40 쪽.

정진성 외. 2009. 『한국사회의 트렌드를 읽는다』. 서울대학교 출판문화원.

Abbott, Pamela and Claire Wallace. 2011. "Social Quality: A Way to Measure the Quality of Society." *Social Indicators Research*. DOI: 10. 1007/s11205 - 011 - 9871 - 0.

Acemoğlu, Daron and James A. Robinson. 2006. "Economic Backwardness in Political Perspective." *American Political Science Review*, 1001.

Acemoğlu, Daron, Simon Johnson, and James A. Robinson. 2005. "Institutions as a Fundamental Cause of Long-run Growth." Philippe Aghion and Steven N. Durlauf (eds.), *Handbook of Economic Growth*, Vol. 1. Elsevier.

Beck, Wolfgang, Laurent J. G. van der Maesen, Fleur Thomese, and Alan Walker (eds.). 2001. *Social Quality: A Vision for Europe.*

Beck, Wolfgang, Laurent J. G. van der Maesen, and Alan Walker. 1997. "Theorizing Social Quality: The Concept's Validity." In Beck, van der Maesen and Walker (eds.), *The Social Quality of Europe.* The Hague: Kluwer Law International.

Bonoli, Giuliano, 2007. "Time Matters. Postindustrialisation, New Social Risks and Welfare State Adaptation in Advanced Industrial Democracies." *Comparative Political Studies*, 40: 495 - 520.

Easterlin, R. A. 1974. "Does Economic Growth Improve the Human Lot?" In Paul A. David and Melvin W. Reder (eds.), *Nations and Households in Economic Growth: Essays in Honor of Moses Abramovitz.* New York: Academic Press, Inc.

——. 2001. "Income and Happiness: Towards a Unified Theory." *Economic Journal*, 111.

Hirsch, Fred. 1976. *Social Limits to Growth.* Harvard University Press.

Inglehart, R. 1997. *Modernization and Postmodernization.* Princeton University Press.

Inglehart, R. and H. -D. Klingermann. 2000. "Genes, Culture, Democracy and Happiness." In E. Diener and E. M. Suh (eds.), *Subjective Well-being Across*

Cultures. Cambridge, MA: MIT Press.

Inkeles, Alex and David Horton Smith. 1974. *Becoming Modern: Individual Change in Six Developing Countries.* Harvard University Press.

Noll, H. 2002. "Towards a European System of Social Indicators: Theoretical Framework and System Architecture." *Social Indicators Research*, 58: 47 – 87.

North, Douglas. 1990. *Institutions, Institutional Change and Economic Performance.* Cambridge: Cambridge University Press.

Ritzer, George. 1981. *Toward and Integrated Sociological Paradigm.* Boston: Allyn and Boston.

Sen, Amartya. 1999. *Development as Freedom.* Anchor Books.

So, Alvin Y. 1990. *Social Change and Development: Modernization, Dependency, and World-System Theories.* Newbury Park, CA: Sage Publications, Inc.

van der Maesen, Laurent J. G. and Alan C. Walker. 2005. "Indicators of Social Quality: Outcomes of the European Scientific Network." *European Journal of Social Quality*, 5: Issue 1/2.

Wallace, Claire and Pamela Abbott. 2007. "From Quality of Life to Social Quality: Relevance for Work and Care in Europe." *Calitatea Vietii Revista de Politici Sociale* 18 (1 – 2): 109 – 123.

Wallerstein, Immanuel. 1974. *The Modern World-System.* New York: Academic Press.

Yee, Jaeyeol and Dukjin Chang. 2011. "Social Quality as a Measure for Social Progress." *Development and Society* 40 (2).

图书在版编目（CIP）数据

韩国社会质量：从理论到适用／（韩）李在烈等著；
芦恒译 . -- 北京：社会科学文献出版社，2019.12
（社会质量研究丛书）
ISBN 978 - 7 - 5201 - 4892 - 4

Ⅰ.①韩…　Ⅱ.①李…②芦…　Ⅲ.①社会发展 - 研
究 - 韩国　Ⅳ.①D731.26

中国版本图书馆 CIP 数据核字（2019）第 095298 号

社会质量研究丛书
韩国社会质量
——从理论到适用

著　者／〔韩〕李在烈（이재열）等
译　者／芦　恒

出 版 人／谢寿光
责任编辑／杨桂凤
文稿编辑／张真真

出　　版／社会科学文献出版社·群学出版分社（010）59366453
　　　　　地址：北京市北三环中路甲 29 号院华龙大厦　邮编：100029
　　　　　网址：www.ssap.com.cn
发　　行／市场营销中心（010）59367081　59367083
印　　装／三河市尚艺印装有限公司

规　　格／开　本：787mm × 1092mm　1/16
　　　　　印　张：17.5　字　数：295 千字
版　　次／2019 年 12 月第 1 版　2019 年 12 月第 1 次印刷
书　　号／ISBN 978 - 7 - 5201 - 4892 - 4
著作权合同
登 记 号／图字 01 - 2017 - 1413 号
定　　价／98.00 元